中国体育学文库

| 体育人文社会学 |

中国职业足球联赛治理研究

——以竞争平衡理论为视角

李 伟 | 著

北京体育大学出版社

策划编辑　孙宇辉
责任编辑　孙宇辉
责任校对　井亚琼
版式设计　中联华文

图书在版编目（CIP）数据

中国职业足球联赛治理研究：以竞争平衡理论为视
角/李伟著．--北京：北京体育大学出版社，2023.10
ISBN 978-7-5644-3907-1

Ⅰ.①中… Ⅱ.①李… Ⅲ.①足球运动-职业体育-
联赛-组织管理-研究-中国 Ⅳ.①G843.735

中国国家版本馆 CIP 数据核字（2023）第 193135 号

中国职业足球联赛治理研究　　　　　　　　　李　伟　著
ZHONGGUO ZHIYE ZUQIU LIANSAI ZHILI YANJIU

出版发行：北京体育大学出版社
地　　址：北京市海淀区农大南路 1 号院 2 号楼 2 层办公 B-212
邮　　编：100084
网　　址：http://cbs.bsu.edu.cn
发 行 部：010-62989320
邮 购 部：北京体育大学出版社读者服务部 010-62989432
印　　刷：三河市华东印刷有限公司
开　　本：710 mm×1000 mm　1/16
成品尺寸：170 mm×240 mm
印　　张：14.5
字　　数：241 千字
版　　次：2024 年 1 月第 1 版
印　　次：2024 年 1 月第 1 次印刷
定　　价：89.00 元

前　言

竞争平衡是职业体育联盟生存和发展恪守不渝的准则，也是西方体育经济学家关注的焦点。竞争平衡这一观点最早由罗滕贝格（Rottenberg）在《棒球运动员的劳务市场》一文中提出，它是指职业体育联盟内各球队实力的均衡程度，比赛结果不确定性是它的外在表现形式。竞争平衡的重要性体现在两个方面：一方面，竞争平衡是竞技体育核心价值——公平的具体体现，即参与比赛的球队要有同等的获取比赛胜利的机会，故竞争平衡的实质就是获胜机会上的公平；另一方面，在同等条件下，因比赛双方实力均衡而产生的更具悬念的比赛结果能吸引更多观众，反之亦然。

随后，这一主题研究如雨后春笋般涌现，并吸引了越来越多的学者为之不懈努力。竞争平衡不仅被视为职业体育领域的一个重要理论发现，也被用来指导欧美职业体育联盟实践。欧美职业体育联盟的产品（比赛）风靡全球，并产生了巨大的经济收益。它所取得的辉煌成就离不开在竞争平衡管理理念指引下实施的具体调控手段，如欧洲职业足球联赛主要采用升降级制度和财政公平政策等，北美四大职业体育联盟主要采用选秀制度、收益分享制度、薪金封顶制度、储备条款及主场特许经营政策等。

联盟内这一条件性假设是竞争平衡理论的局限所在。罗滕贝格在《棒球运动员的劳务市场》一文中论述竞争平衡观点时就立足于美国职业棒球大联盟内的研究假设。尼尔（Neale）强调的"比赛结果不确定性是联盟的立足之本"，同样是基于联盟内的假设。联盟内不仅意味着球队仅能参与联盟内的赛事（球员以个人身份出席国家队比赛的情况除外），也意味着联盟外的球队不能随意加入联盟，高级联盟和低级联盟之间不存在升降级关系，有无特许经营权是联盟成员和非联盟成员间的一个区别。从联盟角度来看，即便各球队间的竞技实力均衡，联盟赛事激烈，但因各球队竞技水平不高，比赛有失精彩，联盟也终将丢失球迷，进而丢失市场。事实也证明，如果一个联盟处于低水平的竞争平衡状态，那么联盟的生存将受到威胁。例如，第二次世界大战后，美国国家橄榄球联盟多次经历被新联盟取代的危机，最终与美国橄榄球联盟合并。

对于开放式职业体育联盟，联盟间存在竞争的事实已超出了竞争平衡理论中联盟内这一条件性假设的范畴。以欧洲五大职业足球联赛为例，它们不仅存在表现为球队战绩排名的联盟内竞争，还存在表现为多个联盟争相开拓市场和不断提升商业价值的联盟间竞争。职业体育联盟中的球队根据战绩水平，可参与不同级别的比赛，角逐不同赛事的冠军。所以，欧洲职业足球联赛的开放式联盟模式也对联盟内竞争平衡这一限制提出了质疑。

倾向于开放式联盟模式的中国职业足球联赛，同样既存在表现为球队战绩排名的联盟内竞争，又存在表现为同欧美职业体育联盟争夺球迷市场的联盟间竞争。在职业体育日益全球化的市场环境下，欧洲职业足球联赛的赛事转播权已销售到我国，并且这些联赛不断侵占球迷市场；在职业球员和球员薪资全球范围内流动的市场环境下，我国职业足球联赛的商业价值提升已受到很大冲击，职业足球市场推广已受到域外高水平联赛的挑战。

虽然国内学者对竞争平衡理论的研究起步较晚，研究成果总量不多，但研究成果的增加趋势明显。近几年国内的研究成果大都阐述了竞争平衡概念及其重要性、职业体育联盟竞争平衡保障制度及评价等方面的内容，这些虽然都为我国职业足球联赛的发展提供了参考和借鉴，但同样忽视了一个问题，那就是竞争平衡的局限性问题。即使我国职业足球联赛达到竞争平衡状态，其发展也面临挑战。

以"坚持解放思想、实事求是、与时俱进、求真务实，一切从实际出发，总结国内成功做法，借鉴国外有益经验，勇于推进理论和实践创新"的中央文件内容为政策依据，结合职业足球国内和国际市场环境，我们在竞争平衡的基础之上提出强竞争平衡的新观点。强竞争平衡不仅要求我国职业足球联赛中各球队之间的竞技实力处于相对均衡的状态，还要求联赛整体处于较高的竞赛水平。在强竞争平衡机制下，比赛双方势均力敌、对抗激烈、水平超群，赛事精彩不断。弱竞争平衡正好与之相反，虽然赛事同样激烈，但有失精彩。吸引更多观众并使我国职业足球联赛中各球队进入国际先进行列既是强竞争平衡的最终目的，又是我国职业足球联赛内部的一致性要求和使我国成为足球强国的客观需要。

为此，本书针对中国职业足球联赛实际情况，提出了治理目标：首先，研究、设计我国职业足球联赛的财政公平机制。其次，研究、设计我国职业足球联赛的球员均衡流动机制。球员实力过于悬殊，使得比赛结果不确定性大大降低，这意味着比赛既缺少激烈对抗，又缺少精彩对决，而比赛观赏性差必将导致球迷流失。最后，研究、设计吸引全球顶级球员参与国内联赛的机制。阿森纳俱乐部前主帅温格就曾说，足球比赛最重要的是保持高水平。所以，引进国际顶级球员、提高比赛水平至关重要。此外，本书还在这样的目标下完成了强竞争平衡机制的设计和论证。

本书的研究和出版得到了教育部人文社会科学研究规划基金项目（18YJA890011）的资助，在此表示衷心的感谢！

限于作者的水平，书中难免存在不妥之处，敬请广大读者批评指正！

作　者

2021 年 3 月 9 日

目 录
CONTENTS

第一章

绪　论

第一节　选题依据

一、现实依据

对职业足球来讲，2013 年可谓非同寻常的一年。在国内，广州足球俱乐部（以下简称恒大俱乐部）赢得了中国足球协会超级联赛（以下简称中超或中超联赛）的冠军，以及中国足球俱乐部的首个亚洲足球俱乐部冠军联赛（以下简称亚冠）冠军；在国外，颁布不久的财政公平政策付诸实践，欧洲足球协会联盟（以下简称欧足联）进行了财政监管改革后首个赛季的俱乐部财务审核。从事物具有普遍联系的哲学观点来看，这两个事件既有联系又可形成鲜明的对比。

第一，这两个事件的联系体现在俱乐部管理方对资金投入的管理上。在国内，赢得中超三连冠并获得亚冠冠军的恒大俱乐部具有垄断性竞争优势，这主要得益于俱乐部管理方巨额的资金投入。有学者称恒大俱乐部管理方的资金投入模式为"底气十足的砸钱模式"[①]；有媒体称恒大俱乐部资本运作"高调"[②]；

---

① 郭惠先，林波萍，周兴生. 恒大模式对中国足球发展的利弊分析 [J]. 广州体育学院学报，2012，32（2）：6-8.
② 王浩明，公兵，汪涌. 恒大启示录 不存在的"恒大模式"[N]. 新华每日电讯，2013-11-10（4）.

也有媒体称"砸钱"是恒大俱乐部的利器，并指责恒大地产"搅局"①。由此我们可以看出，国内足球俱乐部的管理方在资金投入方面具有一定程度的随意性。而此时欧足联已颁布财政公平政策，通过其核心条款——收支平衡，即"俱乐部最近三个赛季的财务报表合计，其相关开支不得超过相关收入"②，来约束和限制俱乐部管理方的资金投入行为。

另一方面，这两个事件所形成的鲜明对比体现在俱乐部管理方对联赛竞争平衡管理理念的认识差异上。国内职业足球俱乐部通过实施"金元政策"，内挖优秀人才，引进名气大、实力强的本土或外籍球员，聘请著名教练，组建实力超群的阵容，追求轰动效应。③的确，"金元政策"缔造金牌球队，恒大俱乐部获得了亚冠冠军这一历史最好战绩，也在中超联赛上连续3年展现出"无人能及"的竞技实力。同欧洲职业足球俱乐部相比，中超俱乐部不仅没有受到类似财政公平政策的制度的约束，反而从中国足球协会（以下简称中国足协）的优惠政策中得到"调整赛程"和"七外援"等便利。④俱乐部管理方的这一行为隐含着"一切为亚冠让路"的意味，俱乐部管理方对竞争平衡重要性的认识疑有不足。

在我国足球俱乐部为首获亚冠冠军的佳绩而欢庆之余，我们还需要冷静地思考几个问题，即我国在职业足球管理方面要不要像欧洲一样对俱乐部管理方的资金投入行为进行约束？要不要对拥有"巨无霸"式竞技实力的俱乐部和竞赛水平失衡的联赛进行调控？这些都涉及联赛的竞争平衡问题。

中国足球在职业化改革的20多年里，基本完成了计划经济下专业队足球向市场经济下职业俱乐部足球的转变，但取得卓著功绩的背后，联赛竞争失衡问题存在已久。例如，陈建霞等描述了中国职业足球联赛的竞争失衡现象，即至2009年，中国职业足球联赛经历了15个赛季，共有6支球队问鼎，其中大连实

---

① 陈汉辞. 恒大5亿搅局中超　制造泡沫还是长远之计［N］. 第一财经日报，2011-02-16（A01）.

② UEFA. UEFA Club Licensing and Financial Fair Play Regulations［R］. Nyon：UEFA，2012.

③ 郭惠先，林波萍，周兴生. 恒大模式对中国足球发展的利弊分析［J］. 广州体育学院学报，2012，32（2）：6-8.

④ 赵岑，刘刚. 中国足球自职业化以来夺得首个亚洲冠军［N］. 新华每日电讯，2013-11-11（7）.

德队获得了 8 次冠军，山东鲁能队获得了 3 次冠军①；何文胜等对 2004—2008 赛季中超联赛、英格兰足球超级联赛（以下简称英超或英超联赛）和美国职业篮球联赛（National Basketball Association，以下简称 NBA）三者的竞争平衡状况进行比较，发现中超联赛在 4 个赛季中的竞争平衡状况最差②；陈科通过研究发现，中超联赛的竞争状况并没有随着时间的推移趋向平衡，而是在不断波动③。学者们无论是采用定性研究手段还是定量研究手段，都得出大体相同的结论，即中国职业足球联赛存在竞争失衡问题，且欧美职业体育联盟的比赛结果相较中国职业足球联赛的比赛结果更具悬念。

回顾中国足球职业化历程，过去的大连实德队、山东鲁能队和现在的广州恒大队等强队的形成和更替，表明中国职业足球联赛处于"霸主一统天下"的竞争失衡状态。有其因必有其果，导致联赛竞争失衡的原因无外乎对竞争平衡这一客观规律的忽视和竞争平衡制度建设的不足或缺失。

而在国际上，随着欧美职业体育联盟的产品（比赛）在全球热销，特别是在职业体育联盟的产品销售重心已由门票销售逐渐转变为赛事转播权销售，并在全球范围内形成联合销售态势的当下，学者们对竞争平衡研究的关注度日益提高。④ 因而，竞争平衡已成为职业体育经济学领域一个热门的研究主题。

二、理论依据

有学者将球队之间的竞技实力均衡称为竞争平衡。竞争平衡的重要性体现为：在其他条件相同的情况下，不可预测的比赛结果能吸引更多观众（无论是现场的观众还是转播视频前的观众）。⑤ 反之，一旦比赛结果变得可预测，球迷

① 陈建霞，卢瑞瑞，何斌. 职业体育联赛的竞争机制研究 [J]. 北京体育大学学报，2012，35（3）：141-145.

② 何文胜，张保华，吴元生. 职业体育联盟竞争平衡的测量与分析 [J]. 体育科学，2009，29（12）：12-18.

③ 陈科. 中国足球超级职业联赛竞争平衡研究 [J]. 广州体育学院学报，2013，33（4）：28-30.

④ CROOKER J R，FENN A J. Sports Leagues and Parity When League Parity Generates Fan Enthusiasm [J]. Journal of Sports Economics，2007，8（2）：139-164.

⑤ JANE W J. The Relationship Between Outcome Uncertainties and Match Attendance：New Evidence in the National Basketball Association [J]. Review of Industrial Organization，2014，45（2）：177-200.

对比赛的关注度将大大降低，这势必会对比赛的上座率产生消极影响。如果一个职业体育联盟的竞争平衡状况趋向于这样一个极点——球迷在赛前就能确定获胜球队和战败球队，那么该职业体育联盟就处于我们所说的完全竞争失衡状态①，这时球迷观看比赛的欲望将大大降低。确切地说，任何职业体育联盟都是围绕如何激发观众兴趣、吸引球迷观赏比赛这个终极目标来经营和管理的。② 因此，无论是从吸引球迷观赏精彩比赛的角度讲，还是从职业体育联盟提高产品质量以拓展市场的角度讲，保持竞争平衡状态至关重要。

三、政策依据

竞争平衡是遵循职业体育发展规律的必选之策，也是我国体育体制改革的时代需求。正如社会主义建设过程中不同时期的工作重心不同一样，如果说在足球职业化改革初期，中国职业足球联赛的工作重心在于体制转换、产权明晰、权责分工、利益再分配、市场培育等外部事务，那么随着改革逐渐深入，职业化渐趋规范，工作重心必定会转移到遵循职业足球发展规律的制度建设上来，而如何保障竞争平衡的机制建设必将成为首先要考虑的问题。

竞争平衡是我国足球职业化改革的时代需要。中国共产党第十八届中央委员会第三次全体会议通过的《中共中央关于全面深化改革若干重大问题的决定》再次强调加快转变政府职能，进一步简政放权。政府"放权"，必然要由市场"接管"。体育职业化改革就是由政府办体育向社会办体育转变、由政府主管向市场主导转变。进行市场化改革，要求职业体育必须遵循市场规律。设计竞争平衡机制，既是当前我国社会主义市场经济形势下职业体育发展规律的要求，也是当今国家宏观改革政策下职业体育发展的必然趋势。另外，《体育事业发展"十二五"规划》明确指出："处理好继承与创新的关系，不断探索各项体育工作与社会主义市场经济相适应的特点与规律，努力实现理论创新、科技创新、制度创新、管理创新。"制度创新和管理创新不仅是体育事业发展的时代主题，

---

① OWEN P D, KING N. Competitive Balance Measures in Sports Leagues：The Effects of Variation in Season Length ［J］. Economic Inquiry，2015，53（1）：731-744.

② NEALE W C. The Peculiar Economics of Professional Sports ［J］. The Quarterly Journal of Economics，1964，78（1）：1-14.

也是当下足球职业化改革的工作重心。国家大政方针为深化改革提供了机遇，而构建一个与社会主义市场经济相适应的职业足球联赛竞争平衡机制，既是一个挑战，也是一个迫切需要解决的时代命题。

第二节 研究目的与意义

一、研究目的

设计中国职业足球联赛竞争平衡机制，为改善联赛竞争平衡状况提供了制度保障。

竞争平衡是所有职业体育联盟生存和发展应遵循的准则，但它会因实施对象不同而在机制设计上存在差异。因此，本书不仅要对竞争平衡这一客观规律进行阐释，还要探索其在中国职业足球联赛中的运用，即对竞争平衡的研究不仅要解决"为什么"的问题，还要解决"怎么办"的问题——对中超联赛的竞争平衡机制进行设计，以期为中国职业足球联赛竞争平衡的发展提供参考。

二、研究意义

（一）理论意义

强竞争平衡是我国职业足球发展的逻辑起点，它为打造行业内的一流联赛提供了理论指导。竞争平衡理论是西方职业体育联盟根据实践总结出的"道"，也是职业体育联盟必须遵循的共性原则。与起步较早的西方职业体育相比，1994 年的中国职业足球还处于培育职业化市场的初期。由于竞争平衡理论源于对国外职业体育联盟成功经验的总结，因此它可以为构建中国职业足球联赛竞争平衡理论体系提供借鉴。

（二）实践意义

设计竞争平衡机制，有利于打造能吸引更多球迷关注、热销全球的职业足球联赛。"坚持解放思想、实事求是、与时俱进、求真务实，一切从实际出发，总结国内成功做法，借鉴国外有益经验，勇于推进理论和实践创新"出自中国共产党第十八届中央委员会第三次全体会议通过的《中共中央关于全面深化改革若干重大问题的决定》。我国足球职业化改革离不开国内职业体育市场环境的个性特征，因为任何一个事物的存在都离不开它所处的环境，离不开滋养它的土壤。古人云："橘生淮南则为橘，生于淮北则为枳，叶徒相似，其实味不同。所以然者何？水土异也。"这说明环境改变，事物的性质也会发生变化。由于中西职业体育处于不同的体制、经济、文化等运行环境，所以尽管我们可以学习和借鉴诞生于西方职业体育实践的竞争平衡理念，但在具体的政策制定和实施层面，必须结合我国的社会制度、宪法及行业法规、职业化改革程度、市场经济环境、传统文化和生活习惯等，制定出符合我国国情的、具有一定创新性的职业体育制度和法规。

第三节 研究对象与主要内容

一、研究对象

"机制"是一个较为宽泛的常规性概念，所以研究的首要任务是弄清楚竞争平衡机制是什么以及其涵盖哪些内容，即明确研究对象和界定研究范围。经研究，对研究对象、调查对象和研究范围的界定如下：

研究对象为中国职业足球联赛竞争平衡机制，它是指涉及中国职业足球联赛竞争平衡的一系列政策、法规、管理措施和方法等制度安排。

调查对象为1994—2015年中国职业足球顶级联赛的竞争平衡状况。其中，中国职业足球顶级联赛是指中国足球甲级A组联赛（1994—2003年，以下简称甲A联赛）和中超联赛（2004—2015年）。

影响竞争平衡的因素有很多，笔者先通过查阅文献资料对欧美职业体育联盟实践进行梳理，再通过专家访谈进行求证，最后明确得出球队竞技实力和俱乐部经济实力为竞争平衡的主要影响因素。基于主要矛盾决定事物本质的逻辑方法，本书将研究范围界定为涉及球队竞技实力和俱乐部经济实力的一系列政策、法规、管理措施和方法等制度安排。

二、主要内容

基于研究的现实背景和预期目的，本书的主要内容如下：

第一，对中国职业足球联赛的竞争平衡概念进行界定和阐释，明确中国职业足球联赛竞争平衡机制的概念、特征和功能等。

第二，对中国职业足球联赛的竞争平衡状况进行自省。一方面，采用量化研究方法，基于翔实的数据，选取最佳测量方法对联赛竞争平衡的发展趋势进行测量与评价，同时采用比较分析法，将中国职业足球联赛的竞争平衡状况和欧洲职业足球联赛的竞争平衡状况进行横向比较。另一方面，采用质性研究方法，对中国职业足球联赛竞争失衡的现实状况进行分析。

第三，出于分析现状成因的需要，对中国职业足球联赛竞争平衡机制的演进过程进行考查与分析。一方面，基于机制设计理论视角来考查联赛竞争平衡机制演进的优劣得失；另一方面，基于历史视角考查，肯定成绩，找出不足，总结经验，并将其用于指导下一阶段竞争平衡机制的改进设计。

首先，对职业体育联盟的竞争平衡机制进行个案研究。选取经典个案和最新个案，着重分析个案反映出的竞争失衡问题，并思考解决问题的方法，学习和借鉴国际同行的有益经验。随着全球化的发展，作为世界体育大家庭的成员，我国除了要努力促进职业足球赛事交流和规则逐渐融合，还要以更广阔的视野进行竞争平衡机制改进。这样，中国职业体育赛事才能更加符合国际惯例，同国际性赛事接轨。

其次，对中国职业足球联赛竞争平衡机制进行改进设计。从机制设计理论视角出发，立足中国职业足球联赛的现实环境，制定竞争平衡机制的既定目标，对中国职业足球联赛球队竞技实力和俱乐部经济实力的竞争平衡机制进行改进设计，以构建激励相容的机制，实现联赛获胜资源的优化配置。

第四节 研究方法

一、文献资料法

外文文献主要通过谷歌学术、谷粉学术、百度学术、EndNote 链接的数据库，华南师范大学、闽南师范大学图书馆的外文期刊数据库以及文献求助功能等进行收集。检索中，以"competitive balance"为核心词汇，以"uncertainty of outcome""financial fair play""revenue sharing""salary""the theory of team sports"等为拓展词汇，经过筛选共收集英文文献 200 多篇。之后以 EndNote 软件为主，以 NoteExpress 系统为辅，对收集到的英文文献进行管理。

中文文献主要通过中国期刊网进行收集。检索时，以"竞争平衡"为篇名，以"职业体育"为关键词进行全文模糊检索，筛选核心期刊文献，共收集到 10 多篇文献。鉴于文献资料偏少，又以"竞争平衡""职业体育"为关键词进行全文模糊检索，共收集到 40 多篇文献。笔者还查阅了相关的职业体育政策法规文件，以及有关职业体育俱乐部、体育产业、社会学研究方法及机制理论的文献。

笔者在对文献资料进行查阅和整理时发现，学者们所采用的"竞争性平衡""竞争平衡""竞争均衡"及"竞争性制衡"等不同概念称谓应归属于同一个概念。"竞争性平衡"与"竞争平衡"为学者对英文"competitive balance"的直译，而"竞争均衡"与"竞争性制衡"为学者对"competitive balance"做出的中文意译。

学习前人的研究成果，不仅使笔者开阔了视野，厘清了研究思路，勾画出研究框架，还丰富了论据材料，奠定了本书的理论基础，给本书的构思和行文带来很大帮助。

二、访谈法

笔者对有一定前期研究成果的职业体育理论研究者和有职业体育联盟赛事

运作经验的从业者进行了访谈。具体而言，笔者采用了两种访谈方式。首先是集中访谈方式。2014 年 9 月，笔者参加了在湖南株洲召开的中国体育法学研究会 2014 年年会暨学术研讨会，并进行了访谈，访谈主题范围较广，涉及体育职业化改革与发展、体育政策法规建设、中国职业足球联赛竞争平衡以及在职业体育市场全球化背景下如何打造中国职业足球联赛品牌等主题；2017 年 9 月，中国法学会体育法学研究会 2017 年学术年会在上海体育学院召开，笔者对参与会议的相关专家进行了访谈，访谈主要针对竞争平衡机制的具体问题。其次是个别访谈方式。笔者根据研究需要，在相关学术领域筛选出专家，拟定了专家名单，并进行了预约和访谈。

三、个案研究法

个案研究法是指对单独个案进行分析来研究社会现象的一种研究方法，研究者可以通过研究个案得出普遍性共识，并将该共识应用于同类其他个案。[①] 本书选取开放式职业体育联盟和封闭式职业体育联盟的典型个案，着重分析个案出现的竞争平衡问题，如球员转会、限制俱乐部在球员薪资方面的花费等，思考解决问题的途径，并进行个案剖析和说理。

四、数理统计法

为了对我国职业足球联赛竞争平衡状况进行量化评价，笔者通过梳理文献，总结各种竞争平衡测量方法的优缺点和适用范围，结合中超联赛和英超联赛的不同特征，选取洛伦兹曲线-基尼系数、标准分数两种测量方法，以联赛中各球队积分为统计指标，基于翔实的数据对联赛竞争平衡状况进行统计测量及结果分析。其中，笔者译注了大量外文文献，对竞争平衡测量方法进行了综述，并在对比分析测量方法和征求数理统计专家意见后，筛选出最合适的竞争平衡测量方法。

---

① 范伟达. 现代社会研究方法 [M]. 上海：复旦大学出版社，2005：220.

第五节 文献综述

一、有关竞争平衡概念的几种主要观点

从理论文献中提炼出概念是实际研究中进行概念界定的一个重要方法。① 我们通过梳理文献资料发现，关于职业体育联盟竞争平衡概念的主要观点如下：

第一种观点认为竞争平衡表现为球队间的竞技实力均衡。明确提出此观点的学者是美国经济学家米奇（Michie）和奥顿（Oughton），他们认为竞争平衡是指球队之间的竞技实力均衡。② 这一论述被国内学者何文胜③、冯维玲④、李国兴⑤等推崇，并在相关研究中被引用和借鉴。罗滕贝格虽然在《棒球运动员的劳务市场》中没有直接提及"竞争平衡"，即"competitive balance"，但是文中多处出现类似描述，如"球队之间的竞技实力平衡""球队间的竞技实力均衡分配""天才球员的公平分配"等。⑥ 伦登（Lenten）认为，竞争平衡反映了职业体育联盟内球队之间竞争力的均匀程度。⑦

第二种观点认为竞争平衡表现为比赛结果的不确定性。持有这种观点的学者以拉森（Larsen）等为代表，他们认为比赛结果不确定性通常被称为竞争平

---

① 风笑天. 社会研究方法 [M]. 北京：高等教育出版社，2006：12.

② MICHIE J, OUGHTON C. Competitive Balance in Football: Trends and Effects [R]. University of London: Football Governance Research Centre, 2004.

③ 何文胜，张保华，吴元生. 职业体育联盟竞争平衡的测量与分析 [J]. 体育科学，2009, 29（12）：12-18.

④ 冯维玲，许彩明. CBA 与 NBA 职业联赛竞争性平衡的对比研究 [J]. 山西师大体育学院学报，2011, 26（1）：97-99, 118.

⑤ 李国兴，宋君毅. 中国男子篮球职业联赛竞争平衡性问题研究 [J]. 成都体育学院学报，2014, 40（8）：68-72.

⑥ ROTTENBERG S. The Baseball Players' Labor Market [J]. Journal of Political Economy, 1956, 64（3）：242-258.

⑦ LENTEN L J A. Towards a New Dynamic Measure of Competitive Balance: A Study Applied to Australia's Two Major Professional 'Football' Leagues [J]. Economic Analysis and Policy, 2009, 39（3）：407-428.

衡。此外，职业体育联盟的竞争平衡状况被描述为球队获胜率的分布情况，并且球队获胜的分布越是均衡，职业体育联盟越是竞争平衡。① 尼尔称"结果不确定性"为联盟的立足之本，假设联盟中各球队的获胜率相同，那么联盟将达到竞争平衡的最高峰，也就是理论上的绝对均衡。② 沃伦（Vrooman）称每支球队每场比赛结果都具有不确定性的理想状况为"完美竞赛理论"③。

第三种观点强调吸引球迷关注是竞争平衡的终极目的。吸引球迷关注是学者们出于对竞争平衡终极功能的探寻和深层关系的挖掘而得出的结论性概括。张保华在《职业体育服务业研究》一书中将其描述为"竞争者必须具有大致相等的规模或者实力，以保持球迷兴趣"。沃特林（Woltring）将之理解为"球迷更倾向于欣赏实力均衡的球队之间的对抗"④。

综合上述三种主要观点，竞争平衡具有球队间的竞技实力均衡、比赛结果不确定性和吸引球迷关注三个显著特性。从社会学研究方法的视角来看，这三个特性也被称为竞争平衡概念所具有的多值特性。在社会学研究中，人们通常会将所研究的概念称作"变量"，用这种数学术语来分析和探讨现象之间的因果关系。在研究竞争平衡时，可将球队间的竞技实力均衡看作自变量，将吸引球迷关注看作因变量，将比赛结果不确定性看作中介变量，由此形成一个因果链：如果比赛双方实力相当，即球队间的竞技实力越均衡，那么比赛结果的不确定性就越大，比赛的观赏性和娱乐性就越强，球迷观看比赛的欲望就越强烈；反之，如果比赛双方实力悬殊，呈"一边倒"局面，那么比赛结果就会缺乏悬念，球迷就会感到厌倦，进而导致收视率下降、转播合同贬值，最终影响整个体育产业利润。

---

① LARSEN A, FENN A J, SPENNER E L. The Impact of Free Agency and the Salary Cap on Competitive Balance in the National Football League [J]. Journal of Sports Economics, 2006, 7 (4): 374-390.

② NEALE W C. The Peculiar Economics of Professional Sports [J]. The Quarterly Journal of Economics, 1964, 78 (1): 1-14.

③ VROOMAN J. Theory of the Perfect Game: Competitive Balance in Monopoly Sports Leagues [J]. Review of Industrial Organization, 2009, 34 (1): 5-44.

④ WOLTRING M T. Examining Competitive Balance in North American Professional Sport Using Generalizability Theory: A Comparison of the Big Four [D]. Nashville: Middle Tennessee State University, 2015.

国外学者诺尔斯（Knowles）等将上述三个变量之间的因果关系描述为"球迷更喜欢观看球队竞技实力更为均衡的比赛，越是势均力敌的比赛，其结果越不确定，观众人数越多"①。我国学者何文胜等在对竞争平衡概念进行界定时，也详细地描述了这种变量间的因果关系，如"竞争平衡表示各俱乐部间的竞争实力的均衡状况。在团队职业体育赛事中，各俱乐部的竞争实力分布越均衡，每场比赛结果的不确定性就越大，同时给予观众的精彩刺激程度就越强烈，比赛的观赏性和娱乐性也就越强"②。

二、竞争平衡的理论研究概述

学界对竞争平衡概念的研究已有半个多世纪的历史，作为体育经济学中的一个主题，学者们对该概念的关注度日益增长，研究态势也日益明显。职业体育最早出现在欧美国家，因此有关竞争平衡理论的重要研究成果主要集中在欧美国家。

（一）竞争平衡理论研究之源

梳理职业体育联盟竞争平衡研究的发展脉络，一定会追溯到被誉为开山之作的《棒球运动员的劳务市场》一文。它由罗滕贝格等于1956年发表在《政治经济学杂志》上，引发了体育经济学研究热潮。虽然该文章主要批判储备条款，认为它不仅是促使球员均衡流动的非必要手段，而且使球员因受到剥削而无法体现其全部价值。但是，文中肯定了当局制定储备条款的初衷，即保障球星在球队之间均衡分配。如果没有储备条款，富有球队因拥有其他球队无法比拟的经济优势，可以雇佣最好的球员。这将导致联赛结果不确定性降低、联赛观赏性下降、联盟中所有球队上座率降低，进而影响整个联盟收益乃至各球队

① KNOWLES G, SHERONY K, HAUPERT M. The Demand for Major League Baseball: A Test of the Uncertainty of Outcome Hypothesis [J]. The American Economist, 1992, 36（2）：72-80.

② 何文胜，张保华，吴元生. 职业体育联盟竞争平衡的测量与分析 [J]. 体育科学，2009, 29（12）：12-18.

收入。①

文中关于竞争平衡的论述为："球员劳务市场的自由代理机构没有必要把优秀球员都集中在一个富有球队中。职业体育中团队运动的经济效果在本质上不同于其他商业领域。在其他商业领域，假如一个企业能打败竞争对手，建立独霸的垄断地位，它就取得了成功。但在团队运动中，一个富有球队不应该招募过多球星到一种会大大减少竞争的程度。如果真的把所有优秀球员都网罗到一支球队中，他们将发现，从市场上所得的回报非但不会增加，反而会不断下降。当一支球队强大到在比赛中无疑会获取胜利的程度时，任何一支球队都无法获得商业上的成功，因为比赛结果的悬念恰恰是职业体育最吸引观众的一个因素。"②

罗滕贝格认为，储备条款可以被收益分享、最高工资限额、均衡市场区域权和主场特许经营政策取代。在论证时，他概括了美国职业棒球大联盟的主要特征。基于这些特征，2005 年福尔特（Fort）总结出职业体育联盟的 11 条共性特征③，具体如下：

①球员劳务市场是买方垄断的；

②产品市场垄断；

③由于出席观众人数不同，形成了大俱乐部和小俱乐部；

④观众是一些函数的关键变量；

⑤储备条款不能均衡分配球星资源；

⑥球员流动机制的优势在很大程度上是虚假的；

⑦高薪引援趋势将加剧球员薪资收入的差距；

⑧球队老板是追求利润最大化的理性主义者；

⑨基于对产品质量的考虑，参赛双方的竞技实力不能过于悬殊；

---

① VROOMAN J. The Baseball Players' Labor Market Reconsidered [J]. Southern Economic Journal, 1996, 63 (2): 339-360.

② ROTTENBERG S. The Baseball Players' Labor Market [J]. Journal of Political Economy, 1956, 64 (3): 242-258.

③ FORT R. The Golden Anniversary of "The Baseball Players' Labor Market" [J]. Journal of Sports Economics, 2005, 6 (4): 347-358.

⑩同储备条款一样，自由市场在资源配置方面更具效率；

⑪取缔储备条款不会影响球队的竞技实力和梯队培养。

职业体育联盟不同于普通企业的一些特性，如比赛结果不确定性、球员市场垄断性等逐渐成为后续学者关注的焦点，并促使体育经济学家进行深入研讨。在《棒球运动员的劳务市场》中，虽然罗滕贝格没有明确提出"竞争平衡"一词，但该文章揭开了经济学家对竞争平衡从各个角度进行理论和实践研究的序幕。

1964 年，尼尔撰写的《职业运动的特殊经济学》一文同样引发了学界的广泛关注。文章强调"结果不确定性"为职业体育联盟的立足之本，并论述了其影响观众出席率的观点，即"积分排名变化或其变化的可能性都吸引着观众；联盟内球队的排名越是接近或者在一定范围内排名变化越是频繁，门票收入就越高"①。文中也指出了职业体育联盟的产品的共同特性，即在职业体育联盟赛事中，球队之间必须携手合作，这样才能生产出共有产品。虽然运动团队在法律意义上是一个企业，但在经济学家眼中，个别运动团队不是企业，整个职业体育联盟才被视为一个企业。在职业体育行业里，个别运动团队垄断的获利反倒比所有运动团队激烈竞争的获利要少得多，亦即运动竞争比运动垄断获利更多。②文中也列举了世界冠军路易斯（Louis）出场费的变动情况予以佐证：在与一个实力相当的对手比赛时，其收入远比同一个赢弱对手比赛时的收入高。上述观点同样适用于棒球比赛。假如纽约扬基棒球队（以下简称扬基球队或扬基俱乐部）用其财富优势雇佣所有优秀球员，并买下美国职业棒球大联盟下辖的所有球队，那么最终的结果将是没有比赛，没有收入，也没有扬基球队。在20世纪50年代的一段时间内，扬基俱乐部失去了冠军垄断优势，其一贯独揽天下的局面也被打破，但惊奇的是，观众对联赛的关注度和联盟的收入反倒增加了。这也意味着，在职业体育行业里，垄断获利反倒比激烈竞争获利少得多。

1971 年，斯洛娜（Sloane）在《职业足球经济学：追求利益最大化的足球俱乐部》一文中对尼尔"整个职业体育联盟才被视为一个企业"的观点提出质

---

①② NEALE W C. The Peculiar Economics of Professional Sports [J]. The Quarterly Journal of Economics, 1964, 78 (1): 1-14.

疑。斯洛娜认为俱乐部是经济方面的决策者，提出"虽不排斥将利润作为俱乐部追求的目标，但利润并不是球队唯一，甚至最重要的价值取向"。但是，同罗滕贝格和尼尔的观点相似，斯洛娜认为"上座率增加能够活跃球场气氛，给球员和球迷更强的现场感觉，这本身就可以视为成功的一个标准"①。从文中看出，斯洛娜批判地继承了前人的研究成果，将视角锁定在单个俱乐部的企业性质上，提出了影响俱乐部效益最大化的因素（获胜、上座率、安全运营、利润等），进而揭示了球员均衡分配对俱乐部乃至整个联盟的重要作用。

（二）竞争平衡理论研究脉络

自上述三篇富有创造性的著作问世以来，关于职业体育经济学的学术研究便不断涌现。竞争平衡理论研究分为两大主要脉络：第一，关于"竞争平衡是职业体育联盟的本质需求"的研究，它关注职业体育联盟本质问题的探究；第二，关于竞争平衡测量的研究，它主要关注职业体育联盟竞争平衡的测量方法或一定时期内竞争平衡的变化状况。

1. 关于"竞争平衡是职业体育联盟的本质需求"研究的概述

我们通过对职业体育联盟竞争平衡研究资料的梳理发现，研究立足于职业体育商业化运营模式在本质上不同于一般企业的假设。至于为什么要让职业体育联盟保持竞争平衡，欧美学者纷纷给出详细的解释和论证，并依此总结出竞争平衡的三个特性：一是决定职业体育联盟产品质量的比赛结果不确定性；二是职业体育联盟产品生产过程中的俱乐部共生性；三是职业体育联盟的卡特尔组织特性。为便于读者进一步认识竞争平衡理论的重要性，现对上述三个特性进行梳理，结果如下。

（1）观众偏好比赛结果不确定性

比赛结果不确定性假设堪称职业体育联盟竞争平衡研究最为主要的内容，它基于球迷更喜欢观看球队竞技实力更为均衡的比赛的假设，越是势均力敌的

---

① SLOANE P J. The Economics of Professional Football：The Football Club as a Utility Maximiser [J]. Scottish Journal of Political Economy, 1971, 18（2）：121-146.

比赛，结果越是不确定，观众人数越多。①

比赛结果不确定性是罗滕贝格职业体育经济学分析中的支柱性论点之一。用罗滕贝格的话说："如果富有球队通过经济优势招募大量优秀球员，将使联赛结果不确定性降低、观赏性降低、联盟中所有球队上座率下降，从而影响整个联盟收益，自然也会影响所有球队收入。比赛结果充满悬念（比赛结果不确定性）恰恰是职业体育最吸引人的一个方面。另外，一个在弱队 B 效力的一流球员比一个在强队 A 效力的三流球员更有价值。基于此，理想的联盟运行机制应当是通过合理的球员流动帮助弱队 B 把强队 A 中的优秀球员吸引过来，再通过合理的人员配置达到比赛结果不确定性，使之更有利于整个联盟的长远利益。"②

尼尔的观点也佐证了上述论点，即"一个球队的获胜率过高将降低比赛产品对消费者的吸引力"③。欧文（Owen）和金（King）认为，职业体育联盟竞争平衡理念植根于球迷观看比赛和消费的需求，在比赛结果不可预测的情况下，球迷购买比赛产品的欲望更强。④ 津巴利斯特（Zimbalist）提出竞争平衡需求源自球迷对比赛结果不确定性怀有强烈偏爱的假设。⑤ 面对竞争失衡的联盟，球迷会逐渐厌倦其比赛产品，且不愿再花费时间和金钱来观看比赛。因此，不难理解，为什么竞争失衡对任何一位俱乐部老板或联盟的组织机构来说都是一种担忧。

罗滕贝格认为，"比赛结果不确定的最理想状态是每支球队的获胜率均为50%"⑥。古森斯（Goossens）将比赛结果不确定性划分为单场比赛结果不确定

---

① KNOWLES G, SHERONY K, HAUPERT M. The Demand for Major League Baseball：A Test of the Uncertainty of Outcome Hypothesis ［J］. The American Economist, 1992, 36 （2）：72-80.

② ROTTENBERG S. The Baseball Players' Labor Market ［J］. Journal of Political Economy, 1956, 64 （3）：242-258.

③ NEALE W C. The Peculiar Economics of Professional Sports ［J］. The Quarterly Journal of Economics, 1964, 78 （1）：1-14.

④ OWEN P D, KING N. Competitive Balance Measures in Sports Leagues：The Effects of Variation in Season Length ［J］. Economic Inquiry, 2015, 53 （1）：731-744.

⑤ ZIMBALIST A S. Competitive Balance in Sports Leagues：An Introduction ［J］. Journal of Sports Economics, 2002, 3 （2）：111-121.

⑥ ROTTENBERG S. Resource Allocation and Income Distribution in Professional Team Sports ［J］. Journal of Sports Economics, 2000, 1 （1）：11-20.

性、单个联赛结果不确定性、多个联赛结果不确定性三种。[1] 凯恩斯（Cairns）等将比赛结果不确定性界定为下述三种表现形式[2]：

①短期比赛结果不确定；

②中期比赛或赛季结果不确定，这意味着更多球队共同竞争更高的联赛排名；

③长期比赛结果不确定，指在联盟的若干赛季里，不存在某一个或几个俱乐部长期占据优势、处于统治地位的局面。布扎基（Buzzacchi）等将其解释为动态竞争平衡。[3]

可以看出，职业体育联盟同其他企业一样为消费者提供产品。比赛是职业体育联盟生产出来的产品，而产品质量的高低体现为比赛结果不确定的程度。我们知道，产品质量决定企业效益，对于观众，追求一种高质量的体育产品消费，就是期望欣赏到一场激烈的、势均力敌的、具有比赛结果不确定性的竞争对抗。显然，比赛结果不确定性不仅满足了观众的消费需求，也是竞争平衡状况的外在体现。因此，比赛结果不确定性可以作为一种客观评价竞争平衡的手段。

（2）俱乐部共生性

俱乐部共生性是指职业体育联盟中俱乐部生产合作的共生特性，它通常被视为职业体育联盟生存的必要条件，但它也使得比赛具有一定的矛盾性，即所有俱乐部都想获得比赛胜利，然而要在同一时间共同达到这一目标是不可能的，但每个俱乐部都能从对手的良性发展中获得收益，并因对手的存在而存在。[4]

---

[1] GOOSSENS K. Competitive Balance in European Football-Comparison by Adapting Measures: National Measure of Seasonal Imbalance and Top 3 [J]. Rivista di Diritto ed Economia dello Sport, 2006, 2 (2): 77-122.

[2] CAIRNS J, JENNETT N, SLOANE P J. The Economics of Professional Team Sports: A Survey of Theory and Evidence [J]. Journal of Economic Studies, 1986, 13 (1): 3-80.

[3] BUZZACCHI L, SZYMANSKI S, VALLETTI T M. Equality of Opportunity and Equality of Outcome: Open Leagues, Closed Leagues and Competitive Balance [J]. Journal of Industry, Competition and Trade, 2003, 3: 167-186.

[4] FLYNN M A, GILBERT R J. The Analysis of Professional Sports Leagues as Joint Ventures [J]. The Economic Journal, 2001, 111 (469): F27-F46.

迈克尔·利兹（Michael Leeds）和彼得·冯·阿尔门（Peter von Allmen）指出，"职业体育联盟生来就是合作共同体，稳定的联盟是职业运动存活的前提"①。美国经济学家夏普、雷吉斯特、格里米斯认为职业体育联盟的一个独有特征就是俱乐部之间相互依赖，他们强调职业体育联盟中俱乐部之间具有共生性。②

单支球队无法保证比赛的数量和质量，职业体育联盟的赛事安排以及其他竞争者的实力和数量等也是保证比赛数量和质量的关键因素。格罗特（Groot）指出，当只有一个球队存在时，将不再有比赛。这也意味着，一旦大量球队离开联盟，那么个体球队也将无法生存。比赛是一种联合产品，所以俱乐部之间是相互依赖的关系③，这也是职业体育产业与其他产业的不同点。尼尔强调职业体育联盟具有生产联合特征，即球队之间必须通过相互合作来进行比赛，并共同生产比赛产品。虽然运动团队在法律意义上是一个利益驱动的企业，但在经济学家看来，它不是一个企业，因为单一球队不能供应整个职业体育市场。换言之，如果单一球队能够供应整个职业体育市场，那么比赛将不复存在。职业体育联盟的组织机构管理着包括比赛规则、比赛时间表、球员转会、俱乐部的加入与退出在内的众多事务。④ 假如俱乐部老板用他们的财富不仅买下了所有优秀球员，还买下了职业体育联盟管辖的所有球队，那么产生的结果将是没有比赛、没有收入，也没有球队。总而言之，在经济学家看来，个别运动团队（如单一球队）不是企业，整个职业体育联盟才被视为一个企业。

姜熙认为比赛才是职业体育联盟的主要产品，每一场比赛都需要两支球队，而一个联赛则需要大量球队。在职业体育联盟内，俱乐部之间存在一种合作关

① 利兹，阿尔门. 体育经济学 [M]. 杨玉明，蒋建平，王琳予，译. 北京：清华大学出版社，2003：117-122.
② 夏普，雷吉斯特，格里米斯. 社会问题经济学（第十三版）[M]. 郭庆旺，应惟伟，译. 北京：中国人民大学出版社，2000：250.
③ GROOT L. Competitive Balance in Team Sports: The Scoring Context, Referees, and Overtime [J]. Journal of Institutional and Theoretical Economics（JITE），2009, 165 (3)：384-400.
④ NEALE W C. The Peculiar Economics of Professional Sports [J]. The Quarterly Journal of Economics, 1964, 78 (1)：1-14.

系，即职业体育联盟的产品（比赛）是两个或两个以上具有公司性质的俱乐部共同生产的。换句话说，比赛产品的生产需要联盟内俱乐部之间的联合。①

由此可见，职业体育联盟的这种特殊的产品生产方式，决定了各俱乐部之间具有合作共生性，任何一家俱乐部都不可能以击败对手的方式独自垄断市场。在消费者（观众）追求高质量产品的需求下，势均力敌的俱乐部之间展开合作，即实现竞争平衡是共同生产高质量产品的唯一途径。

（3）职业体育联盟的卡特尔组织特性

职业体育联盟常常被视为一个卡特尔组织，由一群俱乐部老板联手制定价格并限制竞争。潘托斯科（Pantuosco）和斯托内（Stone）在对美国国家橄榄球联盟和美国大学生篮球联赛的竞争平衡进行研究时，基于经济学原理对其卡特尔行为模式进行了分析。他们特别指出，同其他所有职业体育联盟一样，美国国家橄榄球联盟的目标就是为球迷提供一个能带来持续快乐并为联盟带来最大化利润的产品。② 乌亚尔（Uyar）和苏尔丹（Surdam）也印证了以上论述，他们认为"一直以来，俱乐部老板们都意识到使球迷产生并保持兴趣是联盟（卡特尔组织）长治久安的一个关键因素"③。作为一个卡特尔组织，职业体育联盟的繁荣发展需要各成员共同努力。看淡成员个体的眼前利益而顾全联盟整体的长远利益是所有成员都应该明白的道理，这也是联盟经久不衰的必要条件。

职业体育联盟的卡特尔式运营理念消除了俱乐部老板那种"不一定对利润感兴趣"的"运动员式"旧思想。沃伦将"运动员式"老板描述为追求获胜率最大化的俱乐部老板，他们情愿牺牲利润来获取更多比赛胜利。④ 还有些俱乐部老板追求利润最大化，他们主要关注俱乐部和联盟的收益情况。

---

① 姜熙. 职业体育联盟运动员流动限制的反垄断思考 [J]. 体育科学，2012，32（7）：58-70.

② PANTUOSCO L J, STONE G L. Capitalism for the Cooperative：the NCAA and NFL Model of Parity and Profit [J]. Journal of Economics and Economic Education Research，2007，8（2）：65-92.

③ UYAR B, SURDAM D. Searching for On – Field Parity：Evidence from National Football League Scheduling During 1991-2006 [J]. Journal of Sports Economics，2013，14（5）：479-497.

④ VROOMAN J. Theory of the Perfect Game：Competitive Balance in Monopoly Sports Leagues [J]. Review of Industrial Organization，2009，34（1）：5-44.

随着时间的推移，凯森（késenne）和鲍威尔（Pauwels）在2006年指出，职业体育联盟越来越注重盈利，具体表现为俱乐部老板逐渐由"运动员式"老板转变为追求利润最大化的老板，相比球队获胜而言，球队盈利已成为联盟关注的焦点。① 基于霍洛维茨（Horowitz）提出的"'运动员式'老板向商人的转变"这个长期得到认可的推理，联盟已变成一个追求利润最大化的卡特尔组织，它"致力于球场实力均衡"②。在这种情况下，球场实力均衡可被理解为竞争平衡。此外，职业体育联盟竞争平衡观点的重要性不容小觑。正如霍洛维茨所说，"无论是职业的还是业余的，所有职业体育联盟都希望保持竞争平衡"③。

比赛结果不确定性能引起观众的浓厚兴趣，并由此形成各种利益交互形式。例如，英超联盟中的所有俱乐部平分打包销售转播权所得收入的一半，这尽最大可能避免了联盟内固有的利益冲突，这一事实被尼尔视为职业体育联盟的垄断本质。同时，作为单一企业机构，英超联盟是所有球队的全权代表，它掌管着球员合约缔结权，掌控着薪资，并约束着球员流动，这也印证了英超联盟的卡特尔本质。因此，职业体育联盟类似于一个卡特尔组织或合资企业。④

在实践中，职业体育联盟因拥有反垄断法的豁免权而不需要反垄断法的特殊照顾，这是罗滕贝格的观点。⑤ 但是，事实并非如此，如1922年美国最高法院判决美国职业棒球大联盟豁免于反垄断法，1961年美国国会签署的《体育转播法》（Sports Broadcasting Act）明确允许各大职业体育联盟向全国统一销售转播权。在欧洲，欧洲联盟（以下简称欧盟）实施的反垄断法豁免制度主要基于三个基本原则：承认职业体育的特殊性、基于公平的体育精神而不质疑体育组织的管理、保存职业体育的社会和文化功能。可见，在欧美职业体育联盟的实践中，卡特尔行为模式得到了法律和政策层面上的认可。

---

① KÉSENNE S, PAUWELS W. Club Objectives and Ticket Pricing in Professional Team Sports [J]. Eastern Economic Journal, 2006, 32 (3): 549-560.
②③ HOROWITZ I. The Increasing Competitive Balance in Major League Baseball [J]. Review of Industrial Organization, 1997, 12: 373-387.
④ FLYNN M A, GILBERT R J. The Analysis of Professional Sports Leagues as Joint Ventures [J]. The Economic Journal, 2001, 111 (469): F27-F46.
⑤ ROTTENBERG S. The Baseball Players' Labor Market [J]. Journal of Political Economy, 1956, 64 (3): 242-258.

综上所述，关于"竞争平衡是职业体育联盟的本质需求"的论述立论于观众偏好比赛结果不确定性、俱乐部共生性、职业体育联盟的卡特尔组织特性。因此，竞争平衡不仅被视为职业体育领域的一个重要理论，而且被用来指导欧美职业体育联盟实践。但是，联盟内的假设是竞争平衡理论的局限所在。罗滕贝格在《棒球运动员的劳务市场》一文中论述竞争平衡观点时，其研究就立足于美国职业棒球大联盟内的研究假设。① 尼尔强调比赛结果不确定性是联盟的立足之本，这同样是基于联盟内的假设。② 联盟内不仅意味着联盟所辖球队仅能参与联盟内的赛事（球员以个人身份出席国家队比赛的情况除外），也意味着联盟外的球队不能随意加入联盟，高级联盟和低级联盟之间不存在升降级关系，有无特许经营权是联盟成员和非联盟成员间的一个区别。从球迷的角度来看，如果球队竞技实力均衡但联盟整体水平不高，那么联盟的生存将受到威胁。事实也证明，一个职业体育联盟如果仅处于低水平的竞争平衡状态，就很容易遭遇新联盟的竞争甚至被替代。例如，第二次世界大战后，美国国家橄榄球联盟多次遭遇被新联盟取代的危机。③

对于开放式职业体育联盟，联盟间存在竞争的事实使其已不再满足竞争平衡理论联盟内的条件假设。以欧洲五大职业足球联赛为例分析其竞争状况时发现，它们不仅存在表现为俱乐部战绩排名的联盟内竞争，还存在表现为多个联盟争相开拓市场和提升商业价值的联盟间竞争。职业体育联盟中的球队根据战绩水平，可参与不同级别的比赛，角逐若干个不同赛事的冠军。所以，欧洲职业足球的开放式职业体育联盟模式也对联盟内竞争平衡这一限制提出了质疑。

倾向于开放式职业体育联盟模式的中国足球职业联赛同样既存在俱乐部之间的联盟内竞争问题，又面临同欧美职业体育联盟争夺球迷市场的联盟间竞争局面。在日益全球化的职业体育市场环境下，欧洲职业足球联赛的转播权已销

① ROTTENBERG S. The Baseball Players' Labor Market [J]. Journal of Political Economy, 1956, 64 (3): 242-258.

② NEALE W C. The Peculiar Economics of Professional Sports [J]. The Quarterly Journal of Economics, 1964, 78 (1): 1-14.

③ THOMAS H, STEFAN S, CARMEN M, et al. The Americanization of European Football [J]. Economic Policy, 1999, 14 (28): 203-240.

售到我国，这些赛事不断侵占我国的球迷市场；当中国职业足球联赛处于职业球员和球员薪资在全球范围内流动的市场环境中时，其商业价值已受到很大冲击，职业足球市场推广已受到域外高水平联赛的挑战。

虽然国内学者对竞争平衡的研究起步较晚，公开发表的相关文章总体数量不多，但发表数量有显著增加的趋势。近几年来，国内发表的研究成果大多是阐述竞争平衡概念及其重要性、职业体育联盟竞争平衡保障制度及其评价等方面的内容，这些虽然都为我国的职业体育发展提供了参考和借鉴，但都忽视了竞争平衡的局限性问题。因此，即便联盟内取得竞争平衡，联赛的发展也依然面临挑战。职业体育联盟既要保持竞争平衡，吸引球迷关注，又要面对日益激烈的外部竞争，寻求共生。那么，中国职业足球联赛内应实现怎样的竞争平衡？竞争平衡的最终目的（吸引更多球迷关注）的实现方式是怎样的？

基于前人关于竞争平衡的研究成果，立足于同欧洲职业足球联赛竞争球迷市场的共存环境，我们还需要赋予竞争平衡更加丰富的内涵，明晰强竞争平衡机制的范畴以及治理思路，即解决强竞争平衡"是什么""应做哪些"的问题。

2. 关于竞争平衡测量研究的概述

笔者通过梳理文献发现已有不少关于竞争平衡的研究成果。和许多经济学概念一样，竞争平衡也是一个不易直接测量的潜在变量，因此学界对竞争平衡的测量方法尚未达成统一认识。[①] 如何对竞争平衡进行定量测量始终是一个有待解决的研究议题。正如津巴利斯特所述，"同对货币供给的量化研究方法一样，竞争平衡的测量方法也有很多种"[②]。

比赛结果不确定性不仅被尼尔视为职业体育联盟的立足之本，而且被作为竞争平衡测量的主要手段。尽管研究者可以通过观众出场率和收视率等指标来测量竞争平衡，但或许是出于难以操作的原因，该方法并未在研究领域得到推广。从目前的研究成果来看，比赛结果是竞争平衡测量的常用指标。埃文斯

① UYAR B, SURDAM D. Searching for On-Field Parity：Evidence from National Football League Scheduling During 1991-2006 [J]. Journal of Sports Economics, 2013, 14 (5)：479-497.

② ZIMBALIST A S. Competitive Balance in Sports Leagues：An Introduction [J]. Journal of Sports Economics, 2002, 3 (2)：111-121.

（Evans）将比赛结果测量方法划分为集中度类测量方法和优势度类测量方法。其中，集中度类测量方法被定义为"一个赛季中，某个联盟内球队间竞技实力的接近程度"；优势度类测量方法被定义为"若干赛季中，某个联盟内某一球队持续获胜的程度"。这种划分方式是合理的，因为这样界定有利于研究者进行更为细致的研究。①

球队间的竞技实力越是平衡，每场比赛结果的不确定性就越高。同样，竞技实力越是平衡的球队，其比赛结果的不确定性就越高。在一个完全竞争平衡的联盟里，各支球队在每场比赛中都有相同的获胜率，因此每支球队都有赢取联盟赛季冠军的机会。此外，在一个完全竞争平衡的联盟内，下一赛季联盟冠军的头衔花落谁家是不可预测的。"竞争平衡包括短期比赛结果不确定、中期比赛或赛季结果不确定、长期比赛结果不确定这三个不同的维度"②，其中短期比赛结果不确定在三个维度中更为重要。如果能做到短期比赛结果不确定，那么谁将获得本赛季或下一赛季联盟冠军的头衔自然也是不确定的。③

由于各职业体育联盟的赛制结构不同，其竞争平衡的最佳测量方法和统计指标也可能不同。④ 本书以中国职业足球联赛为调查对象，由于中国职业足球联赛的赛制结构既不同于北美职业体育联盟，又有别于欧洲职业足球联赛，所以选择或设计一个适合中国职业足球联赛的竞争平衡测量方法是一个亟待解决的问题。

三、竞争平衡的实践研究概述

本书通过梳理文献和一些著名学者的言论，明确职业体育联盟竞争平衡的重要性。借用桑德森（Sanderson）的话："在职业体育领域，没有什么能比促进和维

---

① EVANS R. A Review of Measures of Competitive Balance in the "Analysis of Competitive Balance" Literature [D]. Birkbeck College University of London, 2014.

② CAIRNS J A. Evaluating Changes in League Structure: the Reorganization of the Scottish Football League [J]. Applied Economics, 1987, 19 (2): 259-275.

③ MICHIE J, OUGHTON C. Competitive Balance in Football: Trends and Effects [R]. University of London: Football Governance Research Centre, 2004.

④ ZIMBALIST A S. Competitive Balance in Sports Leagues: An Introduction [J]. Journal of Sports Economics, 2002, 3 (2): 111-121.

护竞争平衡更重要。"① 正因为竞争平衡的重要性，各职业体育联盟都从模式和制度入手对竞争平衡进行了约束和调控，其组织机构关注和考虑的核心问题是如何制定相应政策法规来保障联盟的竞争平衡。

世界上没有绝对的公平，只有相对的公平。体育比赛也是如此，实力雄厚的球队总是联盟赛季冠军的有力竞争者，而势单力薄的球队却总处于垫底的困境。这是因为体育比赛有胜负之分，每支获胜球队背后必然隐藏着一支战败球队，同一支球队不可能既出现在获胜名单上，又出现在战败名单上。因此，职业体育联盟制定了一些政策来调控和均衡球队之间的比赛实力，以确保每支球队都有获胜的机会。

无论球队是否获得胜利，为了促使职业体育联盟健康发展，各俱乐部管理方必须确保俱乐部的财务稳定。因此，职业体育联盟必须重新分配收益。鉴于职业体育联盟普遍存在竞争失衡状况，缺乏管理的联盟常常表现出这种趋势：排名靠前的俱乐部变得越来越富有，而排名靠后的俱乐部则面临财务越来越困难的窘境。这样，联赛排名靠前的俱乐部能够赚取更多的钱，进而购买更好的球员以获取更大收益，而联赛排名垫底的俱乐部却因财务困难而举步维艰，其用于球队建设的资金也越来越少。因此，在未实施收入再分配政策的联盟中，排名居于两端的球队的竞技实力差距和贫富差距会不断加剧。随着联盟竞争平衡状况的恶化，其竞技比赛变得乏味且结果具有可预测性，最终必然导致关注联赛的观众人数减少。② 为了避免弱小俱乐部破产或者联盟瓦解，在实践中，所有职业体育联盟都应在强、弱俱乐部之间进行收益再分配。这种再分配不是强大俱乐部"仁慈"的结果，而是防止联盟竞争失衡的必备手段。收益再分配的作用主要在于增强联盟的竞争平衡，吸引更多观众，维护联盟的公平性和完整性。

① SANDERSON A R, SIEGFRIED J J. Thinking about Competitive Balance [J]. Journal of Sports Economics, 2003, 4 (4): 255-279.
② CAIRNS J, JENNETT N, SLOANE P J. The Economics of Professional Team Sports: A Survey of Theory and Evidence [J]. Journal of Economic Studies, 1986, 13 (1): 3-80.

（一）联盟模式对竞争平衡的影响

联盟模式影响着联盟内俱乐部之间的竞争平衡。[①] 依据职业体育联盟的结构和组织差异，可以将其联盟模式分为封闭式和开放式两种。封闭式职业体育联盟以北美职业体育联盟为代表，通常不允许新球队加入，高级联盟和低级联盟之间不存在升降级关系，有无特许经营权是联盟成员和非联盟成员间的一个区别。封闭也意味着联盟内的球队不参与其他赛事，但在少数特殊情况下，球队里的球员可以代表国家出席比赛。北美职业体育联盟就像一个合资企业。在极端情况下，一些联盟如当今美国职业足球大联盟的球队就采取这种企业联合方式：职业联赛的所有权是联合的，球员被分配到不同的球队以保持职业体育联盟的竞争平衡。俱乐部能从这种联合中获得利益，并期望以同样的方式年复一年地参与比赛。开放式职业体育联盟以欧洲职业足球联赛为代表，它是在业余联合会的基础上发展起来的，历史比较悠久，规模较大，俱乐部数量多且分布广泛，项目垄断格局较为稳定。[②] 从俱乐部的角度来看，封闭式职业体育联盟模式似乎不会使职业体育联盟内部产生激烈的竞争，但它会使职业体育联盟面临来自外部的竞争威胁。例如，第二次世界大战后，新的职业橄榄球联盟为进入美国市场进行了多次尝试，使美国国家橄榄球联盟面临生存危机。事实证明，新联盟进驻市场对旧联盟的运营会造成一定的竞争压力；反之，球队稀少的顶级职业联赛能为新联盟进驻市场提供方便。因此，对仅有 30 个职业球队的美国职业棒球大联盟而言，许多城市缺乏并需要组建职业球队。相比之下，欧洲大城市至少拥有一个职业球队。[③]

总之，要想在不同的联盟模式下实现竞争平衡，应采用不同的调控手段。引用布扎基的话："欧美职业体育联盟模式之间存在很多不同点，欧美职业体育联盟模式的比较研究尚处于起步状态……还需要进一步研究来理解模式和制度差异带

---

① ROTTENBERG S. Resource Allocation and Income Distribution in Professional Team Sports [J]. Journal of Sports Economics, 2000, 1 (1)：11-20.

② 张文健. 职业体育联盟的组织模式研究 [J]. 上海体育学院学报, 2006 (1)：56-58, 67.

③ THOMAS H, STEFAN S, CARMEN M, et al. The Americanization of European Football [J]. Economic Policy, 1999, 14 (28)：203-240.

来的后果。"①

(二) 保障竞争平衡的制度安排

职业体育联盟在实践中所表现出的竞争失衡具有固有性②，因此欧美职业体育联盟颁布了各项竞争平衡保障制度，主要涉及人才流动和收入分配，具体见表1-1。

表1-1 欧美职业体育联盟的竞争平衡保障制度③

项目	北美职业体育联盟	欧洲职业体育联盟
联盟模式	封闭式，球队仅参与联盟内的一个赛事，且没有升降级	开放式，球队可以同时参加多个赛事，每个赛季都有升降级
联盟职责	电视转播权集体销售	电视转播权集体销售
		集中性营销
俱乐部间的竞争	俱乐部很难被替代	俱乐部有可能被替代
联盟间的竞争	联盟会被取代	联盟不会被取代，所有联盟包含在梯度层次结构中
球员转会市场及转会制度	选秀制度、工资帽（美国职业橄榄球大联盟④、NBA）	活跃的球员转会市场
		集体谈判制度
收益分享	国内转播权销售收入平均分配	电视转播权销售收入分配
	门票收入分享（分享份额：美国职业橄榄球大联盟为40%，美国职业棒球大联盟为15%，NBA为0%）	门票收入很少或没有分享某些锦标赛的门票收入
竞争政策	享有反垄断豁免权	强烈抨击转播权集中销售，采取选择性干预措施

---

① BUZZACCHI L, SZYMANSKI S, VALLETTI T M. Equality of Opportunity and Equality of Outcome: Open Leagues, Closed Leagues and Competitive Balance [J]. Journal of Industry, Competition and Trade, 2003, 3: 167-186.

② CAIRNS J, JENNETT N, SLOANE P J. The Economics of Professional Team Sports: A Survey of Theory and Evidence [J]. Journal of Economic Studies, 1986, 13 (1): 3-80.

③ THOMAS H, STEFAN S, CARMEN M, et al. The Americanization of European Football [J]. Economic Policy, 1999, 14 (28): 203-240.

④ 美国职业橄榄球大联盟成立于1920年，后于1922年1月28日更名为美国国家橄榄球联盟。

1. 人才流动方面的制度

北美职业体育联盟的组织机构曾试图通过对俱乐部收入进行再分配或对劳动力市场进行干预，来保持俱乐部之间的竞争平衡。一直以来，针对球员转会市场的主要干预措施为采用选秀制度，即球员在完成高中或大学学业后开始自己的职业体育生涯，联盟内俱乐部依次挑选这些新球员：上一个赛季成绩最差的俱乐部首先挑选，倒数第二名的俱乐部第二个挑选，其他俱乐部依次进行。上一个赛季成绩最差的球队能优先挑选最好的球员以增强竞技实力，从而在下一个赛季中提高球队的排名。选秀制度影响了球员的市场价值，并与一些法律规定相冲突，最终该制度不得不做出一些调整。通常，北美职业球员的合同期限要比欧洲职业球员长些。例如，北美职业棒球大联盟中球员的合同期限通常是 5~6 年，而欧洲职业足球联赛中球员的合同期限为 3 年。

2. 收入分配方面的制度

北美职业体育联盟主要通过分享全国转播权销售收入进行再分配。1961 年通过的《体育转播法》允许职业体育联盟在打包销售全国转播权方面享有反垄断豁免权。北美职业体育联盟的转播收入分享占总收入的份额比欧洲职业体育联盟大，其中棒球、篮球、美式足球联盟的转播收入分享分别占总收入的 32%、34%、63%。[①] 相比较而言，直到 20 世纪 90 年代，很多欧洲俱乐部的电视转播收入仍不高。在欧洲，转播协议通常明确规定了绩效指标和固定的分配份额。例如，在英超联赛中，球队平均分配转播收入的 50%，根据球队表现分配转播收入的 25%，根据球队出场次数分配转播收入的 25%；在意大利，俱乐部平均分配非收费频道的转播收入，并根据球队比赛成绩分配收费频道的转播收入；在德国，俱乐部获得固定比重的收入，外加固定的主场收入和相对较少的客场转播收入。北美俱乐部独享地方转播收入。

一些北美职业体育联盟还采用门票收入再分配的方式。美国职业橄榄球大联盟把 40% 的纯门票收入送给客队，一些批判者将其描述为"大锅饭"。在棒球比赛中，门票收入分享稍微少些，如美洲联盟比赛 20% 的门票收入给客队，美

---

① SHEEHAN R G. Keeping Score: The Economics of Big-time Sports [M]. Dallas: Taylor Trade Publishing, 1996: 344.

国职业棒球大联盟比赛 10% 的门票收入给客队，而在职业篮球联赛中却没有门票收入分享。在欧洲，职业足球联赛的门票收入分成协议一直受到限制。在英格兰，曾经实行一个设定最低出场价格的协议，在这个价格基础上，客队分享 20% 的门票收入，但这个协议已于 1983 年被废除。自 1992 年创立英超联赛以来，所有的门票收入都由主队获得。在英格兰足总杯（以下简称足总杯）的各场比赛（除半决赛、决赛外）和英格兰足球联盟杯（以下简称联赛杯）的各场比赛中，主队和客队各分享 45% 的门票收入，所有参赛球队平均分配剩余 10% 的门票收入。

在意大利，除顶级联盟的俱乐部采取不超过 5% 的客队门票收入分享制度外，几乎没有联盟采用门票收入分享制度。在德国，6% 的联赛门票收入支付给德国足球协会（以下简称德国足协），剩余收入由主队支配；而在德国杯的比赛中，10% 的门票收入归德国足协，剩余收入由俱乐部均分。在欧洲联赛中，除了决赛时的大部分门票收入给欧足联，剩余收入由两球队均分外，在其他比赛中，主队可以独自占有除分享给欧足联以外的门票收入。

布扎基、西兹曼斯基（Szymanski）和瓦莱蒂发现，欧洲职业足球联赛的竞争平衡程度远低于北美职业体育联盟，这主要是因为北美职业体育联盟在保障竞争平衡上采取了相应的制度安排，如实施更均等的门票收入分享、集体采购、球员流动草案、工资帽和其他措施。[①] 然而，人们不禁要问：为什么欧洲职业足球联赛的组织机构不在更大程度上采用这种竞争平衡保障制度？桑德森对此进行了总结性叙述："对于竞争平衡的问题，尚没有一个统一的、适合所有联盟的、通适性的处理办法。"[②] 所以，竞争平衡保障制度具有个性特征，它因联盟模式和职业体育运行环境而定，因时因地而异。

四、国内关于竞争平衡研究的概述

到目前为止，国内关于职业体育联盟竞争平衡的学术论文数量依然不多。

① BUZZACCHI L, SZYMANSKI S, VALLETTI T M. Equality of Opportunity and Equality of Outcome：Open Leagues, Closed Leagues and Competitive Balance [J]. Journal of Industry, Competition and Trade, 2003, 3：167-186.

② SANDERSON A R, SIEGFRIED J J. Thinking about Competitive Balance [J]. Journal of Sports Economics, 2003, 4 (4)：255-279.

在为数不多的国内研究成果中，其关注点主要集中在两个方面，具体如下。

（一）对国外竞争平衡理论及实践研究的概述

我国关于竞争平衡方面的早期研究见于何斌①发表在北京体育大学学报的《职业篮球的竞争平衡》一文，作者以文献资料法为主要方法，探讨了职业联赛竞争平衡的概念及重要性，阐述了全美篮球联盟②为维持俱乐部间的竞技实力平衡和经济实力平衡所采用的选秀制度、储备条款、授权机制、薪金封顶制以及收益分享制度的运行机制，分析了中国职业篮球联赛竞争失衡的主要原因，并在此基础上，提出了增强中国职业篮球联赛平衡性的对策。

陈建霞等在《职业体育联赛的竞争机制研究》③一文中指出，全美篮球联盟④的制衡机制主要包括收益分享制度、授权制度、薪金封顶制度、选秀制度、储备条款、升降级制度。其中，实施选秀制度和储备条款是为了维持俱乐部间的竞技实力平衡，实施收益分享制度和授权制度是为了维持俱乐部间的经济实力平衡，而薪金封顶制度对维护竞技实力和经济实力的平衡均产生了一定作用，升降级制度是欧洲职业体育联盟用来均衡俱乐部间竞技实力的主要手段。

郑志强在《中国职业足球：过度竞争、财政平衡与政策选择》⑤一文中提出，北美职业体育联盟的主要平衡制度为球员平衡、利润平衡和地域平衡三种。石武等在《欧美职业体育联盟的比较研究》⑥一文中指出，北美职业体育联盟倾向于追求利润最大化，为了确保联盟内竞争平衡，它采用了储备条款、选秀制度、工资封顶制度⑦、收入分享制度⑧，以及在进入壁垒方面的保障措施，这

---

① 何斌. 职业篮球的竞争平衡 [J]. 北京体育大学学报，2005（7）：990-991，994.

② 为尊重参引文献保留了该文献所采用的"全美篮球联盟"这一说法，实际上，此处是指 NBA。

③ 陈建霞，卢瑞瑞，何斌. 职业体育联赛的竞争机制研究 [J]. 北京体育大学学报，2012，35（3）：141-145.

④ 此处是指 NBA。

⑤ 郑志强. 中国职业足球：过度竞争、财政平衡与政策选择 [J]. 武汉体育学院学报，2012，46（11）：37-40，71.

⑥ 石武，郑芳. 欧美职业体育联盟的比较研究 [J]. 西安体育学院学报，2008（1）：16-19.

⑦ 与上文的"薪金封顶制度"同义，只是不同作者从国外引进此概念时采取了不同的翻译名称。

⑧ 与上文的"收益分享制度"同义，只是不同作者从国外引进此概念时采取了不同的翻译名称。

保证并提高了联赛的精彩程度和观赏性。尹志华等在《对我国职业体育联盟中有关竞争性平衡制度的分析》① 一文中对收入分享制度、选秀制度、储备条款与球员工资帽、球队数量限制等国外竞争平衡制度做了概述。

在球员流动方面，李智在《NBA 集体谈判协议及其所面临的挑战》② 一文中对 NBA 球员转会模式、新秀合同条款做了细致分析。裴洋在《欧盟竞争法视野下的足球运动员转会规则》③ 一文中对欧洲足球界使用的几种球员转会规则进行了详细阐释。李燕领等在《NBA 市场准入制度研究》④ 一文中分析了 NBA 的主场区域制度，他们认为准入壁垒的设置影响了俱乐部的资质和联盟的规模，限制了俱乐部的区域分布和迁移，维持了联盟的竞争平衡状况，并促进了联赛的健康发展。

上述学者分别从竞争平衡的意义与价值、职业体育联盟采用的各项竞争平衡保障制度及其评价等方面进行了详细解读，为我国职业体育联盟的发展提供了参考和借鉴。

（二）对国内职业联赛竞争平衡状况的概述

1. 国内职业联赛竞争平衡状况的考量

从研究成果看，国内职业联赛竞争平衡状况不容乐观。各位学者的观点如下：何斌在《职业篮球的竞争平衡》⑤ 一文中指出，中国职业篮球的发展历程反映了中国职业篮球联赛存在的球队竞技实力失衡状况，比赛结果特别是冠军归属缺乏悬念，导致观众的观赛热情不高，球队的上座率不理想，联赛很难吸引赞助商的关注。黄文砚等在《对影响我国中超联赛职业化发展因素的分析与研究》⑥ 一文中分析，纵观中国职业体育的发展历程，竞争实力失衡的状况时

① 尹志华，邓三英，汪晓赞，等. 对我国职业体育联盟中有关竞争性平衡制度的分析 [J]. 体育科研，2009，30（2）：48-50.

② 李智. NBA 集体谈判协议及其所面临的挑战 [J]. 太原理工大学学报（社会科学版），2011，29（2）：25-28，39.

③ 裴洋. 欧盟竞争法视野下的足球运动员转会规则 [J]. 体育科学，2009，29（1）：25-34，57.

④ 李燕领，王家宏. NBA 市场准入制度研究 [J]. 体育科研，2011，32（5）：48-52.

⑤ 何斌. 职业篮球的竞争平衡 [J]. 北京体育大学学报，2005（7）：990-991，994.

⑥ 黄文砚，陈艳梅. 对影响我国中超联赛职业化发展因素的分析与研究 [J]. 中国体育科技，2008（4）：74-78，83.

有出现，如联赛冠军的归属缺乏悬念，俱乐部濒临生存困境而频繁易帜，观众流失且联盟门票收入极少。黄刚强在《中国篮球职业联赛竞争平衡研究》①一文中指出，除2003—2004赛季外，中国篮球职业联赛②在其他赛季均处于高度竞争不平衡状态，并且这种不平衡呈现逐步加剧的态势。何文胜等在《职业体育联盟竞争平衡的测量与分析》③一文中对NBA、英超和中超的竞争平衡率进行测量，得出三者按竞争平衡性由高到低排列为NBA、英超、中超。陈建霞等在《职业体育联赛的竞争机制研究》④中指出，中国职业俱乐部存在竞争失衡的现象，截至2011年，在举办中国职业篮球联赛的16年里，获得冠军称号的球队仅有3支，球队间的竞技实力过于悬殊。中国职业足球联赛的竞争平衡状况比中国职业篮球联赛略好，截至2009年，在历经中国职业足球联赛15个赛季的所有球队中也只有6支球队问鼎冠军。赵鹏在《运用竞争平衡指数对我国职业足球竞赛的动态分析》⑤一文中对2008—2012赛季中超联赛的情况进行分析，发现其竞争平衡状况缺乏稳定性，并且这种不稳定的情况并未随职业体育的发展而得到改善。李国兴等在《中国男子篮球职业联赛竞争平衡性问题研究》⑥一文中对中国男子篮球职业联赛2005—2014赛季常规赛的竞争平衡性进行分析，得出球队间竞技实力不平衡状态并没有明显改善的结论。

2. 国内职业联赛竞争平衡影响因素的反思

国内职业联赛竞争平衡状况的严峻形势引发了众多学者对竞争平衡的影响因素进行思索，主要观点如下：

何斌分析中国男子篮球职业联赛竞争失衡的主要原因是竞技实力和经济实

---

① 黄刚强. 中国篮球职业联赛竞争平衡研究 [J]. 天津体育学院学报，2007 (5)：437-440.

② 无论是此处的"中国篮球职业联赛"还是上文提及的"中国职业篮球联赛"，它们都是指中国男子篮球职业联赛。

③ 何文胜，张保华，吴元生. 职业体育联盟竞争平衡的测量与分析 [J]. 体育科学，2009，29 (12)：12-18.

④ 陈建霞，卢瑞瑞，何斌. 职业体育联赛的竞争机制研究 [J]. 北京体育大学学报，2012，35 (3)：141-145.

⑤ 赵鹏. 运用竞争平衡指数对我国职业足球竞赛的动态分析 [J]. 体育成人教育学刊，2014，30 (1)：44-47.

⑥ 李国兴，宋君毅. 中国男子篮球职业联赛竞争平衡性问题研究 [J]. 成都体育学院学报，2014，40 (8)：68-72.

力的失衡，他提出重新审视职业篮球的竞争观念、完善后备人才培养市场、明晰俱乐部的产权关系、加强有关职业篮球的法治建设、完善联赛竞赛机制、控制球队数量的对策。① 黄刚强分析竞争失衡的主要原因在于俱乐部的性质及人才培养体系不完善限制了俱乐部间球员自由转会、外援选拔和使用等制度完全发挥作用；建议深化俱乐部市场化运作程度，尽可能减少行政干预，完善人才培养体系，尤其要把大学篮球联赛作为篮球人才的培养途径；借鉴国外职业联赛关于储备条款、球员自由转会、选秀制度、收入分享、工资帽和奢侈税等的制度、规则与措施，建立中国篮球职业联赛竞争平衡的调控机制，并对竞争平衡状况进行监控。② 鉴于中国职业足球存在泡沫化倾向，郑志强建议以间接财政平衡方式为主调控方式。③ 陈科认为竞争平衡是中超联赛运作的核心，建议中超联赛通过收入分享、选秀制度等，确保各个俱乐部竞技实力的均衡。④ 李国兴等建议中国男子篮球职业联赛借鉴 NBA 实施选秀、球员自由转会、限薪等制度、规则与措施的经验，建立完善的中国男子篮球职业联赛竞争平衡的制衡机制。⑤ 陈建霞等指出，尽管中国职业体育联盟试图效仿欧美职业体育联盟的运行模式，但由于体制等差异，中国职业体育联盟无法直接套用欧美职业体育联盟的运行模式。⑥ 目前，由于运行机制和产权形式等原因，中国职业体育联盟依旧存在竞争失衡的现象。

综上所述我们可以看出，虽然我国对职业体育联盟竞争平衡的研究远远晚于西方，且研究成果数量不多，但国内学者对竞争平衡理念的引入拉开了这一主题研究的序幕，唤醒了联盟的竞争平衡意识，并为后续深入研究奠定了坚实

---

① 何斌. 职业篮球的竞争平衡 [J]. 北京体育大学学报, 2005 (7): 990-991, 994.
② 黄刚强. 中国篮球职业联赛竞争平衡研究 [J]. 天津体育学院学报, 2007 (5): 437-440.
③ 郑志强. 中国职业足球: 过度竞争、财政平衡与政策选择 [J]. 武汉体育学院学报, 2012, 46 (11): 37-40, 71.
④ 陈科. 中国足球超级职业联赛竞争平衡研究 [J]. 广州体育学院学报, 2013, 33 (4): 28-30.
⑤ 李国兴, 宋君毅. 中国男子篮球职业联赛竞争平衡性问题研究 [J]. 成都体育学院学报, 2014, 40 (8): 68-72.
⑥ 陈建霞, 卢瑞瑞, 何斌. 职业体育联赛的竞争机制研究 [J]. 北京体育大学学报, 2012, 35 (3): 141-145.

基础。

但是，国内学者研究的关注点主要集中在什么是职业体育联盟的竞争平衡、欧美职业体育联盟在实践中采用的手段、竞争平衡机制的运营环境与适用范围等方面。研究不足在于学者对欧美职业体育联盟竞争平衡实践可借鉴性的探讨较少，虽然欧美职业体育联盟取得了巨大的成就，但其社会背景、经济水平、市场环境、俱乐部自主经营制度体系等是否适合我国职业体育联盟发展，仍待研究者进行必要的审视和斟酌。

五、机制与机制设计理论概述

（一）机制的解读

1. 机制的概念

（1）机制的本义

"机制"一词最早源于希腊文，原指机器的构造和动作原理，它在互译时与英语"mechanism"的词义对应。[①]《剑桥词典》（在线版）将其定义为机械装置（working parts of a machine），机体的结构或共同作用的系统（parts of organism or system which work together），方法、技巧或程序（method or precedure for getting things done）；《朗文当代英语大辞典》（2011年版）将其定义为机器的不同组成部分（the different parts of something）、构造（arranged together）和工作原理（the action they have）。因此，对"机制"的本义可以从两方面来解读：一是机器由哪些部分组成和为什么由这些部分组成；二是机器怎样工作和为什么要这样工作。

（2）机制的引申义

把机制应用到不同的领域就产生了不同的引申义。引申后，"机制"的词义内涵也随之发生了变化，如应用到心理学、社会学、经济学、政治学领域，就形成了心理机制、社会机制、经济机制、政治机制等概念。对于机制引申义上的变化，词典的权威注释有概括性描述。例如，《现代汉语词典》（第六版）将其引申为"机体的构造、功能和相互关系"。《新语词大词典》（1991年版）将

---

① 何高大. 英汉双向法律词典［M］. 1版. 上海：上海交通大学出版社，2002：735.

机制的含义总结归纳为三个方面：一是指机器的构造和动作原理；二是指一种生物功能的内在工作方式，包括有关生物结构组成部分的相互关系、其间各种变化过程的物理化学性质和相互关系；三是泛指促进事物发展变化的内部机能、功效，如深化高校体制改革，要引进市场机制。① 机制泛指引起、制约事物运动、转化、发展的内在结构和作用方式，包括事物内部因素的耦合关系、各因素相互作用的形式、功能作用的程序以及转变的契机等。揭示事物的运动机制意味着对事物的认识已从对现象的描述进入对本质的认识。②

理解"机制"这个概念，主要把握两点：一是事物各个部分的存在是机制存在的前提，因为只有事物的各个部分存在，才会产生如何协调各个部分之间关系的问题；二是协调各个部分之间的关系一定是一种具体的运作方式，机制就是通过一定的运作方式把事物的各个部分联系起来，使它们协调运行、发挥作用。

机制中有一类归属于制度性机制。制度性机制主要指使制度或体制能够正常运行并发挥预期功能的配套制度③，是具体的制度安排，包括一系列相关的政策、法规、措施、方法等。其他学者关于制度性机制的观点包括"机制的建立还要依靠体制和制度"④ "机制建立的载体是体制和制度"⑤ "机制的建立需要体制和制度的相互配合"⑥ "机制在与之相适应的体制和制度的建立及变革的实践中得到体现"⑦ "机制的建立依靠体制和制度两方面的合理构建"⑧ "机制的建立是依靠体制和制度作为载体和形式而实现的，那么机制的建设也应包含体制和制度这两部分"⑨。

---

① 韩明安. 新语词大词典 [M]. 哈尔滨：黑龙江人民出版社，1991：214.
② 刘建明. 宣传舆论学大辞典 [M]. 北京：经济日报出版社，1993：525.
③ 李以渝. 机制论：涵义、原理与设计 [J]. 四川工程职业技术学院学报，2006（4）：56-59.
④ 张晶. 北京城市轨道交通补贴机制研究 [D]. 北京：北京交通大学，2010.
⑤ 张瑞雪. 克拉玛依市政府招商引资风险防范研究 [D]. 乌鲁木齐：新疆农业大学，2015.
⑥ 闫瑾. 产学研战略联盟利益共享机制研究 [D]. 呼和浩特：内蒙古大学，2013.
⑦ 刘明华. 本科高校教师绩效考核机制研究 [D]. 锦州：渤海大学，2013.
⑧ 张欣欣. 广东温泉旅游资源开发与保护约束机制研究 [D]. 广州：暨南大学，2008.
⑨ 张海燕. 我国行政问责官员复出机制研究 [D]. 郑州：郑州大学，2010.

因此，本书所涉及的中国职业足球联赛竞争平衡机制应归属于制度性机制，它既是使制度或体制能够正常运行并发挥预期功能的配套制度，又是为实现制度特定的目标和功能，依据机体内部的客观规律，人为设定的制度系统内部组成要素的运行规则。机制的建立形式或载体就是具体的制度安排，包括一系列相关的政策、法规、措施、方法等。

2. 机制的形成方式

那么，机制又是如何形成的呢？关于机制的形成方式主要有两种观点：一种是历史演进主义，另一种是建构主义。历史演进主义者认为，机制是历史长期演进的结果，现存的机制是在适者生存的社会选择下形成的。从机制起源的角度来看，自发的机制是经过人们无数次的利益博弈形成的，或者是在自发组织状态下形成的，它一旦形成，就是可以自我实施和可持续的。而建构主义者认为，实现社会既定目标的机制是可以设计的，即在机制构造原理的基础上设计一系列的规则，进而在满足行为人各自条件的情况下，使行为人选择的自利策略经相互作用恰好能实现社会既定目标。建构主义者的机制形成观点强调人的主观能动性，注重外部因素的作用和影响。因此，机制设计理论成为现代微观经济学的热门理论。①

上述机制形成方式对本书的启发主要有两方面：一方面，中国职业足球联赛的竞争平衡机制可以按照建构的方式进行一定程度的人为设计；另一方面，要重视市场的自我演进作用，不断探索和总结与社会主义市场经济相适应的特点与规律，发挥市场这只"无形的手"的力量，促进机制的形成和不断完善。

3. 机制、制度与体制三个相关概念的关系

《现代汉语词典》（第五版）对"制度"的定义是：在一定的历史条件下形成的政治、经济、文化等各方面的体系，如社会主义制度；对"体制"的定义是：对国家机关、企业事业单位在机构设置、领导隶属关系和管理权限划分等方面的体系、制度、方法、形式的总称，如政治体制、经济体制等；对"机制"的定义是：泛指一个工作系统的组织或部分之间相互作用的过程和方式，如市场机制、竞争机制。对于三者之间关系的理解可以借鉴一段文字："坚持和完善

---

① 张东辉. 经济机制理论：回顾与发展 [J]. 福建论坛（经济社会版），2003（8）：2-6.

公有制为主体、多种所有制经济共同发展的基本经济制度，推动经济体制改革、政治体制改革、文化体制改革和社会领域改革相互配合，不断为经济社会发展提供强大动力。"①

机制、制度与体制既相互区别又相互联系。其区别体现在：第一，从框架理论的视角讲，三者处于社会有机体结构的不同层面。制度位于宏观层面，侧重于社会结构；体制位于中观层面，侧重于社会形势；机制位于微观层面，侧重于社会运行。② 第二，制度和体制是外生性的规范，是用来执行的；而机制是内生性的机能，是自动运作的，与制度和体制相比，机制更具可操作性和技术性③，更加注重机能、作用方式和作用效果。

同时，三者的联系体现在：制度决定体制，表现为内容与形式的关系；机制隶属于制度和体制，有助于制度和体制的有效运行，以及预期目标的实现。

（二）机制设计理论的解析

机制设计理论是近30年微观经济学领域发展非常迅速的分支之一④，尤其是在赫维茨（Hurwicz）、马斯金（Maskin）和迈尔森（Myerson）三位科学家因奠定了机制设计理论的基础而获得2007年诺贝尔经济学奖后，机制设计理论得到了更为广泛的关注和运用。

1. 机制设计理论的概念

机制设计理论始见于20世纪60年代赫维茨的开创性文献，他将机制定义为"一个信息系统和一个基于信息系统的配置规则"⑤。龚强进一步阐释了机制设计理论所讨论的问题，即"对于任意一个想要达到的既定目标（某种资源配置），如何设计出一个经济机制，使得经济活动参与者的个人利益和设计者既定

---

① 胡锦涛：携手努力，促进亚太经济持续增长 [EB/OL]. (2003-10-20) [2021-03-09]. http://zqb.cyol.com/content/2003-10/20/content_750648.htm.

② 李振国，张思远. 论"制度""体制""机制"的翻译——以认知语言学框架理论为视角 [J]. 求知导刊，2014 (6)：100-101.

③ 蔡旭东. 北京体育大学人力资源管理机制创新研究 [D]. 北京：北京体育大学，2013.

④ 田国强. 如何实现科学有效的体制机制重构与完善：机制设计理论视角下的国家治理现代化 [J]. 人民论坛，2014 (26)：17-21.

⑤ HURWICZ L. Studies in Resource Allocation Processes：Optimality and Informational Efficiency in Resource Allocation Processes [M]. Cambridge：Cambridge University Press, 1977：27-46.

目标一致——即每个人主观上追求个人利益，客观上同时达到了设计者既定的目标"①。田国强这样阐释机制设计理论所讨论的问题：在个体逐利性和信息不对称这两个重要的客观现实条件下，对于任意一个想要达到的既定目标，能否并且怎样设计一个机制，即制定什么样的方式、法则、政策条令、资源配置等规则，使得经济活动参与者的个人利益和设计者的既定目标一致。② 机制设计理论着重解决与个体激励和私人信息配置相关的问题，它不是研究给定的有效环境，而是探索给定环境下的某些合意性质，如帕累托有效配置和自愿参与等机制。③

梳理上述概念发现，机制设计理论主要包含三个要素：其一，配置规则。"如何设计出一个经济机制"和"怎样设计一个机制"都可归属于配置规则问题，即制定什么样的方式、法则、政策条令、资源配置等规则。其二，激励相容。在既定目标的表述上，无论是"经济活动参与者的个人利益和设计者既定目标一致"，还是"经济活动参与者的个人利益和设计者的既定目标一致"，都可以归结为激励相容的问题。其三，资源的优化配置。机制设计理论的基本思想是在给定环境下，如一个信息系统，为了达到既定目标，设计出激励相容的配置规则，如方式、法则、政策条令等，以此来实现资源的优化配置。机制设计理论考虑到现实生活中的个体逐利性和信息不对称问题，是辅助人们实现既定目标的一种理论。

2. 机制设计理论体系的奠基

学界普遍认为，机制设计理论的基本思想可以追溯到 20 世纪二三十年代社会主义和资本主义大论战。④这场论战的核心问题是分散决策的市场机制和中央决策的计划机制孰优孰劣，或者说哪一种经济制度更能实现资源的优化配置。随着论战的不断深入，经济学家发现信息分散和激励不足是计划经济和市场经济共同面临的问题。正是由于所有的个人信息不可能完全被一个人掌握，设计

---

① 龚强. 机制设计理论与中国经济改革 [J]. 商业时代, 2008 (9): 7-8.

②④ 田国强. 如何实现科学有效的体制机制重构与完善：机制设计理论视角下的国家治理现代化 [J]. 人民论坛, 2014 (26): 17-21.

③ TIAN G Q. Lecture Notes on Microeconomic Theory [M]. Texas: Department of Economics in Texas A&M University, 2013: 366-367.

者才希望用激励或规则这种间接控制的分散化决策方式来引导人们实现他们的既定目标，如何实现这一切正是机制设计理论所要探讨的问题。经济学家通常认为一种好的经济制度应满足有效配置资源、有效利用信息及激励相容这三个要求。但是，不同的经济机制会有不同的配置结果、信息成本与激励反应，所以人们需要知道什么样的经济制度能满足以上三个要求。现实中，当各种经济机制共存或者因经济环境的变化而需要机制创新时，我们需要一个能研究和比较各种经济机制的普遍理论来解决制度的选择问题，由此产生了用机制设计理论指导实践的需求。

　　瑞典皇家科学院把 2007 年诺贝尔经济学奖颁给了为机制设计奠定理论基础并做出卓越贡献的三位经济学家。其中，赫维茨因最早提出机制设计理论而被誉为"机制设计理论之父"。随后，马斯金和迈尔森进一步发展了机制设计理论。1960 年，赫维茨公开发表了论文《资源配置中的最优化与信息效率》，这标志着机制设计理论的诞生。[1] 他认为机制是一个信息交流系统，统一处理接收到的信号，并按照事先既定的一系列信息处理规则得出一个结果。[2] 随后，他又陆续发表了《无须需求连续性的显示性偏好》《论信息分散系统》等一系列著作，提出要解决信息不对称问题和如何使代理人说真话的激励相容问题，并进一步丰富和完善机制设计理论。1973 年，赫维茨又在《美国经济评论》杂志上发表论文《资源配置的机制设计理论》，提出参与约束和激励相容是社会既定目标实现的两个必需条件，这奠定了机制设计理论的基本框架。[3]

　　迈尔森最重要的贡献是其在 1979 年、1982 年和 1986 年发表的一系列论文中论及的显示原理（revelation principle），他把显示原理作为机制设计理论的一个最重要的基础，并进行普及与应用。显示原理的提出很大程度上简化了机制设计理论对问题的分析过程，它把复杂的社会选择问题转化成博弈论范畴内的

---

① 方燕，张昕竹. 机制设计理论综述 [J]. 当代财经，2012 (7)：119-129.

② HURWICZ L. Studies in Resource Allocation Processes：Optimality and Informational Efficiency in Resource Allocation Processes [M]. Cambridge：Cambridge University Press，1977：27-46.

③ HURWICZ L. The Design of Mechanisms for Resource Allocation [J]. American Economic Review，1973，63 (2)：1-30.

不完全信息博弈，使我们在寻找最优机制时大大缩小了机制的筛选范围。作为机制设计理论的奠基者之一，马斯金做出的重要的贡献是在 1977 年撰写了《纳什均衡与福利最优化》。此文提出的实施理论（implementation theory）已成为现代机制设计理论的一个重要部分①，也被称为机制设计理论的一大里程碑。该理论的主要观点是在一定条件下，人们可以设计出实现社会目标的机制，且机制的作用结果一定和社会预期目标一致。另外，马斯金也提出并证明了纳什均衡实施的充分条件和必要条件，他在证明充分条件时所构造的对策被称为"马斯金对策"②。随着激励相容、显示原理和实施理论的提出以及研究的深入，机制设计理论逐渐得到发展与完善。

3. 机制设计理论的主要内容

机制设计理论的研究核心是如何在信息分散和信息不对称的条件下，设计激励相容的机制来实现资源的有效配置。在机制设计理论中，激励相容、显示原理和实施理论都非常重要，但激励相容的概念却贯穿整个机制设计理论。③

（1）激励相容

赫维茨所提出的激励相容的概念为：如果在机制调控下的博弈中，每位参与者真实报告其私人信息是占优策略，那么这个机制是激励相容的。此外，还要施加一个没有人因参与这个机制而使其境况变坏的参与约束。在一些弱假设下，赫维茨证明了如下相反的结论：在一种标准的交换经济中，满足参与约束条件的激励相容机制不能产生帕累托最优结果。换言之，私人信息无法实现完全有效性。于是，制度或规则的设计者在不了解所有私人信息的情况下，需要掌握一个基本原则，就是所制定的机制能够给每位参与者一个激励——在参与者实现个人利益最大化的同时使设计者所制定的目标得以实现，这也是机制设

① 方燕，张昕竹. 机制设计理论综述 [J]. 当代财经，2012（7）：119-129.
② MASKIN E. Nash Equilibrium and Welfare Optimality [J]. The Review of Economic Studies, 1999, 66（1）: 23-38.
③ HURWICZ L. Studies in Resource Allocation Processes: Optimality and Informational Efficiency in Resource Allocation Processes [M]. Cambridge: Cambridge University Press, 1977: 27-46.

计理论中最为重要的激励相容问题。[①] 成功的激励相容案例有：拍卖过程中，是一次出价还是轮流竞价，是公开叫价还是密封报价；分割蛋糕时，切蛋糕和取蛋糕的先后顺序；选举过程中的投票规则和计票方法；等等。这些机制是社会互动序列的、抽象的、形式的、程序性的规则体系，显著影响着最终结果以及利益格局。[②]

（2）显示原理

赫维茨构建的机制设计理论框架可能存在也可能不存在，在存在的情况下，也可能会有很多能够实现目标的机制，那么，如何寻找最优机制就成了一个重要的问题。这个问题直到显示原理的出现才得以彻底解决。吉巴（Gibbard）[③]提出的显示原理认为，一种社会选择规则如果能够被一种特定机制的博弈均衡实现，那么它就是激励相容的，即该社会选择规则能通过一个直接机制实现。根据显示原理，人们在寻求可能的最优机制时，可以通过直接机制简化问题，这大大减少了机制设计的复杂性。总之，一般化之后的显示原理不仅在参与者拥有私人信息或采取不可观察的行动时有效，甚至在多阶段动态博弈时也有效。尽管潜在机制集很大，但最优机制总能在一般机制集的一个子集，即直接机制集内找到。[④]

（3）实施理论

显示原理在简化机制设计和寻找最优机制方面发挥了重要作用，但随之而来的一个问题是如何实施最优机制。具体而言，在实施最优机制前，出于个人利益和动机，经济活动参与者可能会提供错误的信息，而且会面对多重均衡问题，有些均衡从社会角度来看不是最优的。因此，如何实施最优机制的问题随之产生——能否设计一种从社会角度来看是均衡的且总是最优的机制？很多机制背后的博弈都是多重均衡，其中一些均衡导致了次优结果，如"浪费选票问

① HURWICZ L. On Informationally Decentralized Systems [M] //MCGUIRE R, RANDER R. Decision and Organization: A Volume in Honor of Jacob Marschak. Amsterdam and London: North-Holland Publishing Company, 1972.

② 严俊. 机制设计理论：基于社会互动的一种理解 [J]. 经济学家, 2008 (4): 103-109.

③ GIBBARD A. Manipulation of Voting Schemes: A General Result [J]. Econometrica, 1973, 41 (4): 587-601.

④ 方燕, 张昕竹. 机制设计理论综述 [J]. 当代财经, 2012 (7): 119-129.

题"。为此，需要设计一种机制，使博弈的所有均衡结果对于既定目标都是最优的，这就是"实施问题"。我们可以借用古代以色列国王解决两个妇女争夺婴儿所属权的故事来加强对实施理论的理解。有两位妇女为了争夺一个婴儿，来到国王面前并请求其裁决谁是婴儿的母亲。当国王下达将婴儿劈开，两位妇女各得一半的命令时，其中一位妇女恳求国王收回命令，并表示愿意放弃争夺婴儿的所属权，国王听后将婴儿判给了这名妇女。虽然这个故事反映了一种良好的激励机制，但它仍存有纰漏之处。假如另一位妇女能立即意识到国王的意图，也同样恳求国王不要杀死婴儿，并愿意把婴儿判给对方，那么国王的激励机制就失效了。从实施理论的角度看，国王的激励机制不能满足马斯金单调性条件，因而该机制是不可实施的。①

上文对机制设计理论的概念、基本思想及主要内容进行了概述，需要指出的是，笔者的概述不是非常全面，在文献引用上具有很大的自主取舍性，许多没有被提及的研究结果并非不重要，只是基于其与本书的关联性及本书的篇幅限制被剔除了。

4. 机制设计理论的应用

机制设计理论作为一种方法论主要用来甄别现有机制的优劣，是构建最优机制的工具。机制设计理论起源于对经济机制的考查，随后被推广应用到社会选择、公共品供给、双边交易等问题上。目前，机制设计理论已被广泛应用于各种经济与社会制度研究，如针对拍卖、公司治理、税制改革、医疗改革、教育体制改革以及国家政治经济体制改革等的研究。

以机制设计理论为基本思路，回顾我国的经济发展历程，可以发现一个基本的经济规律：当制定了与基本经济规律不相符的经济发展目标时，国家很难找到既能避免严重的信息问题和激励问题又能实现目标的机制；信息问题与激励问题往往会导致经济的停滞和倒退，最终使经济崩溃；当国家采用了符合经济发展规律的经济制度时，就可以很好地解决信息问题与激励问题，进而在此

---

① 郭其友，李宝良. 机制设计理论：资源最优配置机制性质的解释与应用——2007 年度诺贝尔经济学奖得主的主要经济学理论贡献述评 [J]. 外国经济与管理，2007 (11)：1-8，17.

基础上保障经济的迅速恢复和发展。① 我们能切身体会到的制度性机制的成功案例是以邓小平同志为总设计师的改革开放。由计划经济向市场经济转变的经济制度改革促使中国经济高速增长，这反映了制度生产力。②

继续深化改革是我国顶层设计者当下的主要目标和任务之一。作为体育界改革的先行者、国家推进和深化改革的一块试验田，从某种意义上来说，足球职业化改革是一场非常深刻的制度变革，将会涉及一系列政策、法规、管理措施和方法等制度安排与实施，而这最终会落实到各种机制的设计问题上。新旧机制的融合与冲突、主次机制的兼容与耦合、大小机制的相互作用与转换，最终都使得各部分联系起来，协调运行，发挥作用。这些都是改革过程中必须重视的问题，因此，借鉴机制设计理论可以更好地指引我国足球职业化改革。

就中国职业足球联赛竞争平衡机制而言，职业化改革的 20 多年来，尽管涉及竞争平衡方面的各项条款历经数次"新政"改革，但在激励相容、既定目标等方面一直存在问题。在激励相容方面，中国足协、俱乐部、球员乃至俱乐部命脉的掌控者——俱乐部管理方（企业）等主体之间一直存在因个体利益不兼容而引发的纠纷和矛盾。在既定目标方面，各主体存在实现总目标的意志不坚定、总目标的各级分目标不明确等问题。基于机制设计理论的基本思想和主要内容可以发现中国职业足球联赛竞争平衡机制的缺陷与不足，设计出最优的竞争平衡机制，使整个职业联赛更加激烈，增加比赛结果的不确定性，最终吸引更多球迷的关注和培养观众的欣赏兴趣。因此，机制设计理论将有助于解决当前中国职业足球联赛竞争平衡机制的设计和制度选择问题。

六、综述

竞争平衡理论是当今一个国际性的学术研究热点。自 20 世纪 50 年代美国学者罗滕贝格首次从经济学的视角对职业体育联盟进行研究以来，竞争平衡问题一直是西方学者关注的焦点，尤其是在进行职业体育联盟特性同职业联赛竞争平衡关系的逻辑分析与理论论证方面，学者们对竞争平衡研究的关注度也日

---

① 龚强. 机制设计理论与中国经济改革 [J]. 商业时代，2008（9）：7-8.
② 龚强. 机制设计理论与中国经济的可持续发展 [J]. 西北师大学报（社会科学版），2008（2）：109-114.

益增强，竞争平衡已成为体育经济学领域的一个热门研究主题。① 相比较而言，国内学者对竞争平衡研究的关注较少，他们将研究视角更多地放在职业体育的制度变迁、目标，以及职业体育俱乐部的激励机制、产权制度、融资体系等方面，取得了一定的研究成果，为我国职业体育的发展奠定了理论基础。随着我国职业体育的不断发展，其演变路径也渐渐明晰，职业体育联盟未来的发展目标必将转移到为观众提供高水平的比赛上来，所以研究的视角和重点必定要落在竞争平衡方面。唯有这样，才能构建一个良性的、观众喜欢的、媒体偏爱的、企业乐于赞助的、政府乐于支持的、健康稳定发展的职业体育联赛，真正实现我国竞技运动的可持续发展。

在竞争平衡的实践分析方面，以欧洲职业足球联赛和北美四大职业体育联盟为代表的职业体育联盟所实施的职业化运作堪称世界一流，这要归功于其为实现竞争平衡在联盟模式和制度安排上所做的调控。在当今经济全球化和市场经济背景下，它们在全球范围内招募优秀球员，并极力推销赛事转播权，加快实施全球化的发展战略。面对有着巨大市场潜力的中国，它们当然不会轻易放过，它们通过各种手段努力扩大在中国的影响力，意图争夺中国的职业体育市场。在这种国际形势下，中国职业足球联赛摆脱萌芽期和动荡期的竞争失衡状态，迅速走上竞争激烈、平稳发展的竞争平衡之路，打造优质的职业联赛，提升我国职业体育联盟在国际市场的竞争力就显得尤为重要。

因此，无论是在理论方面，还是在实践方面，对中国职业足球联赛竞争平衡机制进行研究都具有现实意义。文献梳理为本书带来的启示如下：

一是坚定中国职业足球联赛的职业化道路，这是首要问题，也是职业体育联盟竞争平衡问题成立的前提和根本。反之，如计划经济体制下的专业球队，就不存在职业体育的特性，更谈不上职业体育特性所要求的竞争平衡。

二是建构具有中国特色的职业体育竞争平衡理论，为后续研究提供一定的理论支撑。我国职业体育联盟的发展时间相对较短，在欧美职业体育联盟取得巨大成就的情况下，容易受到欧美职业体育联盟运行模式、机制方式及理论的

---

① CROOKER J R, FENN A J. Sports Leagues and Parity When League Parity Generates Fan Enthusiasm [J]. Journal of Sports Economics, 2007, 8 (2): 139-164.

干扰。因此，建构适合我国国情、根植于中国实践的职业体育联盟竞争平衡理论体系就显得尤为重要。

三是进行制度创新。中国共产党第十八届中央委员会第三次全体会议通过的《中共中央关于全面深化改革若干重大问题的决定》指出："坚持解放思想、实事求是、与时俱进、求真务实，一切从实际出发，总结国内成功做法，借鉴国外有益经验，勇于推进理论和实践创新。"中国职业足球联赛竞争平衡机制研究就是对以上文件精神的贯彻和落实，属于管理制度方面的实践创新，将严格遵循竞争平衡理论的宏观指导，在具体项目的可操作层面进行制度或条款的创新，而不是对欧美职业体育制度的简单拷贝或移植。中国职业足球联赛竞争平衡机制研究注重设计方案的正确性、兼容性和实用性，并在借鉴欧美职业体育联盟竞争平衡机制的基础上进行制度创新，以期改善中国职业足球联赛的竞争平衡状况。从本质上说，改革是一个机制重构的过程，属于机制设计理论探讨的问题。① 改革是中国足球职业化发展的一个恒久话题，如果把竞争平衡的保障、资源的配置问题纳入中超联赛现行的改革思路，那么机制设计理论就可以为中超联赛竞争平衡机制设计提供方法上的指导。

第六节　研究重点、难点及创新点

一、研究重点

研究重点在于对中国职业足球俱乐部经济实力竞争平衡机制的改进设计。

球员转会制度虽然是影响球队竞技实力的决定性因素，但由于中国足协是国际足球联合会（以下简称国际足联）和亚洲足球联合会（以下简称亚足联）的会员单位，国内球员转会制度要遵从国际足联关于球员转会的章程规定，不能随意更改。通过梳理文献发现，经过利益博弈和转会制度演进，中国职业足

---

① 田国强. 如何实现科学有效的体制机制重构与完善：机制设计理论视角下的国家治理现代化 [J]. 人民论坛，2014（26）：17-21.

球联赛的球员转会制度逐渐同国际球员转会制度接轨。所以，无论出于任何理由，中国职业足球联赛的球员转会制度都不能再像过去那样，出现与国际球员转会制度相违背的"土规定"。

对俱乐部经济实力进行宏观调控，间接引导球队竞技实力的均衡化发展是实现职业体育联盟竞争平衡的必然选择。因此，俱乐部经济实力竞争平衡机制改进设计是研究重点。设计激励相容的制度安排，可以确保各参与主体的利益共赢，最终实现职业体育联盟利益的最大化。

二、研究难点

研究难点在于对欧美职业体育联盟采取竞争平衡机制的背景资料进行收集及对其深层因果关系进行分析。对欧美职业体育联盟在竞争平衡方面的成功经验进行分析发现，它们是同一竞争平衡理念下的两种截然不同的运营模式。这是不同法律制度、经济和文化背景下职业体育联盟为追求利益最大化而进行制度演进的结果，对这一事实进行探究，旨在发掘欧美职业体育联盟竞争平衡的本质和内在联系。

三、研究创新点

研究的主要创新点在于从球队竞技实力和俱乐部经济实力两个方面对中国职业足球联赛竞争平衡机制进行改进设计，尤其是提出了构建强平衡基金池的对策。

第七节 本章小结

恒大俱乐部蝉联中超冠军并赢得中国足球俱乐部的首个亚冠冠军，全国球迷为之欢呼。从普遍联系的观点看，恒大俱乐部取得如此成就的关键在于俱乐部管理方的资金投入，这与欧足联实施的财政公平政策共同反映了中外职业体育联盟对职业足球联赛竞争平衡这一实质问题的不同态度。正是这种态度差异引发了笔者对选题的思考，明确了对中国职业足球联赛竞争平衡问题的研究。

从竞争平衡的理论研究、欧美职业体育联盟研究和中国职业足球联赛竞争平衡的实践研究三个方面进行文献梳理发现，职业体育联盟竞争平衡已是当今体育经济学家研究的热点问题，其研究成果指导着欧美职业体育联盟的竞争平衡实践，而我国职业体育联盟竞争平衡的研究起步较晚且有待进一步深化。因此，无论是从"竞争平衡是职业体育联盟的本质需求"的理论层面来看，还是从深化职业足球改革的实践层面来看，中国职业足球联赛竞争平衡研究都具有一定的现实意义。但是，当今科技发展迅速，联赛转播权的重要性日益凸显，联盟间存在竞争的事实已经突破了竞争平衡理论中联盟内的条件假设。在实践中，由于欧洲职业足球联赛争夺球迷市场，中国职业足球联赛不得不面临同国际相似职业体育联盟进行的联盟间竞争。因此，中国职业足球联赛既要面临如何保证竞争平衡的旧问题，又要面临如何吸引全球顶级球员参与联赛的新问题。

　　当前，中国足球职业化改革正处在稳步推进和全面深化的进程中，从某种意义上说，这是体育领域的一场巨大变革，涉及制度、体制、政策、法规、措施及方法等一系列规则的变迁。如何做到新旧规则的顺利更替、大政方针和细微措施的协调运行、既实现既定的改革目标又避免冲突发生，是改革设计和路径选择中不得不重视的问题。正如鲍明晓在《反思中国足球改革》一文中所讲的"职业化改革是一个系统的制度设计"。① 所以在改革过程中，采用何种改革方式本身也是一个机制设计问题。而机制设计理论被视为一种改革的方法论和高效工具，因此，机制设计理论将有助于中国职业足球联赛竞争平衡机制的设计和制度选择。

---

① 鲍明晓. 反思中国足球改革 [J]. 体育科研，2010，31（3）：15-20，68.

第二章

竞争平衡机制的概念、特征及功能

竞争平衡是职业体育联盟发展必须遵循的规律，它的提出标志着体育经济学这门新学科的诞生。[①] 此后，关于竞争平衡这一主题的研究成果如雨后春笋般迅速涌现，并表现出强大的学术生命力。虽然研究成果中用来定义和衡量竞争平衡的方法很多，但至今仍未形成一个共识性的概念。[②] 正如老子所云："道可道，非常道；名可名，非常名。"或许是政治环境、经济环境、职业体育联盟的运营模式存在差别，造成了学界对竞争平衡的概念表述和个体理解存在差异。建设中国特色社会主义市场经济是我国经济发展的重大战略方针，特殊的国情要求竞争平衡的内涵与职业体育市场环境相适应。概念溯源与界定是科学研究的逻辑起点。[③] 因此，本章以文献研究法和逻辑分析法为主要研究方法，通过对有关竞争平衡概念的各种观点进行梳理，在前人研究的基础上，对中国职业足球联赛竞争平衡的概念加以界定和阐释，明晰与我国社会主义市场经济相适应的职业足球联赛竞争平衡机制研究的核心范围，即回答竞争平衡"是什么"和竞争平衡机制"应做哪些"的问题。对这些问题的澄清和阐释有利于构建同我国社会主义市场经济相适应的职业足球联赛竞争平衡机制，并促进相关研究工

---

① SLOANE P J. Rottenberg and the Economics of Sport after 50 Years：An Evaluation ［D］. Swansea：Forschungsinstitut zur Zukunft der Arbeit Institute for the Study of Labor，2006：117-121.

② WOLTRING M T. Examining Competitive Balance in North American Professional Sport Using Generalizability Theory：A Comparison of the Big Four ［D］. Nashville：Middle Tennessee State University，2015.

③ 刘宝莹. 公允价值分层计量的经济后果研究 ［D］. 长春：吉林大学，2014：20.

作的顺利进行。

第一节　竞争平衡概念的界定与解析

在意识层面上，阐释竞争平衡机制的概念也是在倡导一种理念，即我国职业足球的竞争平衡管理理念。笔者在调研过程中发现，有一部分人对职业体育联盟竞争平衡管理理念的认识不到位，如部分行业协会领导和国内学者持有"不必达到竞争平衡状态"的观点。这说明职业体育联盟竞争平衡的理论思维有待倡导和推崇，有关中国职业足球联赛竞争平衡的一些概念性内容尚需梳理和明确。

恩格斯说过，一个民族想要站在科学的最高峰，就一刻也不能没有理论思维。同样，中国职业足球联赛的发展不能没有竞争平衡理论的支撑。

一、竞争平衡概念的界定

（一）竞争平衡的上位概念

生态学术语中，竞争是指一个群落中生活在一起的同种或异种生物体在资源不足以满足所有生物的需要时对共同资源的争夺。[1] 同样，中超联盟可被视为一个由若干俱乐部共同构成的生态群落，而比赛获胜是在这个"生态群落"里不足以满足各俱乐部需要的共同资源。因为在足球比赛中，一支球队获胜必然伴随着另一支球队失败，一些球队获取优异战绩和排名，而另一些球队将不可避免在联盟中垫底。[2] 这回答了本书"谁来争""争什么"的问题，即中国职业足球联赛中竞争的主体为各俱乐部，竞争的目的或对象为比赛获胜。

一般意义上的竞争通常指一种行为，即"个体在一定规则的限制下争夺资

---

① 美国不列颠百科全书公司. 不列颠百科全书：国际中文版 [M]. 北京：中国大百科全书出版社，1999：379.

② WOLTRING M T. Examining Competitive Balance in North American Professional Sport Using Generalizability Theory：A Comparison of the Big Four [D]. Nashville：Middle Tennessee State University，2015.

源的行为"①。对中国职业足球联赛中竞争的特征进行分析：首先，竞争行为的正当性，即中国职业足球联赛中的俱乐部应当遵循一定的规则，鼓励公平竞争，反对不正当竞争，避免恶性竞争，努力达到所谓的帕累托最优。其次，竞争行为的合理性，即竞争强调的不是优胜劣汰的市场竞争，而是需要一定限制以保障平衡。从中国职业足球联赛的社会效益角度来看，就是要兼顾公平和维护弱势俱乐部的利益。因此，需要通过一些补偿机制来进行平衡调控。

平衡又称均衡，是指矛盾各方处于暂时的、相对的统一或协调，与不平衡相对，是事物发展稳定性和有序性的标志之一。② 平衡总是以使某事物达到平衡为前提，也就是说，平衡始终只是消除现存不平衡的那个运动的结果。③

平衡与不平衡是对立统一的，它们相互联系、相互渗透，在平衡中有不平衡，在不平衡中有平衡。由于矛盾贯穿于事物发展过程的始终，因而平衡是相对的，不平衡是绝对的，在一定条件下，平衡与不平衡还会相互转化。④

从哲学视角来看，平衡是相对的、暂时的。这对本书的启示意义在于中国职业足球联赛的平衡是相对的、短暂的，而失衡和矛盾则是绝对的、长期的。虽然我们追求的中国职业足球联赛竞争平衡在理论上能够无限接近绝对平衡，但在实际中永远不可能达到绝对平衡。

（二）竞争平衡概念的界定

从文献综述得知，职业体育联盟竞争平衡具有球队间竞技实力均衡、比赛结果不确定性和吸引球迷关注三个显著特性。再结合其上位概念"竞争"和"平衡"的含义，可将中国职业足球联赛竞争平衡的概念定义为：球队间竞技实力相对均衡的状态，其外在表现形式为比赛结果不确定性，最终目的是吸引更多观众（包含球迷）的关注和实现职业体育联盟利益最大化。

二、竞争平衡概念的解析

对中国职业足球联赛竞争平衡概念的理解需要注意以下几点。

---

① 朱贻庭. 伦理学大辞典［M］. 上海：上海辞书出版社，2002：134.
②④ 金炳华. 马克思主义哲学大辞典［M］. 上海：上海辞书出版社，2003：254.
③ 中共中央马克思恩格斯列宁斯大林著作编译局. 马克思恩格斯全集：第26卷［M］. 北京：人民出版社，2004：604.

1. 竞技实力相对均衡不等于竞技实力平均

应当指出的是，均衡不是平均，不是量的等同或对称，而是揭示事物之间或事物内部各要素之间在运动变化过程中的相互关系或内在机制。它是事物系统结构比例关系上的协调和适度，即质上的相互统一与量上的相互适应。合乎事物发展规律的均衡是事物赖以生存的基础，是事物运动发展的根本条件和调节机制。如果从竞技实力平均的角度来看，那么中国职业足球联赛中各支球队的胜率应当都保持在50%，这种现象在欧美职业体育联盟的实践中从未出现过，它只存在于理论探讨中，体现在竞争平衡方案上，被喻为"完全竞争平衡"或"绝对均衡"①。同样，中国职业足球联赛的竞争平衡不是倡导平均，而是强调在比赛过程中，各球队在竞赛方面的相互制约、牵制和抗衡，以达到比赛获胜资源在利用上的协调和适度。

2. 竞争平衡是动态变化的一个过程

一方面，中国职业足球联赛竞争平衡探讨的时限不是一个时刻、一个节点，而是一个过程，如一个赛季或若干赛季。另一方面，在既定的时间跨度里，竞争平衡的动态变化是关注的重点。平衡与不平衡的对立统一关系在中国职业足球联赛发展过程中的体现可能是"失衡——平衡——再失衡——再平衡"的循环往复，同价值规律中价格围绕价值上下波动一样，中国职业足球联赛竞争平衡的实际状况也应围绕"完全竞争平衡"（胜率为50%）上下波动，而总体趋向平衡。总之，竞争平衡关注的是一段时间的竞争态势，动态变化是其核心。

3. 比赛结果不确定性是中国职业足球联赛竞争平衡的表现形式

球队间竞技实力越是均衡的职业体育联盟，表现出的比赛结果不确定性越是明显。同样，竞技实力越是均衡，联赛冠军归属越是不确定。在一个完全竞争平衡的联盟里，各球队都有相同的获胜概率和均等的问鼎联赛冠军的机会，人们无法预测哪支球队更有可能获得联赛冠军。因此，学者凯恩斯从"短期比赛结果不确定、中期比赛或赛季结果不确定、长期比赛结果不确定"三种表现

---

① LENTEN L J. Measurement of Competitive Balance in Conference and Divisional Tournament Design [J]. Journal of Sports Economics, 2015, 16 (1): 3-25.

形式来描述竞争平衡。①

第二节 竞争平衡机制概念的界定与解析

一、竞争平衡机制概念的界定

笔者在综述中已明确得出，中国职业足球联赛竞争平衡机制属于制度性机制范畴，其建立形式或载体与其制度安排（包括一系列政策、法规、管理措施、方法等）相关。竞争平衡机制是指使制度或体制能够正常运行并发挥预期功能的配套制度，是为实现制度特定的目标和功能，依据机体内部的客观规律人为设定的制度系统内部组成要素的运行规则。

中国职业足球联赛竞争平衡机制是指涉及中国职业足球联赛竞争平衡的一系列政策、法规、管理措施和方法等制度安排。

二、竞争平衡机制概念的解析

在提出具体的解决方案前，明确中国职业足球联赛竞争平衡机制"应做哪些"的制度安排非常重要，这涉及竞争平衡配套制度问题。从机制设计的角度看，"应做哪些"属于构成要件问题，它也在研究范围内。

（一）竞争平衡的影响因素

要明确中国职业足球联赛竞争平衡机制"应做哪些"的制度安排，我们一定要探究竞争平衡的影响因素。

球队竞技实力和俱乐部经济实力是竞争平衡的主要影响因素。凯森将优秀球员的分配和俱乐部经济实力上的竞争视为竞争平衡的主要影响因素。② 同样，我国学者杨扬等将竞争平衡直接划分为如下类型：①球队竞技实力的竞争平衡；

---

① CAIRNS J A. Evaluating Changes in League Structure：the Reorganization of the Scottish Football League ［J］. Applied Economics, 1987, 19（2）：259-275.

② KÉSENNE S. Revenue Sharing and Competitive Balance in Professional Team Sports ［J］. Journal of Sports Economics, 2000, 1（1）：56-65.

②俱乐部经济实力的竞争平衡。① 鲍明晓教授在总结国际上衡量联赛成功的四个通行标准时提到，"球队之间的实力要均衡"及"整个联盟和俱乐部整体上财务要健康，财务制度要健全"。② 由此可见，涉及球员分配和经济实力的标准占了两条，这足以表明二者是竞争平衡的主要影响因素，且二者之间存在相互作用。借用凯森描述球队竞技实力同俱乐部经济实力关系的话："竞争平衡取决于球星在俱乐部间的分布情况，反过来，球星的分布情况又取决于各个俱乐部的薪酬水平，因为高额的薪酬将吸引最好的球员。"③

结合桑德森的观点，其他影响因素还包括政府或国家出资支持俱乐部基础设施建设的非统一性、俱乐部装备在高新技术上的差异、球员在道德水平和心理素质等方面的差异、教练员的指挥水平和比赛环境、裁判员的道德水平和业务水平、比赛的组织与管理工作等。④

哲学告诉我们，矛盾有主次之分，主要矛盾的发展规定了各次要矛盾的发展，所以只要处理好矛盾的主要方面与次要方面，处理好规定的矛盾与被规定的矛盾的关系，就能抓住事物本质从而解决问题。既然优秀球员的分配（球队竞技实力上的竞争）和俱乐部经济实力上的竞争被视为竞争平衡的主要影响因素，那么它们也是中国职业足球联赛竞争平衡机制设计应考虑的主要矛盾。

（二）竞争平衡机制的构成要件

不同职业体育联盟的赛制差异、球场外规则的缔结、劳资谈判合同的更新等政策性变化都会影响职业体育联盟的竞争平衡。从机制设计的角度看，这些都是职业体育联盟竞争平衡机制的构成要件。

中国职业足球联赛竞争平衡机制的构成要件应归纳为涉及球员选拔和流动的球队竞技实力类、涉及收入分享和资金投入限制的俱乐部经济实力类。

依据当今职业体育联盟的性质与组织模式，可将联盟分为以北美职业体育

---

① 杨扬，张林，黄海燕. 职业体育联赛竞争性平衡的衡量指标 [J]. 体育科研，2008 (5)：37-40.

② 鲍明晓. 职业足球的发展逻辑 [J]. 体育科研，2015，36 (4)：2-3，104.

③ KÉSENNE S. Revenue Sharing and Competitive Balance in Professional Team Sports [J]. Journal of Sports Economics，2000，1 (1)：56-65.

④ SANDERSON A R. The Many Dimensions of Competitive Balance [J]. Journal of Sports Economics，2002，3 (2)：204-228.

联盟为代表的封闭式职业体育联盟和以欧洲职业体育联盟为代表的开放式职业体育联盟。① 北美职业体育联盟制定了调控和影响联盟竞争平衡的一系列规章制度，如选秀和球员转会制度、会计制度、财务制度、工资封顶制度、奢侈税制度、准入制度与迁址制度等。其中比较重要的制度有选秀和球员转会制度、工资封顶制度、奢侈税制度、准入制度与迁址制度。② 与北美职业体育联盟采取的买家垄断的球员流动方式相比，欧洲职业体育联盟采取更为自由的球员流动方式。在收入分享方面，北美职业体育联盟的分享力度要大一些。③

开放式或封闭式赛制的差异虽然是影响职业体育联盟竞争平衡的因素，但它不应被列入竞争平衡机制的研究范围。这一方面是因为，尽管赛制具有个体差异性，但北美职业体育联盟和欧洲职业体育联盟所采用的不同赛制同样都带来了联盟的繁荣与昌盛；另一方面是因为，赛制是一个职业联赛或职业体育联盟的根本制度，如同一个国家的宪法，具有较长时期的稳定性与权威性，是不能随意修改和变更的。既然中国职业足球联赛的赛制倾向于开放式赛制④，那我们就不能因研究中国职业足球联赛竞争平衡而改变中超赛制。因此，赛制不应作为中国职业足球联赛竞争平衡机制设计研究的主要对象。

综上所述，当今欧美职业体育联盟竞争平衡机制的构成要件可以归纳为涉及球员选拔和流动的球队竞技实力类、涉及收入分享和资金投入限制的俱乐部经济实力类。同时，欧美职业体育联盟竞争平衡机制的构成要件也从实践角度证实了其主要矛盾。

（三）竞争平衡机制的研究范围

首先，笔者采用文献资料法梳理出竞争平衡的众多影响因素，并基于主要矛盾决定事物本质的逻辑方法，筛选出职业体育联盟竞争平衡的决定性影响因素。

---

① 李征. 对 NBA 盈利模式的研究 [D]. 北京：北京体育大学，2010.
② 王庆伟. 我国职业体育联盟理论研究 [J]. 体育科学，2005（5）：87-94.
③ 何文胜，张保华，吴元生. 职业体育联盟竞争平衡的测量与分析 [J]. 体育科学，2009，29（12）：12-18.
④ 尹志华，邓三英，汪晓赞，等. 对我国职业体育联盟中有关竞争性平衡制度的分析 [J]. 体育科研，2009，30（2）：48-50.

其次，笔者借鉴欧美职业体育联盟的实践经验，总结出欧美职业体育联盟竞争平衡机制主要涉及球员流动和薪资调控，如选秀和球员转会制度、工资封顶制度、奢侈税制度等。

再次，进行专家访谈。

明确访谈目的：

①明确中国职业足球联赛竞争平衡的决定性影响因素，界定竞争平衡机制的研究范围，防止研究跑偏。

②了解中国职业足球联赛在运营过程中存在的竞争平衡方面的问题。

③了解专家的意见，用以检验并引导研究前进的方向，以防研究中因观点谬误或偏离而出现根本性错误。

明确访谈对象：选取对职业体育联盟竞争平衡主题有一定研究基础的学者，或熟悉中国职业足球联赛的经营管理人员。

设计访谈提纲：通过文献资料法梳理竞争平衡理论的观点，借鉴欧美职业体育联盟的实践经验，再经过专家访谈求证，可将中国职业足球联赛竞争平衡机制的主要矛盾锁定在球队竞技实力和俱乐部经济实力两个方面。球队竞技实力方面的竞争平衡机制均衡了各支球队的竞技实力，避免了球队间实力过于悬殊进而影响比赛的观赏性。俱乐部经济实力方面的竞争平衡机制缩小了俱乐部之间的收入差距，扼制了俱乐部经济实力两极分化的畸形联盟发展趋势。

最后，笔者将中国职业足球联赛竞争平衡机制的研究范围界定为：涉及球队竞技实力和俱乐部经济实力的一系列政策、法规、管理措施和方法等制度安排。

但是，有必要强调几点：首先，其他一些因素也会影响中国职业足球联赛的竞争平衡，鉴于这些因素多属于非制度性机制、非主要构成要素和非联赛层面，不在本书讨论范围内，在机制设计中不予考虑。其次，梯队培养的球员选拔方式虽然和球员转会制度一样会对球队竞技实力造成影响，但对于当今国际职业足球市场，梯队培养对增强球队竞技实力的影响已不是那么显著。尤其是在中国职业足球联赛环境中，职业足球俱乐部所承受的巨大的生存压力使梯队培养的人才培养方式基本上处于荒废状态。《中国职业足球联赛青训调查报告》

指出，中超和甲 A 联赛的 32 家俱乐部中，只有两成拥有真正的梯队。① 俱乐部为了短期利益，纷纷把资金用于购买球员，忽略了对青少年后备军的培养。② 鲍明晓等对此感叹，自 20 世纪 80 年代，竞技体育人才匮乏现象不断显现，而且态势日益严重，后备人才储备不足已经到了捉襟见肘的境地。③ 国内球员转会市场的价格虚高现象反映了国内职业足球俱乐部梯队培养的弊端，也表明梯队培养对国内球队竞技实力的影响微乎其微。所以，梯队培养虽然是个严重的问题，但不列入研究范围。最后，主场区域垄断权对北美职业体育联盟的竞争平衡影响非常显著④，但它也不列入研究范围。原因在于它是封闭式职业体育联盟赛制下的一项政策，而中国职业足球联赛赛制更倾向于开放式职业体育联盟赛制。⑤ 此外，中国职业足球联赛中球队的地域限制相对较弱，这一因素对职业体育联盟竞争平衡的影响有限，所以不列入研究范围。

第三节　竞争平衡机制的特征

一、价值选择性

制度安排是竞争平衡机制的表现形式，而制度或政策的制定必然涉及价值选择。在制度或政策的制定过程中，不可避免会遇到"应当怎样做才有意义"的问题，这就是在做价值选择。价值选择对于政策制定者来说绝不简单，它受多种因素影响。中国职业足球联赛包含中国足协、俱乐部、球员等众多参与者，不同的参与者做出的价值选择不同。例如，中国足协作为职业足球行业的组织

---

① 刘飞，龚波. 欧洲足球协会联盟财政公平法案对中国足球协会超级联赛的启示 [J]. 体育科学，2016，36（7）：24-31.

② 中国足球经济启示录 [N]. 中国经营报，2015-03-28（C01）.

③ 鲍明晓，李元伟. 转变我国竞技体育发展方式的对策研究 [J]. 北京体育大学学报，2014，37（1）：9-23，70.

④ 石武，郑芳. 欧美职业体育联盟的比较研究 [J]. 西安体育学院学报，2008（1）：16-19.

⑤ 尹志华，邓三英，汪晓赞，等. 对我国职业体育联盟中有关竞争性平衡制度的分析 [J]. 体育科研，2009，30（2）：48-50.

机构，在价值选择上奉行为国争光的宏大政策；俱乐部在价值选择上则更多地追求个体利益最大化，为获取比赛胜利往往不惜代价投入资金，造成俱乐部之间的过度竞争，使得原本"生产联合"的共同体相互倾轧而无法生存；球员在国家队利益和俱乐部利益不能兼顾时，面临着在为国争光和效忠俱乐部之间做出价值选择的困扰。此外，球员在短暂的职业生涯和人生规划中所做出的价值选择因人而异。职业联赛参与者各方面的价值选择形成了价值观体系，一些人极力推崇所谓的中立的理性政策，但现实中这种想法不切实际，因而始终没有实现。

中国职业足球联赛竞争平衡机制在制度安排的价值选择上倾向于联赛层面，即在联赛利益同国家足球代表队利益、俱乐部个体利益或球员个人利益发生冲突而不能两全的情况下，中国职业足球联赛竞争平衡机制的价值选择为始终维护联赛利益。所以，本书在竞争平衡机制研究中所探讨的一切问题都是基于足球职业化的规范发展的假设，即职业体育联盟的制度安排要以联赛利益层面的价值选择为出发点，而不是某个俱乐部的个体利益。

二、阶段性

中国职业足球联赛竞争平衡机制表现出阶段性特征。"南橘北枳"的典故告诉我们，中国职业足球联赛竞争平衡机制设计不可能脱离它的客观环境而孤立存在。我们对机制设计理论的概念进行探究发现，无论是"'一个信息系统'和一个基于信息系统的配置规则"，还是"探索在'既定环境下'某些合意性质，如帕累托有效的机制"，这些文字表述都强调了事物存在于客观环境的事实。"一个信息系统"或"既定环境"具体到本书中，就是指中国职业足球联赛竞争平衡机制设计要立足于现实环境。

近年来，随着我国经济的发展，综合国力得到提升，对国际社会的影响力日益提升。体育也肩负起大国和平崛起和提升国际影响力的重任，尤其是在国际金融危机发生后，我国政府对国际新秩序提出了一系列合理务实的改革建议，在发达国家与新兴市场国家之间扮演了重要的协调角色，在国际金融体系改革、国际政治事务和国际关系中发挥了独特的建设性作用。从传媒的视角看，体育的重要作用在于"向世界展示出我国政通人和的政治环境、国富民强的经济实力、广博厚重的优秀文化、科技创新的优秀成果、和平共处的交往理念"①。国家体育总局发布的《体育发展"十三五"规划》也明确提出"加强体育对外交往，积极借鉴国际体育发展先进理念与方式，增强在国际体育事务中的话语权"。

2008 年北京奥运会取得圆满成功，标志着中国奥运战略和举国体制已达到一个新高度，同时实现了阶段性胜利。中共十八届三中全会通过了《中共中央关于全面深化改革若干重大问题的决定》，国内体育学者响应全面深化改革号召，率先思考体育在社会生活中的价值，改革的呼声不断。周爱光教授提出，要克服长期以来计划经济体制和金牌至上思想的影响，坚定由体育大国向体育强国迈进的我国体育事业中长期奋斗目标。② 对于这个目标的实现，鲍明晓教授明确指出职业体育是体育强国的核心竞争力。③ 谭建湘教授等也呼吁改变当前职业体育处境，即"（足球）作为我国体育职业化改革的突破口，已经历了近 20 年的发展，但长期受举国体制理念影响，'管办合一'是中国足球职业联赛之前主要的运行机制……职业联赛暴露出的诸多问题，表明联赛的制度设计和运营机制不符合职业体育的发展规律，也背离了体育改革的方向"。④ 根据"十三五"时期中国足球职业化改革"破除体制机制障碍，充分发挥市场在体育资源配置中的决定性因素和更好地发挥政府作用"的重要任务和坚持深化改革的基本原则，结合"十三五"时期体育发展"进行制度创新，探索体育发展新模式"的基本理念，深化改革也是我国职业足球现阶段发展的重要任务。采用机制设计理论可以解决足球改革所遇到的现实问题，为深化改革扫除障碍，使改革少走弯路。

① 邓星华，梁立启，宋宗佩. 体育媒介事件与中国国家形象的构建 [J]. 体育学刊，2015，22（1）：14-18.

② 周爱光. 从体育公共服务的概念审视政府的地位和作用 [J]. 体育科学，2012，32（5）：64-70.

③ 鲍明晓. 职业体育是体育强国的核心竞争力 [J]. 南京体育学院学报（社会科学版），2011，25（5）：4-6.

④ 谭建湘，邱雪，金宗强. 中国足球职业联赛"管办分离"的研究 [J]. 体育学刊，2015，22（3）：42-47.

三、合法性

从广义上讲，竞争平衡机制的合法性主要是指职业体育联盟参与者对其制度安排的认可和接受程度。首先，从学界的认可和接受层面看，竞争平衡理论来自欧美职业体育联盟实践，是职业体育发展所必须遵循的规律之一，这些已被欧美学界证实和认可，并被用于指导欧美职业体育联盟实践。其次，从行业的认可和接受层面看，在我国撤销足球运动管理中心，把权力下放到行业协会，实行真正的行业自治的情况下，行业协会终将摆脱举国体制思维，回归职业化和专业化体育的发展理念，并投身职业联赛竞争平衡发展的制度建设。最后，从俱乐部的认可和接受层面看，对职业体育联盟或职业联赛内的俱乐部而言，竞争平衡的合法性毋庸置疑，竞争平衡的一个理论基石是生产合作，即为生产出高质量的产品，俱乐部之间需要合作，任何一个单一的俱乐部都无法生产产品（提供体育比赛）。出于自身生存发展的需求，俱乐部尽管表面上力争获取比赛胜利，但背后更期望生产合作以实现竞争平衡。

四、权威性

职业体育联盟作为一个卡特尔组织，其繁荣发展需要各俱乐部的共同努力。竞技实力均衡是联盟经久不衰并取得经济成功的必备条件，所以竞争平衡机制的制度安排必须超越联盟参与者个体的眼前利益，这是所有联盟参与者都应该明白也必须遵守的道理。竞争平衡机制的制度安排以其合法性为基础，配套制度只有经过合法化的过程，才能对联盟参与者具有约束力。一般而言，配套制度不可能时时刻刻都符合所有联盟参与者的利益，有时不得不为了多数者的利益而牺牲少数者的利益，为了长远利益而放弃眼前利益。竞争平衡机制的制度安排对于那些不愿放弃个体利益的对象来说，带有一定的权威强制性。这种权威强制性往往同一些惩罚措施相联系，没有这些惩罚措施，这些政策性机制将失去实施的强制性支持，制度安排就会变成一纸空文。

五、稳定性

竞争平衡机制的制度安排必须保持一定的稳定性。若朝令夕改、变化无常，制度安排就会丧失政策的严肃性和权威性，最终会因不得人心而失去合法性，这不仅会给执行带来很多麻烦，也会影响职业联赛秩序的稳定。

当然，强调制度安排的稳定性并不是要否定制度安排的变动性。事物是发展的，没有一成不变的东西，古人云"时移世异"，保持相对稳定是绝对必要的，这样可以增强联盟参与者对制度的信任感，维护制度的权威性，进而增强政策贯彻实施的效果。

第四节　竞争平衡机制的功能

通过对竞争平衡的含义和特征进行梳理，明确中国职业足球联赛竞争平衡机制的功能：均衡球队之间的竞技实力、缩小俱乐部之间的经济实力差距、吸引更多球迷关注、有利于俱乐部共生、有助于职业联赛健康发展。

一、均衡球队之间的竞技实力

无论是欧美发达国家的职业体育联盟，还是我国的职业体育联盟，要使球队之间的竞技实力一直处于平均状态是不可能的。球队之间的竞技实力不均衡是绝对的，而均衡是相对的。球队之间的竞技实力均衡是一个动态平衡过程，允许出现不均衡的状态，但在配套制度的作用下，球队之间的竞技实力始终趋于均衡化发展。

二、缩小俱乐部之间的经济实力差距

如果说球队之间的竞技实力差距（均衡与否）是影响竞争平衡的直接因素，那么俱乐部之间的经济实力差距就是影响竞争平衡的间接因素。竞争平衡机制的另一功能是缩小俱乐部之间的经济实力差距。

职业体育联盟为缩小俱乐部之间的经济实力差距做出了许多努力，如北美职业体育联盟通过收益分享、工资帽和奢侈税等手段对俱乐部经济实力进行了再平衡。而欧洲职业足球联赛在对俱乐部经济实力进行监管方面缺乏有效的政策，面对欧洲职业足球俱乐部财政贫富差距过大和整体亏损的局面，欧足联不得不颁布财政公平政策。有学者用"硬"和"软"来比喻北美职业体育联盟和欧洲职业体育联盟对俱乐部经济实力差距的调控效力。与北美职业体育联盟相比，欧足联颁布财政公平政策或许是出于无奈的一个权宜之计。因为欧洲职业足球联赛采取的开放式联盟模式允许俱乐部参与不同的赛事，这就导致俱乐部的收入来源不同，且收入差距较大。中国职业足球联赛的运行模式更接近欧洲职业足球联赛，因此俱乐部之间的经济实力差距问题在中国职业足球联赛中同样存在。所以，面对职业足球行业内共同的难题，竞争平衡机制的功能不在于消除俱乐部之间的经济实力差距，而在于给予俱乐部将经济实力差距缩小的一个张力。

三、吸引更多球迷关注

由于球迷偏爱结果不确定的比赛，而竞争平衡机制有利于增强比赛结果的不确定性，因此竞争平衡机制有利于吸引更多球迷关注。从商业运作的角度看，职业体育联盟生产和销售的产品是比赛，产品的质量由对抗的激烈程度和比赛的精彩程度所决定，因此，比赛对抗越激烈、比赛结果悬念越大，产品的质量就越好，产品越有市场，为赛事消费和欣赏赛事的球迷也就越多。对于观众来说，追求一种高质量的体育产品消费，就是期望欣赏到一场激烈的、势均力敌的、具有比赛结果不确定性的竞争对抗。已有研究表明，越是势均力敌的球队，其比赛结果越不确定，观众人数越多。①

四、有利于俱乐部共生

共生性通常被视为职业体育联盟生存的必要条件。首先，比赛的矛盾性在于所有球队都追求比赛获胜，然而比赛获胜属于稀缺资源，相互竞争的球队不可能在同一时间同一场次的比赛中共同实现这一目标，一支球队的获胜必然伴随着对手球队的失败。竞争平衡机制使球队竞技实力趋于均衡，这将加大比赛结果的不确定性，即增强各球队拥有比赛获胜这一稀缺资源的公平性，改善球

---

① KNOWLES G, SHERONY K, HAUPERT M. The Demand for Major League Baseball: A Test of the Uncertainty of Outcome Hypothesis [J]. The American Economist, 1992, 36 (2): 72-80.

队共同生存的竞技环境。其次，俱乐部个体在追求比赛获胜的动机下具有资金投入的盲目性，竞争平衡机制能给予俱乐部将经济实力差距缩小的一个张力，能最大限度地制止俱乐部之间的过度竞争，改善俱乐部共同生存的经济环境。

五、有助于职业联赛健康发展

由各个俱乐部组建的职业体育联盟有一个共同目的，即生产出高质量产品，使之为职业体育联盟带来利润最大化。[1] 俱乐部老板意识到使球迷产生并保持兴趣是职业体育联盟长期发展的一个关键因素。[2] 正如霍洛维茨所说："无论是职业的还是业余的，所有职业体育联盟都希望保持竞争平衡。"[3] 竞争平衡机制有助于球队竞技实力均衡，进而有助于职业联赛健康发展。

第五节　本章小结

竞争平衡是中国职业足球联赛发展的必然趋势。鲍明晓教授在梳理我国职业足球改革历程、总结教训和进行反思时指出，要"坚定职业化改革方向不动摇"[4]。坚定职业化改革的发展方向，也就是说，中国职业足球联赛终究要回归到职业体育的本质，即竞争平衡上来。

本章主要对中国职业足球联赛竞争平衡机制的概念、特征及功能等理论问题进行了阐释。首先，界定了中国职业足球联赛竞争平衡的概念：球队间竞技实力相对均衡的状态，其外在表现形式为比赛结果不确定性，最终目的是吸引更多观众（包含球迷）的关注和实现职业体育联盟利益最大化。其次，界定了

---

① PANTUOSCO L J, STONE G L. Capitalism for the Cooperative: the NCAA and NFL Model of Parity and Profit [J]. Journal of Economics and Economic Education Research, 2007, 8 (2): 65-92.

② UYAR B, SURDAM D. Searching for On-Field Parity: Evidence from National Football League Scheduling During 1991-2006 [J]. Journal of Sports Economics, 2013, 14 (5): 479-497.

③ HOROWITZ I. The Increasing Competitive Balance in Major League Baseball [J]. Review of Industrial Organization, 1997, 12: 373-387.

④ 鲍明晓. 反思中国足球改革 [J]. 体育科研, 2010, 31 (3): 15-20, 68.

中国职业足球联赛竞争平衡机制的概念：涉及中国职业足球联赛竞争平衡的一系列政策、法规、管理措施和方法等制度安排，属于制度性机制范畴。基于制度性机制的研究范畴、主要矛盾决定事物本质的逻辑方法，并借鉴欧美职业体育联盟的个案，将其研究范围界定为球队竞技实力和俱乐部经济实力两个方面。再次，从联赛层面阐述了中国职业足球联赛竞争平衡机制的特征，包括价值选择性、阶段性、合法性、权威性、稳定性。最后，分析了中国职业足球联赛竞争平衡机制的功能，包括均衡球队之间的竞技实力、缩小俱乐部之间的经济实力差距、吸引更多球迷关注、有利于俱乐部共生、有助于职业联赛健康发展。

第三章

职业体育联盟竞争平衡状况的测量方法

正确评价职业体育联盟的竞争平衡状况是改善竞争平衡状况的先决条件，但选择最合适的测量方法对竞争平衡状况进行客观评价仍是当今研究的难点之一。"同对货币供给的量化研究方法一样，竞争平衡的测量方法也有很多种。"① 但是，由于各职业体育联盟具有不同的特征，其最合适的竞争平衡状况的测量方法也有所不同。已有文献明确指出，某些用于北美四大职业体育联盟的测量方法并不适用于欧洲职业足球联赛或其他联盟。② 所以，本章旨在对职业体育联盟竞争平衡状况的主要测量方法进行梳理与分析。

第一节　竞争平衡测量维度和方法分类

比赛结果是目前用来测量竞争平衡状况的主要指标。伦登将比赛结果不确定性假设描述为竞争平衡的理论基石。③拉森等直接提出："比赛结果不确定性通常被称为竞争平衡。"④ 比赛结果不确定性是竞争平衡的外在表现，二者紧密相关，在一定程度上可以相互转换。因此，比赛结果不确定性往往被用来评估

① ZIMBALIST A S. Competitive Balance in Sports Leagues：An Introduction ［J］. Journal of Sports Economics，2002，3（2）：111-121.

②③ LENTEN L J. Measurement of Competitive Balance in Conference and Divisional Tournament Design ［J］. Journal of Sports Economics，2015，16（1）：3-25.

④ LARSEN A，FENN A J，SPENNER E L. The Impact of Free Agency and the Salary Cap on Competitive Balance in the National Football League ［J］. Journal of Sports Economics，2006，7（4）：374-390.

职业体育联盟竞争平衡的程度。

一、竞争平衡测量维度

凯恩斯将比赛结果的测量维度划分为短期比赛结果不确定、中期比赛或赛季结果不确定、长期比赛结果不确定。① 古森斯将比赛结果不确定性划分为如下三种形式：单场比赛结果不确定性、单个联赛结果不确定性、多个联赛结果不确定性。②

可以看出，竞争平衡有短期比赛、中期比赛或赛季、长期比赛三个测量维度。借用博尔兰（Borland）等实证研究得出的结论："赛季结果不确定性对观众的吸引效果远超单场比赛③。"④ 单场比赛的竞争平衡固然重要，但它最终反映在职业体育联盟整个赛季的竞争平衡上。所以，基于联盟层面的研究需要，可以从中期比赛或赛季和长期比赛两个维度的比赛结果不确定性对职业体育联盟竞争平衡状况进行测量。

二、竞争平衡测量方法分类

基于沃特林⑤、埃文斯⑥、津巴利斯特⑦等人的研究结果，可将竞争平衡测量方法分为两类：

①集中度类，即联盟一个赛季中球队竞技实力（成绩）的接近程度。

---

① CAIRNS J A. Evaluating Changes in League Structure: the Reorganization of the Scottish Football League [J]. Applied Economics, 1987, 19 (2): 259-275.
② GOOSSENS K. Competitive Balance in European Football Comparison by Adapting Measures: National Measure of Seasonal Imbalance and Top 3 [J]. Rivista Diritto ed Economia dello Sport, 2006, 2 (2): 77-122.
③ BORLAND J, MACDONALD R. Demand for Sport [J]. Oxford Review of Economic Policy, 2003, 19 (4): 478-502.
④ 单场比赛是指短期比赛。
⑤ WOLTRING M T. Examining Competitive Balance in North American Professional Sport Using Generalizability Theory: A Comparison of the Big Four [D]. Nashville: Middle Tennessee State University, 2015.
⑥ EVANS R. A Review of Measures of Competitive Balance in the "Analysis of Competitive Balance" Literature [D]. Birkbeck College University of London, 2014.
⑦ ZIMBALIST A S. Competitive Balance in Sports Leagues: An Introduction [J]. Journal of Sports Economics, 2002, 3 (2): 111-121.

②优势度类，即若干赛季中同一支球队持续获胜的程度。

这两类测量方法的主要区别在于：集中度类从联盟整体层面出发，倾向于综合测量；而优势度类从联赛局部层面出发，侧重于对球队个体竞技实力的测量。如果没有集中度和优势度这两类区分方式，研究目的就很难说清楚。正如埃文斯所述："从一个导向性视角来说，利用这两种测量维度来区分和评估竞争平衡的分类方式是重要的。"①

沿用这两类测量方法有以下优势：①与其他测量方法相比，这两类测量方法是典型性测量方法的延续；②这两类测量方法提供了一个使研究目的更加清晰、明确的研究框架。

也有学者将测量方法划分为静态和动态的测量方法。例如，柯宁（Koning）使用静态和动态的测量方法对既定赛季内职业体育联盟的竞争平衡状况进行测量。② 西兹曼斯基等认为，"静态和动态仅是集中度和优势度的不同表达方式"③。为了避免术语上的混淆，本书统一使用集中度、优势度这种表达方式。

各种测量方法所解决的问题和适用的范围不同。有些适用于北美四大职业体育联盟的测量方法并不适合在欧洲职业足球联赛或其他联盟中运用。所以，出于筛选中国职业足球联赛竞争平衡最佳测量方法的需要，笔者对常用的测量方法进行了梳理，详见表3-1。

---

① EVANS R. A Review of Measures of Competitive Balance in the "Analysis of Competitive Balance" Literature [D]. Birkbeck College University of London, 2014.
② KONING R H. Balance in Competition in Dutch Soccer [J]. Journal of the Royal Statistical Society, 2000, 49 (3): 419-431.
③ SZYMANSKI S, KUYPERS T. Winners and Losers: The Business Strategy of Football [M]. London: Viking, 1999: 262-268.

表 3-1　集中度类和优势度类测量方法的比较分析

测量维度	测量方法	特点简评
集中度类	1. 极差	优点：计算简单、含义直观、运用方便；缺点：测量结果容易受极端值的影响，不能反映联盟整体的竞争平衡状况
	2. 由标准差衍生出四个最常用的测量方法：①获胜百分比标准差测量法；②理想标准差测量法；③归一化标准差测量法；④相对标准偏差测量法	测量值受联盟中的球队数量和比赛总场次的影响，即使竞争平衡状况没有变化，这两个因素中任何一个发生变动也都会造成测量值出现偏差。如果将由标准差衍生出的测量方法用于不同联盟之间竞争平衡状况的比较，联盟中的球队数量或比赛总场次的差异会影响测量值的客观真实性。因此，这些方法只适用于同一联盟的测量
	3. 离散系数	局限性在于不能对采用不同积分制的联盟进行有效比较
	4. 相对熵	该方法的适用前提是各球队的比赛场次必须相同。该方法的测量值受球队数量的影响，所以它不能用于球队数量不同的联盟间竞争平衡状况的比较研究
	5. 赛季内赫希曼指数	该方法的测量值易受球队数量的影响而出现偏差
	6. 集中度	只反映联盟中由排名前 5 的球队组成的小团体与其余球队之间的竞争平衡状况，而排名前 5 的球队之间以及其余球队之间的竞争是否平衡却无法测量；再则，联盟中的球队数量变化对 CR5 指数的测量值有显著影响，其改良后的竞争平衡指数为 C5ICB
	7. 洛伦兹曲线-基尼系数	不受联盟中的球队数量变化的干扰，它是所有测量方法中优势较明显的一个

续表

测量维度	测量方法	特点简评
优势度类	1. 描述统计	优点：适用于各球队。常用的描述统计指标包括球队获得联盟冠军的次数、冠军蝉联情况、球队终身成就、获得冠军的球队数量等； 缺点：描述过于简单
	2. Top-k ranking	优点：容易计算，且可消除升降级带来的影响； 缺点：描述过于简单，只能评价处于联盟顶端的球队，缺乏全面性
	3. 若干赛季赫希曼指数	测量球队在若干赛季的主导优势。该方法的测量值依然受球队数量的影响
	4. 标准分数	测量联盟中球队积分的离散度。该方法能反映球队竞技实力的强弱程度

注：源自埃文斯的《竞争平衡测量方法文献综述》。[1]

第二节 竞争平衡测量方法简介及公式

一、竞争平衡的集中度类测量方法

（一）极差

极差是指统计数据中的最大值与最小值之差，简写为 R，公式为 $R = X_{max} - X_{min}$。它刻画的是一组数据的离散程度，反映变量分布的变异范围和离散幅度。

---

[1] EVANS R. A Review of Measures of Competitive Balance in the "Analysis of Competitive Balance" Literature [D]. Birkbeck College University of London, 2014.

应用于职业体育联盟时，极差描述的是联盟中最强球队和最弱球队之间的获胜百分比之差，其取值范围为0~1。极差值为1，表示最强球队与最弱球队比赛，最强球队必胜，最弱球队必败。极差值为0，表示联盟里每支球队战绩完全一样，即实现了完全竞争平衡。诺尔（Noll）使用极差对NBA 1946—1989年的竞争平衡状况进行测量，发现NBA竞争平衡状况最好的时期是20世纪50年代早期。同时他发现，在20世纪50年代早期以外的其他时期，联盟的极差无任何显著变化。夸克（Quirk）和福尔特用极差对1901—1990年北美四大职业体育联盟的竞争平衡状况进行测量，他们发现用极差测量竞争平衡状况的局限性在于它只利用了统计数据中的两个极端数据，因而测量结果容易受极端值的影响，不能反映联盟整体的竞争平衡状况。① 极差只指明了测定值的最大离散范围，未能利用全部测量值，不能细致地反映测量值彼此的离散程度。但它的优点是计算简单、含义直观、运用方便，故在统计数据的处理中仍有着广泛的应用。

（二）标准差

标准差是各数据偏离平均数的距离的平均值，通常用σ表示。标准差是表示个体间差异大小的指标，反映了整个样本对样本平均数的离散程度，是被广泛用于测量数据差异水平的统计量。

例如，对某个联赛6支球队2个赛季的积分进行比较。第一个赛季各球队积分为95、85、75、65、55、45，第二个赛季各球队积分为73、72、71、69、68、67。虽然两个赛季球队积分的平均数都是70，但第一个赛季各球队积分的标准差为17.08，第二个赛季各球队积分的标准差为2.16，这说明第一个赛季中各球队之间积分的差距要比第二个赛季大。

埃文斯将标准差描述为："一个离差度量统计，关于均值的一个集中趋势度量。在职业体育联盟中，（标准差）可用于测量一个赛季球队积分的集中度。"② 职业体育联盟某变量标准差的计算公式为

---

① QUIRK J P, FORT R D. Pay Dirt: The Business of Professional Team Sports [M]. Princeton: Princeton University Press, 1997.

② EVANS R. A Review of Measures of Competitive Balance in the "Analysis of Competitive Balance" Literature [D]. Birkbeck College University of London, 2014.

$$\sigma = \sqrt{\frac{\sum_{i=1}^{N}\left[x_i - \frac{\sum_{i=1}^{N}x_i}{N}\right]^2}{N}}$$

式中，x_i 为可选变量，N 为联盟中的球队数量。

标准差是被广泛使用的竞争平衡测量方法之一，在实践中衍生出若干个不同的计算版本，最常用的四种列举如下。

1. 获胜百分比标准差测量法

获胜百分比标准差测量法的公式是将标准差公式中的可选变量 x_i 换为球队 i 的获胜百分比。其中，球队 i 的获胜百分比公式为

$$球队\,i\,的获胜百分比 = \frac{球队\,i\,的获胜次数}{球队\,i\,的比赛总场次}$$

获胜百分比标准差测量法的统计变量是球队 i 的获胜百分比，即球队 i 的获胜次数/球队 i 的比赛总场次。例如，史高丽（Scully）采用此测量方法，从一个赛季维度对两个不同棒球联盟间的竞争平衡状况做比较。[1] 何斌以获胜百分比为统计变量，对中国男子篮球甲 A 联赛 2003—2004 赛季的竞争平衡状况进行测量。[2]

该方法测量的最小值为 0，它意味着联盟处于完全竞争平衡状态；最大值根据联盟中的球队数量、比赛场次而定，该值没有上限，它意味着冠军球队每场都胜，亚军球队赢取除与冠军球队进行的比赛以外的所有比赛的胜利，依次类推。例如，一个采用主客场双循环赛制的有 20 支球队的联盟，其获胜百分比标准差的最大值可接近 0.3。

获胜百分比标准差测量法适用于没有平局的体育比赛，如美国的 NBA。而在足球比赛中，平局是很常见的，所以这种测量方法并不适用。柯宁在统计了1956 年荷兰顶级足球联赛的比赛结果后发现，平局比赛的比例为 26%。所以，常用于北美职业体育联盟的测量方法一旦应用到常出现平局的欧洲职业足球联

---

[1]　SCULLY G W. The Business of Major League Baseball［M］. University of Chicago Press，1989：31-33.

[2]　何斌. 职业篮球的竞争平衡［J］. 北京体育大学学报，2005（7）：990-991，994.

赛中就会产生偏差。[1]

获胜百分比标准差测量法的局限性：①该方法仅适用于没有平局的体育比赛，如果在有平局的体育项目中使用，如足球比赛，就会产生偏差；②获胜百分比与竞争平衡之间是一种间接的关系；③由于没有涉及获胜份额的分配，所以单一球队可能存在独占优势。[2]

2. 理想标准差测量法

为弥补获胜百分比标准差测量法的局限性，理想标准差测量法应运而生。当对球队数量不同的职业体育联盟的竞争平衡状况进行测量比较时，研究者往往会采用一种折中的算法，即计算实测标准差同理想标准差的比例，这就是理想标准差测量法，其公式为

$$\sigma_R = \frac{\sigma_L}{\sigma_I}$$

式中，σ_L 为联赛中的实测标准差，σ_I 为联赛中的理想标准差。

该方法测量的最小值为0，它意味着联盟处于完全竞争平衡状态；而最大值产生于在冠军球队赢取所有比赛，亚军球队赢取除与冠军球队进行的比赛以外的所有比赛，其他球队的比赛结果依次类推的情况下，此时即使联盟竞争平衡状况没有变化，受联盟中的球队数量或比赛场次的影响，竞争平衡测量值也会发生变化。在平局的情况下，联盟的积分系统也会影响竞争平衡测量的最大值。所以，竞争平衡测量值受联盟规模（联盟中的球队数量或比赛场次）或联盟积分系统的影响。夸克和福尔特将理想标准差测量法的作用描述为："可对各职业体育联盟竞争平衡状况做比较，得出哪一个职业体育联盟的竞争平衡状况更好，或者如人们常说的'竞技实力均衡'。"[3]

理想标准差测量法已被广泛运用于竞争平衡研究。夸克和福尔特用它对北

① KONING R H. Balance in Competition in Dutch Soccer [J]. Journal of the Royal Statistical Society, 2000, 49（3）：419-431.

② BREUER C, PAWLOWSKI T, HOVEMANN A, et al. 试析欧洲足球冠军联赛中的"竞争平衡"[J]. 体育科学, 2009, 29（4）：3-16.

③ QUIRK J P, FORT R D. Pay Dirt：The Business of Professional Team Sports [M]. Princeton：Princeton University Press, 1997：96-98.

美四大职业体育联盟 10 年间的竞争平衡状况进行了比较。① 沃伦用它对 20 世纪 90 年代末以来的棒球联盟、冰球联盟和橄榄球联盟的竞争平衡状况进行了分析。② 贝里（Berri）等用它对 20 世纪 90 年代末以来的棒球联盟竞争平衡状况进行了测量。③

理想标准差测量法的适用范围小。凯恩（Cain）和哈多克（Haddock）认为它仅适用于只有胜、负两种结果的比赛，不适用于有胜、平、负三种结果的比赛。④ 欧文认为，理想标准差测量法的适用范围是：①完全积分制；②球队获取最大积分的机会均等。这两个条件说明该方法适用于测量完全积分制职业体育联盟的竞争平衡状况。⑤

3. 归一化标准差测量法

由上文可知，联盟中的球队数量或比赛场次不同会影响测算的标准差。那么，如何对球队数量或比赛场次不同的职业体育联盟竞争平衡状况进行比较呢？古森斯对此提出了归一化标准差的概念，归一化标准差测量法的测量值在 0~1 的标度范围内，0 表示联盟处于完全竞争平衡状态，1 表示联盟处于完全竞争失衡状态。⑥ 归一化标准差的计算公式如下：

$$x = \frac{x - x_{\min}}{x_{\max} - x_{\min}}$$

式中，$x_{\max}$ 是样本数据中的最大值，$x_{\min}$ 是样本数据中的最小值。

归一化标准差测量法有两个显著优势：其一，0~1 的标度范围不会因联盟

① QUIRK J P, FORT R D. Pay Dirt：The Business of Professional Team Sports ［M］. Princeton：Princeton University Press，1997：96-98.

② VROOMAN J. A General Theory of Professional Sports Leagues ［J］. Southern Economic Journal，1995，61（4）：971-990.

③ BERRI D，SCHMIDT M，BROOK S. The Wages of Wins：Taking Measure of the Many Myths in Modern Sport ［M］. New York：Stanford Business Books，2007：201-209.

④ CAIN L P，HADDOCK D D. Measuring Parity：Tying Into the Idealized Standard Deviation ［J］. Journal of Sports Economics，2006，7（3）：330-338.

⑤ OWEN P D. Measuring Parity in Sports Leagues With Draws：Further Comments ［J］. Journal of Sports Economics，2012，13（1）：85-95.

⑥ GOOSSENS K. Competitive Balance in European Football Comparison by Adapting Measures：National Measure of Seasonal Imbalance and Top 3 ［J］. Rivista Diritto ed Economia dello Sport，2006，2（2）：77-122.

中的球队数量或比赛场次的变化而变化；其二，该方法可适用于欧洲职业足球联赛和北美职业体育联盟。因为这两个优势，它可以被用来比较不同联盟间的标准差，如它可在以积分排名和以获胜百分比排名的联盟之间对二者的竞争平衡状况进行比较。在竞争平衡状况测量的研究中，归一化标准差测量法的运用更为广泛。

4. 相对标准偏差测量法

相对标准偏差的计算公式为

$$\text{RSD} = \frac{S}{\bar{x}} \times 100\% = \frac{\sqrt{\dfrac{\sum\limits_{i=1}^{N}(x_i - \bar{x})^2}{N-1}}}{\bar{x}} \times 100\%$$

式中，S 为标准偏差，$\bar{x}$ 为可选变量的平均数，N 为联盟中的球队数量。

相对标准偏差测量法是对理想标准差测量法的进一步完善，在竞争平衡状况的测量中也经常使用。相对标准偏差的最低下限为 1，它代表联盟处于完全竞争平衡状态；而它一旦超过 1，就意味着联盟处于竞争失衡状态。乌亚尔和苏尔丹认为相对标准偏差测量法是评估球场上竞争平衡状况最基础、最常用的统计方法。[1] 夸克和福尔特曾用相对标准偏差测量法对北美四大职业体育联盟竞争平衡状况进行测量。[2]

相对标准偏差测量法有两个局限：一是联盟的比赛总场次越少，其标准偏差的数值可能越高，竞争平衡状况可能比实际更差；二是该方法所得测量值的上限受联盟中的球队数量和比赛总场次影响，即使真正的竞争平衡状况没有变化，但其中任何一个因素的变动都会影响测量值的上限。[3] 当比较球队数量或比赛总场次不同的两个联盟的竞争平衡状况时，各联盟在球队数量或比赛总场次上

① UYAR B, SURDAM D. Searching for On–Field Parity: Evidence from National Football League Scheduling During 1991–2006 [J]. Journal of Sports Economics, 2013, 14 (5): 479–497.

② QUIRK J P, FORT R D. Pay Dirt: The Business of Professional Team Sports [M]. Princeton: Princeton University Press, 1997.

③ EVANS R. A Review of Measures of Competitive Balance in the "Analysis of Competitive Balance" Literature [D]. Birkbeck College University of London, 2014.

的差异会影响测量值的客观真实性。因此，相对标准偏差测量法仅适用于同一联盟的竞争平衡测量。

（三）离散系数

标准差是反映数据分散程度的绝对值，其数值大小受原始数据大小的影响，原始数据的观测值越大，标准差的数值也就越大。标准差与原始数据的计量单位相同，一旦原始数据改用不同计量单位，那么标准差的数值就会发生相应改变。因此，比较不同组别的数据，如果原始数据的观测值相差较大或计量单位不同，就不能用标准差直接比较其离散程度，这时需要计算离散系数。[①] 离散系数是一组数据的标准差与其相应的均值之比，是测量数据离散程度的相对指标，其计算公式为

$$c_v = \frac{\sigma}{\bar{x}}$$

式中，σ 为标准差，$\bar{x}$ 为样本数据的平均数。从公式可以看出，它描述的是数据波动程度的相对大小，也可以说它是一个"标准化后"的标准差。[②] 离散系数越大，说明数据的离散程度越大；离散系数越小，说明数据的离散程度越小。离散系数的优点是可以对不同组别的数据的离散程度进行比较。

古森斯对该方法的适用范围进行了修正，他指出由于平均数的不同，离散系数不能对采用不同积分制的联盟进行有效比较，如采用 2-1-0 和 3-1-0 积分制的联盟无法用该方法进行比较。通常情况下，联盟的积分不是线性变化的。所以，在对两个联盟的竞争平衡状况进行比较时，如果其中一个联盟存在平局的可能性，那么离散系数将是无效的。[③]

（四）相对熵

相对熵简写为 R。霍洛维茨将信息理论的相对熵应用到职业体育联盟中的前

---

① 贾俊平. 统计学基础 [M]. 2 版. 北京：中国人民大学出版社，2014：56-60.

② 方开泰，彭小令. 现代基础统计学 [M]. 北京：高等教育出版社，2014：69-70.

③ GOOSSENS K. Competitive Balance in European Football Comparison by Adapting Measures：National Measure of Seasonal Imbalance and Top 3 [J]. Rivista Diritto ed Economia dello Sport，2006，2（2）：77-122.

提条件是各球队的比赛场次必须相同。① 相对熵的计算公式如下，它可计算每个赛季各球队胜场的分布值。

$$R = \frac{E}{E_{max}}$$

$$E = - \sum_{i=1}^{N} p_i \log_2 p_i$$

$$E_{max} = - \log_2\left(\frac{1}{N}\right)$$

式中，p_i 表示球队 i 在联盟中获胜的概率，N 表示联盟中的球队数量。该方法的测量值最大为 1，此时联盟处于完全竞争平衡状态；除此之外的情况下，联盟处于完全竞争失衡状态。联盟中的球队数量减少，测量值反而增加，反之亦然。相对熵可用于测量欧洲职业足球联赛的竞争平衡状况，但由于该方法的测量值会受球队数量变化的影响，所以它不能用于球队数量不同的联盟间竞争平衡状况的比较研究。②

（五）赛季内赫希曼指数

赫希曼指数通常用 HHI 表示，它是行业中企业总数和规模分布的市场集中度测量指标，即将市场上所有企业的市场份额平方后再求和，利用赫希曼指数对赛季内球队集中度进行测量时，可将球队看作企业，将球队成绩看作市场份额。计算公式为

$$HHI = \sum_{i=1}^{N} s_i^2$$

式中，s_i 表示 球队 i 的成绩，N 表示联盟中的球队数量。

这个方法的不足在于它会使职业体育联盟竞争平衡的测量值产生偏差。例如，对两个联盟竞争平衡状况进行测量比较，其测量值将受各联盟中的球队数量的影响，即使两个联盟中各球队的成绩分布十分平均，但球队数量多的联盟测量值下限会比球队数量少的联盟低。米奇和奥顿指出赫希曼指数对于球队数

---

① HOROWITZ I. The Increasing Competitive Balance in Major League Baseball [J]. Review of Industrial Organization, 1997, 12: 373-387.

② EVANS R. A Review of Measures of Competitive Balance in the "Analysis of Competitive Balance" Literature [D]. Birkbeck College University of London, 2014.

量的变化非常敏感。[1]

（六）集中度

集中度又称集中率，它反映了 i 个较大的测量值占总变量值的百分比，运用到职业体育联盟竞争平衡状况测量中，就是对联盟中由若干球队组成的小团体的成绩集中度进行评估。米奇和奥顿对排名前 5 的球队的实际比赛总分占联盟中所有球队比赛总分总和的比例进行测量，该方法被称为集中度测量法。集中度通常用 CR_5 指数表示，如果这个指数增加，就意味着 5 支球队的优势地位上升，联盟处于竞争失衡状态。该方法适用于欧美职业体育联盟，其计算公式为

$$CR_5 = \frac{\sum\limits_{i=1}^{5} p_i}{\sum\limits_{i=1}^{N} p_i}$$

式中，N 代表联盟中的球队数量，p_i 代表联盟中第 i 名球队的积分。CR_5 指数的值越大，则职业体育联盟的竞争平衡状况越差。如果将所有球队积分的集中度按降序排列在一个坐标系中，那就得到了所谓的集中度曲线。集中度曲线与对角线间的面积是可以被计算出来的。集中度测量法的最大优点在于它比较直观易懂，不足之处在于它只反映联盟中由排名前 5 的球队组成的小团体与其余球队之间的竞争平衡状况，而排名前 5 的球队之间以及其余球队之间的竞争是否平衡却无法衡量。[2]

为了避免联盟中的球队数量变化给 CR_5 指数的数值带来影响，有学者对 CR_5 指数进行了改良，改良后的竞争平衡指数为 C5ICB，其计算公式为

$$C5ICB = \frac{\dfrac{\sum\limits_{i=1}^{5} p_i}{\sum\limits_{i=1}^{N} p_i}}{\dfrac{5}{N}}$$

① MICHIE J, OUGHTON C. Competitive Balance in Football：Trends and Effects ［R］. University of London：Football Governance Research Centre，2004.

② 杨扬，张林，黄海燕. 职业体育联赛竞争性平衡的衡量指标 ［J］. 体育科研，2008 （5）：37-40.

（七）洛伦兹曲线-基尼系数

洛伦兹曲线是由美国统计学家洛伦兹（Lorenz）提出的，主要用于解决国民收入在国民之间的分配问题。该方法先将一国人口按收入由低到高排列，然后计算收入最低的任意百分比人口所得到的收入百分比。例如，收入最低的20%人口、40%人口所得到的收入百分比分别为3%、7.5%。最后，将这样得到的人口累计百分比和收入累计百分比的对应关系描绘在图上，即得到洛伦兹曲线，如图3-1所示。一般来说，一个国家的收入分配既不是完全不平等，也不是完全平等，它往往介于两者之间；相应的洛伦兹曲线既不是折线 OHL，也不是45°倾斜直线 OL，而是像折线 $OE_1E_2E_3E_4L$ 那样向横轴凸出，尽管凸出的程度有所不同。收入分配越不平等，洛伦兹曲线向横轴凸出的趋势就越明显，它与完全平等线 OL 之间的面积也就越大。因此，可以将洛伦兹曲线与45°倾斜直线之间的部分叫作"不平等面积"。当收入分配达到完全不平等时，洛伦兹曲线成为折线 OHL，折线 OHL 与45°倾斜直线之间的面积（A 区域和 B 区域的面积之和）就是"完全不平等面积"。不平等面积与完全不平等面积之比被称为基尼系数，它是衡量一个国家贫富差距的指标。

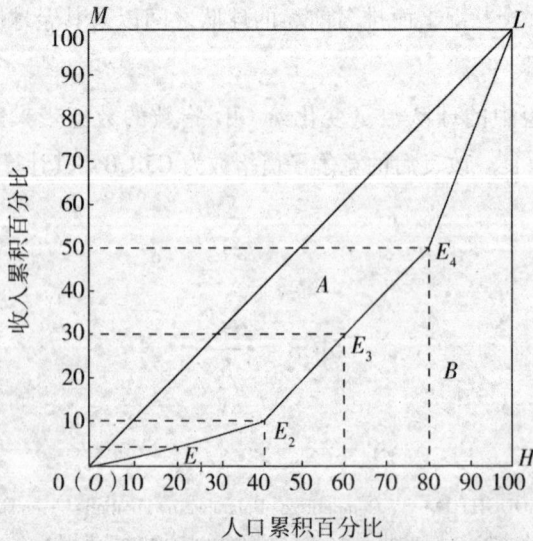

图3-1 洛伦兹曲线

　　体育经济学家米奇和奥顿曾用此方法对一个赛季内职业体育联盟的竞争平衡状况进行了测量。① 施密特（Schmidt）采用此方法测量了一个赛季内职业体育联盟各球队积分分布的差异程度。② 具体步骤为：把一个赛季内的球队积分作为统计指标，将球队按积分从低至高依次排序，计算出不同球队积分所占份额，再计算积分最低的任意百分比球队数量所得到的积分累积百分比。横轴为球队数量累积百分数，纵轴为积分累积百分数，当基尼系数为 0 时，联盟处于完全竞争平衡状态；当基尼系数为 1 时，联盟处于完全竞争失衡状态。③

　　但是，也有学者对此方法提出质疑，他们认为职业体育联盟与经济现象不同，一支球队不一定能场场取胜，所以此方法存在一定的局限性。④具体而言，学界对于基尼系数尚存两方面的争议：

　　其一，厄特（Utt）和福尔特认为，如果出现最不平衡的结果，即一个球队战胜了联盟内所有的对手，那么最终计算出的基尼系数会小于 1，这会使学界低估联盟实际的竞争不平衡程度。厄特和福尔特总评道："在探寻到基尼系数的补救措施以前，我们将继续采用获胜百分比标准差测量法来测量赛季内联盟的竞争平衡状况。"⑤ 但是，贝里、施密特和布鲁克（Brook）提出反对意见："这不是个问题，尽管社会所有财富有可能集中于一个人身上，但是现实中谁都没有见到这种现象发生。"⑥

　　其二，厄特和福尔特认为，在美国职业棒球大联盟中，这个测量方法忽视了很多复杂细节，如不对等的日程安排（比赛双方、比赛场次不同）、联盟规模

① MICHIE J, OUGHTON C. Competitive Balance in Football：Trends and Effects［R］. University of London：Football Governance Research Centre，2004.

② SCHMIDT M B. Competition in Major League Baseball：the Impact Expansion［J］. Applied Economics Letters，2001，8（1）：21-26.

③④ 杨扬，张林，黄海燕. 职业体育联赛竞争性平衡的衡量指标［J］. 体育科研，2008（5）：37-40.

⑤ UTT J, FORT R. Pitfalls to Measuring Competitive Balance With Gini Coefficients［J］. Journal of Sports Economics，2002，3（4）：367-373.

⑥ BERRI D, SCHMIDT M, BROOK S. The Wages of Wins：Taking Measure of the Many Myths in Modern Sport［M］. New York：Stanford Business Books，2007：201-209.

变化、联盟间比赛安排和其他情况等。① 而泽伊贝克（Zebryk）等却持反对意见：这些问题导致在计算时基尼系数的分母是不固定的。为解决这个问题，可以忽视基尼系数的分母，转而测量不平等面积，即基尼系数的分子。②

二、竞争平衡的优势度类测量方法

与集中度类测量方法相比，优势度类测量方法主要关注赛季间某个或某些球队的相对实力。正如沃伦所说："如果职业体育联盟处于完全竞争平衡状态，那么'王朝时代'或'垫底球队时代'就不存在。"③ 通过梳理文献，对四种主要的优势度类测量方法阐释如下。

（一）描述统计

职业体育联盟优势度的描述统计指标有很多，下文列举了6个常用的指标。

1. 球队获得联盟冠军的次数

罗滕贝格认为，测试储备条款是否有利于竞争平衡最简单的方法就是统计各球队获得冠军头衔的次数。④ 利用此方法，史高丽统计了1901—1987年美国职业棒球大联盟冠军头衔归属⑤；诺尔研究了美国职业棒球大联盟的冠军分布情况，他发现有两个球队垄断联盟冠军40年，摘取了联盟2/3的桂冠⑥；米奇和奥顿对英超联盟进行了研究，发现曼彻斯特联足球俱乐部（以下简称曼联或曼联俱乐部）、利物浦足球俱乐部（以下简称利物浦）长期垄断联盟冠军⑦。球队

① UTT J, FORT R. Pitfalls to Measuring Competitive Balance With Gini Coefficients [J]. Journal of Sports Economics, 2002, 3 (4)：367-373.

② ZEBRYK T M. Agrostis Perennans (Walter) Tuck [J]. Economics Bulletin, 2005, 12 (5)：1-11.

③ VROOMAN J. Theory of the Perfect Game：Competitive Balance in Monopoly Sports Leagues [J]. Review of Industrial Organization, 2009, 34 (1)：5-44.

④ ROTTENBERG S. The Baseball Players' Labor Market [J]. Journal of Political Economy, 1956, 64 (3)：242-258.

⑤ SCULLY G W. The Business of Major League Baseball [M]. University of Chicago Press, 1989：63-64.

⑥ NOLL R G. Professional Basketball：Economics and Business Perspectives [J]. The Business of Professional Sports, 1991：18-47.

⑦ MICHIE J, OUGHTON C. Competitive Balance in Football：Trends and Effects [R]. University of London：Football Governance Research Centre, 2004.

获得联盟冠军的次数是一个简单的优势度指标。

2. 冠军蝉联情况

西兹曼斯基和库珀斯（Kuypers）等提出，球队蝉联冠军的情况可被视为一个优势度指标。① 利用类似的方法，伦登测量了从澳大利亚澳式足球联盟建立之初到 2006 年的球队蝉联冠军的情况。②

3. 球队终身成就

这种方法测量的是球队"一生中"在联盟所有比赛的获胜百分比。例如，夸克和福尔特对北美职业体育联盟四个赛季的球队成就进行了统计。③

4. 获得冠军的球队数量

布扎基等认为，若干赛季期间赢取冠军头衔的球队数量越少，联盟内个别球队的优势度就越高。④

5. 顶端球队数量

与获得冠军的次数相比，使用更为广泛的一个优势度指标是接近联盟顶端的球队数量，即顶端球队数量。

6. 顶端球队身份

塞奇维克（Sedgwick）致力于"处于优势地位的球队不变性"研究，他设计了"顶端 4 指数"并将其用于统计赛季结束后 4 支球队都在联盟顶端的次数。⑤ 该方法通过明确顶端球队身份，判断联盟内球队的优势度。

---

① SZYMANSKI S, KUYPERS T. Winners and Losers: The Business Strategy of Football [M]. London: Viking, 1999: 259.

② LENTEN L J A. Towards a New Dynamic Measure of Competitive Balance: A Study Applied to Australia's Two Major Professional 'Football' Leagues [J]. Economic Analysis and Policy, 2009, 39 (3): 407-428.

③ QUIRK J P, FORT R D. Pay Dirt: The Business of Professional Team Sports [M]. Princeton: Princeton University Press, 1997: 96-98.

④ BUZZACCHI L, SZYMANSKI S, VALLETTI T M. Equality of Opportunity and Equality of Outcome: Open Leagues, Closed Leagues and Competitive Balance [J]. Journal of Industry, Competition and Trade, 2003, 3: 167-186.

⑤ SEDGWICK J, CURRAN J, JENNINGS I. "Competitive Balance" in the Top Level of English Football, 1948-2008: An Absent Principle and a Forgotten Ideal [J]. The International Journal of the History of Sport, 2009, 26 (11): 1735-1747.

（二）Top-k ranking

Top-k ranking 统计的是处于联盟顶端的球队数量。当有更多的球队处于联盟顶端时，联盟内的垄断形势便会减弱。

这种方法的优点是容易计算，且可消除升降级带来的影响，因此它是非常适合测量欧洲职业足球联赛竞争平衡状况的方法之一。① 其不足之处是描述过于简单。

（三）若干赛季的赫希曼指数

正如上文所述，由于赫希曼指数经常被用来测量一个企业的市场集中度，因而它可被用于竞争平衡的集中度测量。若干赛季的赫希曼指数通常用 HHI^D 表示，其数值依然会受联盟中的球队数量和比赛场次的影响。其计算公式为

$$HHI^D = \sum_{i=1}^{N} x_i^2$$

式中，x_i 表示球队 i 的某可选变量在选定赛季中所占联盟的份额，N 表示联盟中的球队数量。

赫希曼指数的最基本形式已被运用到各种具体的测量方法中，当它被用于测量各赛季中球队的主导优势时，可将球队获得冠军的次数等指标作为可选变量进行计算。

（四）标准分数

标准分数这一测量方法是基于一组数据（分数形式）的平均数和标准差，计算该组数据中每个数据的标准分数，它既可用于观察每个数据在该组数据中的相对位置，还可用于判断一组数据是否有离群点。标准分数简写为 z，用公式表示为

$$z = \frac{x - \mu}{\sigma}$$

式中，x 为某一具体分数，μ 为平均数，σ 为标准差。z 代表着原始分数与

---

① GOOSSENS K. Competitive Balance in European Football Comparison by Adapting Measures: National Measure of Seasonal Imbalance and Top 3 [J]. Rivista di Diritto ed Economia dello Sport, 2006, 2 (2): 77-122.

80

其平均数之间的距离。有不同平均数或不同标准差的两组数据，往往不能直接比较，此时可采用此方法先将数据进行标准化处理，之后再进行比较。标准分数的测量值越大说明球队的离散现象越严重，这意味着球队脱离联盟内其他球队整体水平的情况越严重，即竞争越失衡。

标准分数已被运用到欧洲职业足球联赛的竞争平衡研究中。例如，西兹曼斯基等运用标准分数测量1946—1995年欧洲职业足球联赛的竞争平衡状况，得出标准分数的测量值呈下降趋势的结论。同时他们发现意大利和西班牙职业足球联赛的竞争平衡状况比英格兰要好。[1] 标准分数主要用于职业体育联盟竞争平衡状况的测量，它将球队积分作为测量指标，其测量值不受联盟中的球队数量的影响。因此，它更适用于对采用不同积分制的联盟的竞争平衡状况进行比较。

第三节　本章小结

在对一个职业体育联盟或职业联赛的竞争平衡状况进行客观评价时，需要运用多种方法来测量和综合评价。竞争平衡是一个多维度现象，没有任何一个单一的特征指标能将其特征完全涵盖。以中国职业足球联赛的赛制特征为例，球队不仅要角逐联赛的冠军和升降级名额，还要凭借其战绩参加不同的赛事，争取多重奖励。各球队对不同奖励的追求促使不同竞争层次的形成，各层次的球队排名变化不仅触动着球队和球迷的神经，也影响着联赛整体的竞争平衡状况。因此，在采用集中度类测量方法进行整体评价的同时，还需选取合适的优势度类测量方法对局部进行测量和评价。

尽管"竞争平衡如同财富，每个人都知道它是值得拥有的好东西，但是没有人知道该拥有多少。"[2] 可见，竞争平衡测量结果至今仍没有一个得到普遍认可的评价标准。虽然罗滕贝格认为"比赛结果不确定的最理想状态是每支球队的

---

① SZYMANSKI S, KUYPERS T. Winners and Losers: The Business Strategy of Football [M]. London: Viking, 1999: 262-268.

② ZIMBALIST A S. Competitive Balance in Sports Leagues-an Introduction [J]. Journal of Sports Economics, 2002, 3 (2): 111-121.

获胜率均为 50%"①，但是这种现象只存在于理论探讨中。在实际应用中，竞争平衡测量结果缺少评价标准的问题，往往通过比较法来弥补。例如，通过横向、纵向两个维度的比较来对中国职业足球联赛竞争平衡状况进行测量和评价：纵向上，对 1994 年以来我国职业足球顶级联赛的竞争平衡发展趋势进行测量；横向上，同国际上影响力较大的职业足球联赛进行对比，这有利于对中超联赛竞争平衡状况进行定位并从中总结经验教训。无论是纵向比较还是横向比较，测量方法的选用均应考虑到球队数量、平局出现概率、球队比赛场次等变量对测量值的影响。

　　本章主要从两个不同的测量维度对竞争平衡测量方法的相关文献进行梳理和分析，并对竞争平衡的各种测量方法及其使用范围进行阐释。根据前文的论述可知，适用于北美职业体育联盟的测量方法并不一定适用于欧洲职业足球联赛：如果将只适用于北美职业体育联盟的统计指标用于欧洲职业足球联赛，其测量值将因发生偏差而难以让人信服。本章还对竞争平衡测量方法的特点进行了综述，以便研究者在今后的工作中继续讨论和改善竞争平衡状况（比赛结果不确定性）的测量方法，并提出了选择最佳测量方法的基本原则。本章通过对各种竞争平衡测量方法的含义、相互之间的区别与联系进行评述，为实证研究提供了选择方法的依据。

① ROTTENBERG S. The Baseball Players' Labor Market [J]. Journal of Political Economy, 1956, 64 (3): 242-258.

第四章

中国职业足球联赛竞争平衡现状分析

本章旨在客观认识中国职业足球联赛的竞争平衡状况并总结经验教训：一是探究中国职业足球联赛竞争平衡状况的发展趋势；二是分析中国职业足球联赛竞争平衡状况的现实困境。

第一节　中国职业足球联赛竞争平衡量化评估

对中国职业足球联赛竞争平衡状况进行测量，目的在于对其发展状况进行综合评价。对事物进行评价的方法有定量和定性两种，因此，本章将选取合适的竞争平衡测量方法，对中国职业足球联赛竞争平衡发展趋势进行定量测量和定性分析。

一、竞争平衡最佳测量方法的选择

正确评价竞争平衡状况是改善竞争平衡状况的先决条件，而选择最佳测量方法对竞争平衡状况进行客观评价仍是当今研究的难点之一。由于各职业体育联盟具有不同特征，其竞争平衡的最佳测量方法也会有所不同。已有相关文献明确指出，某些运用于北美四大职业体育联盟的测量方法并不适合欧洲职业足球联赛或其他联盟。[①] 所以，测量中国职业足球联赛的竞争平衡状况应遵循其赛

---

① LENTEN L J. Measurement of Competitive Balance in Conference and Divisional Tournament Design [J]. Journal of Sports Economics，2015，16（1）：3-25.

制特点及预期目的，设计测量维度，选取适宜的测量方法和统计指标。

（一）测量对象、研究方法及统计指标

以中超联赛竞争平衡状况为研究对象，统计 1994—2015 年共 22 个赛季的球队积分。根据测量中超联赛竞争平衡发展趋势的需要，可将甲 A 联赛视为中超联赛的一部分，并假设选用的测量方法不受中超联赛赛制和球队数量变化的影响。

采用比较分析的研究方法。测量的目的在于做出客观评价和比较。但是，竞争平衡测量结果尚没有一个得到普遍认可的评价标准。为此，可以用比较法来弥补评价标准的缺失。对中超联赛竞争平衡状况的测量拟从两个方面进行：一方面，进行横向比较，选取世界上影响力巨大的职业足球联赛——英超联赛的竞争平衡状况作为参照，这有利于对中超联赛竞争平衡状况进行定位和经验总结；另一方面，进行纵向比较，探寻中超联赛竞争平衡状况的发展趋势。众所周知，英超联赛在吸引更多球迷关注和联赛市场开发方面取得了成功。相比较而言，中国职业足球联赛一直未能摆脱市场低迷的状态，仍有不少国内球迷愿意熬夜观看欧洲五大职业足球联赛的直播。因此，我们要在同类比较中寻找差异，基于竞争平衡的视角比较中超联赛、英超联赛的竞争平衡状况，审视二者在竞争平衡机制上的差异，找出提升中超联赛影响力的对策。

以比赛结果为统计指标。比赛结果是目前用来测量竞争平衡状况的主要手段。比赛结果不确定性是竞争平衡的外在表现，二者密切相关。伦登将比赛结果不确定性假设描述为竞争平衡的理论基石。[1] 拉森等有更为直白的表述："比赛结果不确定性通常被称为竞争平衡。"[2] 反映比赛结果的指标主要有获胜率、球队积分和球队排名。其中，获胜率主要用于有胜负之分的北美职业体育联盟的比赛，它不适合会出现平局的欧洲职业足球联赛。

---

[1] LENTEN L J. Measurement of Competitive Balance in Conference and Divisional Tournament Design [J]. Journal of Sports Economics, 2015, 16 (1): 3-25.

[2] LARSEN A, FENN A J, SPENNER E L. The Impact of Free Agency and the Salary Cap on Competitive Balance in the National Football League [J]. Journal of Sports Economics, 2006, 7 (4): 374-390.

（二）测量方法选择

联赛特征是影响最佳测量方法选择的关键因素，因此，在对中国职业足球联赛的竞争平衡状况进行测量前，有必要对中超联赛和英超联赛的赛制特征做一番概述。

目前，中超联赛共由 16 支球队组成，采取主客场双循环赛制①，球队进行积分排名，每场赛事胜方得 3 分，负方得 0 分，平局则两队各得 1 分。如果两队或两队以上积分相等，再依净胜球数、进球数等指标排列名次。联赛排名靠前的球队争夺 3.5 个亚冠的参赛名额，赛季末排名最后的 2 支球队则自动降级到甲 A 联赛。

英超联赛共由 20 支球队组成，采取主客场的双循环赛制，单场比赛积分的计算方法是胜者得 3 分、负者得 0 分、平局则双方各得 1 分。赛季末球队按累计积分高低排名，积分相同时依据净胜球数和总进球数等指标来排名。如果依据以上指标球队排名仍不分上下，就需要进行附加赛。联赛前 3 名直接参加下个赛季欧洲冠军联赛（以下简称欧冠）小组赛，第四名取得参加下个赛季欧冠外围赛的资格。另外，英超联赛还规定联赛排名榜末尾的 3 支球队下个赛季将降级到英格兰足球冠军联赛（以下简称英冠）。②

基于上述两个职业足球联赛的共性特征，在选择竞争平衡测量方法时要考虑的因素如下。

1. 上述职业足球联赛都采用积分制，比赛中都存在平局的可能性

有些统计指标仅适用于有胜负之分的职业足球联赛，它不适合测量中国职业足球联赛的竞争平衡状况，如获胜百分比标准差测量法就不适用于中国职业足球联赛。

2. 实行多重奖励是当前职业足球联赛的共性特征

实行多重奖励是中超联赛和欧洲职业足球联赛的相似之处，克林斯塔德（Kringstad）认为它同北美职业体育联盟实行的单一奖励截然不同。借鉴马纳斯

---

① 每支球队分别以主、客场身份和其他球队交锋两次。

② MANASIS V, AVGERINOU V, NTZOUFRAS I, et al. Quantification of Competitive Balance in European Football: Development of Specially Designed Indices [J]. Ima Journal of Management Mathematics, 2013, 24 (3): 363-375.

塔尔（Manasisetal）对欧洲职业足球联赛球队竞争的三个层次的分析，我们可以总结出多重奖励下中超联赛球队竞争的三个层次：第一层次是对中超联赛冠军的竞争，这是球队最有意义的奖项；第二层次是对晋级下一个赛季亚冠联赛资格的竞争；第三层次是避免降级处罚的竞争。升降级制度是中超联赛同欧美职业体育联盟的本质区别，具体表现为中超联赛每个赛季都会有2支、3支甚至4支球队因成绩较差而转去参加低级别的赛事。根据马纳斯塔尔的量化分析，各球队对不同奖励的追求构成了相应的竞争层次，进而决定了职业足球联赛整体的竞争平衡状况。其中，各层次竞争的奖励和球队排名的变化对球迷而言意义重大。

3. 职业足球联赛中球队的比赛场次相同，在理论上各球队的获胜机会均等

例如，中超联赛采用主客场双循环赛制，通过让16支球队中每支球队都打30场比赛，解决因球队比赛场次不同而使测量方法的选择受限的问题。

综上所述，中超联赛的特征表现为：虽然各球队比赛场次相同，但有出现平局的可能性；实行积分制；在联赛长期发展的过程中，参赛球队数量有变化。基于联赛特征和研究假设的实证需要，可选择的测量方法如下。

（1）选用洛伦兹曲线-基尼系数

洛伦兹曲线-基尼系数可从整体层面探寻中超联赛竞争平衡的发展趋势。与其他集中度类测量方法相比，洛伦兹曲线-基尼系数的优点在于消除了联盟中的球队数量变化对测量值的影响。杨扬等还评价基尼系数为"所有衡量指标中较具有优势的一个"[1]。

（2）选用标准分数

标准分数可从局部层面测量联赛中顶端球队和垫底球队的积分离散度，以反映球队竞技实力的强弱。我们将中超联赛和英超联赛的测量结果进行比较，也可得出两个职业足球联赛竞争平衡状况的优劣。

实行多重奖励是中超联赛和欧洲职业足球联赛的共同特征，它涉及冠军归属、亚冠资格争夺及升降级。标准分数可以很好地分析顶端球队和垫底球队的

---

① 杨扬，张林，黄海燕. 职业体育联赛竞争性平衡的衡量指标［J］. 体育科研，2008（5）：37-40.

竞技实力。由于竞争平衡是一个多维度现象，目前还没有哪一个单一的指标能将其特征完全涵盖。所以，从集中度和优势度两个维度对中超联赛进行测量，更易于客观评价中超联赛的竞争平衡状况，具体的测量方法见表4-1。

表4-1　中超联赛竞争平衡测量方法

测量维度	测量方法	统计指标	测量目的
集中度类	洛伦兹曲线-基尼系数	球队积分	横向比较
			纵向发展趋势分析
优势度类	标准分数		顶端球队的离群状况分析
			垫底球队的离群状况分析

二、竞争平衡状况测量结果与评价

收集1994—2015赛季中超联赛和英超联赛的球队积分，数据见表4-2。

表4-2　1994—2015赛季中超联赛和英超联赛的球队积分

联赛	排名	1994—2015赛季																					
		94	95	96	97	98	99	00	01	02	03	04	05	06	07	08	09	10	11	12	13	14	15
中超联赛	1	33	46	46	51	62	48	56	53	57	55	42	65	69	55	63	51	63	68	58	77	70	67
	2	27	42	39	40	45	47	50	48	52	54	36	53	52	54	61	50	50	53	54	59	67	65
	3	26	42	35	34	43	45	44	48	52	53	32	52	49	48	58	48	48	50	48	51	57	59
	4	25	40	33	29	36	40	41	47	45	47	32	49	46	46	57	45	48	47	45	44	48	56
	5	24	28	31	29	34	38	40	46	42	30	42	50	44	52	45	46	47	44	41	48	46
	6	23	27	30	28	32	35	35	45	41	41	29	40	40	44	45	45	42	45	44	40	41	42

续表

联赛	排名	1994—2015 赛季																					
		94	95	96	97	98	99	00	01	02	03	04	05	06	07	08	09	10	11	12	13	14	15
中超联赛	7	23	27	29	27	32	34	34	36	40	40	28	34	39	40	40	39	40	45	42	40	39	39
	8	22	24	26	25	32	33	32	33	36	37	26	31	38	36	39	38	40	39	40	38	37	35
	9	21	23	25	25	32	31	32	32	35	36	23	29	36	35	39	37	38	38	38	37	35	32
	10	19	22	20	25	31	30	31	31	34	36	22	29	31	34	36	37	37	37	36	35	33	35
	11	11	22	16	23	31	29	29	31	34	35	21	22	30	28	34	37	35	37	36	34	33	33
	12	10	17	15	16	30	28	29	25	32	33	21	22	26	27	33	37	32	32	36	34	32	31
	13	—	—	—	—	29	27	23	22	30	26	—	18	26	26	32	36	32	32	36	32	32	31
	14	—	—	—	—	20	17	17	7	28	22	—	13	25	25	30	33	30	29	34	32	30	28
	15	—	—	—	—	—	—	—	13	14	—	—	16	20	27	32	30	27	30	31	29	26	
	16	—	—	—	—	—	—	—	—	—	—	—	—	—	12	29	30	23	26	16	21	17	
英超联赛	1	92	89	82	75	78	79	91	80	87	83	90	95	91	89	87	90	86	80	89	89	86	87
	2	84	88	78	68	77	78	73	70	80	78	79	83	83	83	85	86	85	71	89	78	84	79
	3	77	77	71	68	65	75	69	69	77	69	75	77	82	68	83	83	75	71	70	75	82	75
	4	71	74	63	68	63	67	67	68	71	67	60	61	67	68	76	72	70	68	69	73	79	70
	5	70	73	63	61	59	57	65	66	66	64	56	58	65	60	65	63	67	62	65	72	72	64
	6	65	72	61	59	58	55	58	61	64	60	56	58	63	58	60	62	64	58	64	63	69	62
	7	64	62	61	57	57	54	58	57	53	59	53	55	58	56	58	53	63	54	56	61	64	60

续表

联赛	排名	1994—2015赛季																					
		94	95	96	97	98	99	00	01	02	03	04	05	06	07	08	09	10	11	12	13	14	15
英超联赛	8	60	60	61	56	56	52	55	54	50	52	53	52	56	55	57	51	61	49	52	49	56	56
	9	60	56	58	47	55	51	55	52	50	51	52	52	55	54	55	51	50	48	52	46	50	54
	10	57	54	51	46	53	49	53	52	46	50	50	47	51	52	49	50	50	47	47	46	49	48
	11	56	54	50	46	52	47	52	51	45	49	48	46	50	50	46	45	47	47	47	44	45	47
	12	53	51	43	46	48	46	52	49	45	49	47	45	48	46	43	45	46	46	47	43	42	47
	13	52	51	43	42	44	46	50	48	44	48	45	44	47	43	42	41	44	46	45	42	40	44
	14	51	50	41	42	44	43	44	42	44	48	45	44	45	42	40	41	39	46	45	41	38	41
	15	45	50	40	42	44	42	44	42	43	47	44	42	43	41	39	41	38	43	43	41	38	39
	16	45	50	38	41	44	42	38	42	40	45	41	39	42	39	37	36	36	42	38	41	37	38
	17	44	49	38	41	40	41	36	42	40	44	39	34	38	38	36	35	35	40	37	39	36	38
	18	43	48	38	40	40	36	33	34	36	42	33	33	34	38	36	34	30	39	36	36	33	35
	19	43	45	33	39	35	35	31	34	30	26	33	33	30	34	35	32	30	39	31	28	32	33
	20	42	43	29	34	33	30	24	26	28	19	33	32	15	28	11	32	19	33	25	25	30	30
	21	40	29	—	—	—	—	—	—	—	—	—	—	—	—	—	—	—	—	—	—	—	—
	22	30	27	—	—	—	—	—	—	—	—	—	—	—	—	—	—	—	—	—	—	—	—

注：数据均来自网易体育网。此外，英超联赛是跨年度比赛，以1993—1994赛季的英超联赛为例，为便于记录和统计，可将其简记为"94"，代表1994年。以下类同。

（一）联赛竞争平衡发展趋势的测量结果与评价

在整体层面，通过洛伦兹曲线-基尼系数对中超联赛、英超联赛竞争平衡的发展趋势进行测量，得出测量结果，同时绘制竞争平衡发展趋势图，如图 4-1 所示。

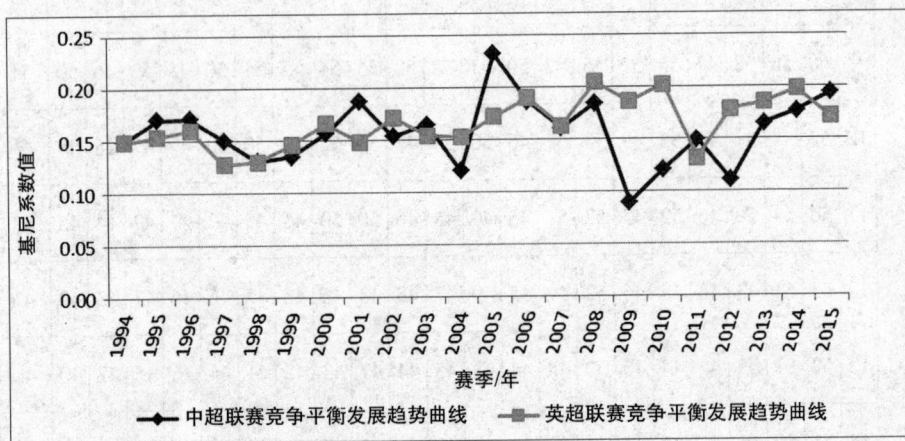

图 4-1 中超联赛、英超联赛竞争平衡发展趋势

从纵向发展趋势来看，在这 22 年中，中超联赛竞争平衡呈现上下波动的发展趋势，并且这一趋势没有明显的改善。从横向比较中发现，中超联赛竞争平衡发展趋势曲线的波幅较大，这在一定程度上说明中超联赛竞争平衡状况的稳定性较差，竞争平衡发展趋势不如英超联赛乐观。

（二）球队竞技实力离群状况的测量结果与评价

在局部层面，通过标准分数对顶端球队在联赛中的竞赛实力状况进行测量与评价。选取英超联赛和中超联赛 2011—2015 年 5 个赛季的球队积分作为统计指标，计算顶端球队和垫底球队的积分离散度，以此反映球队竞技实力的强弱。

测量结果见表 4-3：中超联赛中顶端球队和垫底球队的标准分数测量值均大于英超联赛中相应球队的标准分数测量值，这表明中超联赛的离散度超过英超联赛。换言之，在中超联赛中，球队之间呈现更为明显的"强者更强，弱者更弱"的两端分化竞争失衡状况。

表4-3 2011—2015年中超联赛、英超联赛顶端球队和垫底球队的标准分数测量值

赛季/年	中超顶端球队的标准分数测量值	英超顶端球队的标准分数测量值	中超垫底球队的标准分数测量值	英超垫底球队的标准分数测量值
2011	2.421 4	2.234 1	1.549 9	1.443 7
2012	2.107 2	2.101 6	1.732 3	1.568 3
2013	2.721 6	2.098 9	1.773 0	1.492 8
2014	2.110 6	1.707 0	1.425 1	1.198 5
2015	1.838 3	2.119 4	1.581 8	1.367 0

（三）对测量结果的分析讨论

基于影响因素的主次以及对中超联赛、英超联赛顶端球队和垫底球队的标准分数进行测量和比较的结果，对中超联赛、英超联赛的竞争平衡调控手段进行分析，具体分析内容如下。

1. 对球队竞技实力调控手段的分析比较

无论是中超联赛还是英超联赛，球员转会都是球队竞技实力的绝对性影响因素。在本书中，梯队培养的影响效果可以忽略不计。理论上，球队的竞技实力受球员转会和梯队培养因素的共同影响，但在实践中，对于采取开放式联盟模式的职业足球联赛，球员转会才是一支球队竞技实力的决定性影响因素。在欧洲职业足球联赛中，受博斯曼法案颁布后的自由转会制度影响，球员流动性大大增强，全球优秀球员被吸引到欧洲赛场上淘金，俱乐部为了实现获胜率最大化的目的，争相雇佣和挖掘优秀球员来增强球队竞技实力。考虑到培养球员的成本和风险，支付一笔巨额的转会费不仅更符合现代商业运作的手法，而且其程序简单，提高比赛成绩的效果显著。受国际足联球员转会规则的趋同性影响，中国职业足球联赛在2010年进行自由转会制度改革以前，一直实行限制球员自由流动的保留制度，但是，这并没有改变职业化改革以来俱乐部梯队培养被荒废的状况。[①] 所以对中超联赛、英超联赛球队竞技实力的调控政策进行比较

---

① 鲍明晓，李元伟. 转变我国竞技体育发展方式的对策研究 [J]. 北京体育大学学报，2014，37（1）：9-23，70.

研究，可以归结为对二者球员转会制度的比较。

从最初的"3+1"外援限制，到 2017 年 5 月的"3"外援限制，中国职业足球联赛一直没有改变限制优秀外援的思维。英超联赛则利用球员自由转会制度的便利，弱化了外援限制，所以一场比赛下来上场的几乎全是外籍球员。募集国际一流球员参与联赛，不仅使英超联赛的竞争平衡状况比中超联赛要好，而且使英超联赛做到了吸引大量球迷观赏，完成了联赛市场开发，实现了打造一流联赛的目标。放眼欧洲职业足球，其转会制度经历了保留和转会制度、博斯曼体系、后博斯曼体系三大转会体系的演进过程。① 而我国职业足球在 2010 年前采用的是与欧洲保留和转会制度类似的摘牌制，直到 2010 年才开始采用自由流动转会制。这说明，同英超联赛相比，中超联赛球员转会制度的演进过程有一定的趋同性和滞后性。

2. 对俱乐部经济实力调控手段的分析比较

在 2013 年欧足联颁布财政公平政策以前，包括英超联赛在内的欧洲职业足球联赛的薪资花费是不受约束的。因此，为赢得胜利，俱乐部争相购买优秀球员并用高薪稳定球队，而过度竞争和激烈的球员资源争夺导致俱乐部过度投资，并打破了应有的收支平衡计划。这一趋势带来的严重后果是大量俱乐部面临亏损和破产的生存困境。② 根据图 4-1，英超联赛竞争平衡发展趋势曲线呈上升趋势且波幅平稳，它也证实了其竞争平衡状况日益恶化。针对这种情况，欧足联不得不颁布财政公平政策，希望通过收支平衡这一核心条款来约束俱乐部球员的薪资，进而限制俱乐部购买球星和挖取球员的行为，达到球员合理流动和维护联赛竞争平衡的目的。③ 在欧足联颁布财政公平政策后，英超联赛的竞争平衡状况得到了改善，这让人不难想到二者的关联性。

虽然中超联赛的俱乐部经营表现与英超联赛有高度的相似性，如在获胜率

---

① 杨天翼. 我国与欧洲足球职业联赛转会制度演进分析——从新制度经济学角度［D］. 北京：北京体育大学，2010.

② SERBY T. British Football Club Insolvency：Regulatory Reform Inevitable？［J］. The International Sports Law Journal，2014，14（1-2）：12-23.

③ FLANAGAN C A. A Tricky European Fixture：an Assessment of UEFA's Financial Fair Play Regulations and Their Compatibility with EU Law［J］. The International Sports Law Journal，2013，13（1-2）：148-167.

最大化动机、过度竞争、俱乐部亏损、外来资金注入等方面，但不同的是，类似薪金封顶制度的限薪手段一直贯穿中国职业足球联赛发展的始终，发挥着调控球员薪资的作用，而欧洲职业足球联赛从没有采取过此类措施。为什么欧洲职业足球联赛不采取薪金封顶制度呢？对此我们得出结论，即英超联赛采取在全球范围内引进一流球员的策略，代价是支付给高水平球员应得的高薪酬。对世界球迷来说，利用高薪酬引进的球星本身具备创造粉丝经济的基础。因此，英超联赛的市场开发能吸引更多球迷关注，进而达到增加收入的目的。

通过比较中超联赛和英超联赛对俱乐部经济实力的调控手段可以发现，虽然二者表面上有"限薪"和"不限薪"的区别，但其共同点在于所要解决的都是俱乐部之间经济实力存在差距的问题。出于公平考虑，我们应改变"限薪"思维，不应再局限于俱乐部资金花费量的多少，而应着重考虑俱乐部间资金花费差距的大小。

3. 对球员道德问题的分析

中超联赛竞争平衡状况曾一度优于英超联赛，而后又劣于英超联赛，并且中超联赛竞争平衡发展趋势曲线在 2009 年出现陡然下降的拐点。拐点的出现正值足坛"反赌扫黑风暴"的严打时期。早在 2002 年桑德森就提出"俱乐部成员①失去纯洁道德"是影响竞争平衡的因素之一②，而打假球和吹黑哨等非体育道德行为也是一直困扰中超联赛的重要问题。2009 年的司法介入与中超联赛竞争平衡发展趋势曲线断崖式下降的趋势说明：一方面，球员道德影响着中超联赛的竞争平衡状况；另一方面，中超联赛有待完善监管措施以监督各种不正当竞争行为。

值得关注的是，影响中超联赛和英超联赛竞争平衡的调控手段存在差异。司法介入引起的中超联赛"反赌扫黑风暴"是造成中超联赛暂时出现竞争平衡状态的主要原因，而英超联赛则通过联赛制度改革——财政公平政策的收支平衡条款来扭转俱乐部财政上的竞争失衡局势。与英超联赛制度改革的长效性和自我完善性相比，中超联赛的司法介入显然具有临时性和外力性，缺乏长期的自治效力。所以有关部门还需从联赛层面颁布监管制度，采取监管措施，改变

---

① 俱乐部成员在此指球员。

② SANDERSON A R. The Many Dimensions of Competitive Balance [J]. Journal of Sports Economics，2002, 3 (2)：204-228.

中超联赛竞争失衡的局面，加强能够确保中超联赛竞争平衡的制度建设。

　　既然球队竞技能力和俱乐部经济实力被视为影响联赛竞争平衡的主要因素，那么这也是中国职业足球联赛竞争平衡保障机制设计中应考虑的主要矛盾。虽然球员道德不属于本书制度性机制的研究范围，但它作为中超联赛竞争平衡的一个重要影响因素，也不容忽视，可对其另做研究。

　　基于联赛特征筛选出的适宜的竞争平衡测量方法为洛伦兹曲线-基尼系数和标准分数。对中超联赛和英超联赛测评结果的比较结论为：从整体来看，中超联赛竞争平衡发展趋势曲线呈上下波动态势，中超联赛的竞争平衡状况没有表现出明显的改善，并且其竞争平衡发展趋势曲线的波幅大于英超联赛，这在一定程度上反映了中超联赛竞争平衡状况的稳定性较差。从局部来看，中超联赛顶端球队的离散系数均大于英超联赛顶端球队，这表明中超联赛中球队竞技实力呈现出"强者更强，弱者更弱"的两极分化状态。

　　与英超联赛竞争平衡调控手段相比，为吸引更多球迷关注，中超联赛竞争平衡调控手段应做到：一是在引导球队竞技能力趋于均衡的同时，广泛吸引全球顶级球员参与联赛；二是改变通过薪金封顶制度反映的"限薪"思维，缩减俱乐部之间的经济实力差距；三是出于对观众负责的态度，严抓联赛打假球、吹黑哨等体育道德问题。

第二节　中国职业足球联赛竞争平衡质性评价

　　用"王朝时代"来描述中超联赛竞争平衡的现实困境不失为一个恰当的质性评价。自2010年恒大集团进入足球领域以来，恒大俱乐部通过巨额的经济投入赢得了中超联赛三连冠，它也是中国足球职业化改革以来的第一个亚冠冠军。促使恒大俱乐部迅猛发展的运作模式被媒体热捧为"恒大模式"[1]。也有文献将恒大模式描述为"底气十足的砸钱模式"。[2]

---

①　薛原，刘硕阳. 恒大和中国足球的不等式 [N]. 人民日报，2013-11-12 (15).
②　郭惠先，林波萍，周兴生. 恒大模式对中国足球发展的利弊分析 [J]. 广州体育学院学报，2012，32 (2)：6-8.

梳理中超联赛竞争平衡现实困境的目的在于通过"恒大模式"这一"热"现象，探究"王朝时代"显现出来的中超联赛竞争失衡本质，进而引发对中超联赛竞争平衡问题的"冷"思考。

一、联赛竞争失衡

（一）俱乐部资金投入失衡

自 2010 年恒大集团以 1 亿元收购广州足球俱乐部（后更名为广州恒大足球俱乐部，简称恒大俱乐部或广州恒大①）100%的股权以来，其资本运作模式可用"高调"一词来形容。截至 2013 年 11 月，恒大集团 4 年来的累计投资超过 20 亿元。②

恒大集团一年的资金投入相当于其他企业对 5 支冠军球队一年的投资。例如，在 2011 年，恒大集团投入约 5 亿元，而绝大多数球队获得的投资都不足 1 亿元。近几年，山东鲁能、长春亚泰和北京国安夺冠时，俱乐部一个赛季所获得的投资基本在 8000 万元到 1 亿元，中小型中超俱乐部一年的运营成本在 4000 万元以上。③ 因此，恒大集团的投资方式受到不少业内人士指责，他们认为砸钱是恒大俱乐部的利器。

（二）球队人才资源垄断

广州恒大队实际上是一支由国家队主力球员和国际一流外援组成的球队。将亚冠夺冠之战首发阵容中的本土球员名单与同期征战亚洲杯的国家队名单相比，不难发现，广州恒大队主力球员几乎全部来自国家队的主力阵容，这得益于恒大俱乐部实行的金元政策。此外，恒大俱乐部采用"内挖外引"手段，陆续完成足球优秀人才资源垄断式聚集，这使球队最终以"豪华战舰"的姿态角

---

① 为避免文章的叙述过于烦琐，俱乐部的简称中都省略了"足球俱乐部"，如广州恒大足球俱乐部简称"广州恒大"，下文都采用此简称方式，如山东鲁能足球俱乐部简称"山东鲁能"。需要注意的是，广州恒大足球队简称"广州恒大队"，与"广州恒大"有所不同。

② 王浩明，公兵，汪涌．恒大启示录 不存在的"恒大模式"［N］．新华每日电讯，2013-11-10（4）．

③ 陈汉辞．恒大 5 亿搅局中超 制造泡沫还是长远之计［N］．第一财经日报，2011-02-16（A01）．

逐于中超赛场，并问鼎亚冠冠军。

（三）联赛竞技实力失衡

联赛竞技实力失衡主要表现为比赛结果的不确定性过低。在中超联赛中，广州恒大队几乎是逢赛必胜，其巨无霸式的竞争实力，使其在联赛中实现了获胜率最大化（具体成绩见表4-4），广州恒大队的一枝独秀让比赛结果失去悬念。金元政策缔造金牌球队，广州恒大队在中超联赛中，除2012赛季仅提前1轮夺冠外，2011赛季及2013赛季都是以至少提前3轮的绝对优势夺冠。根据广州恒大队的赛季排名可知，广州恒大队基本上是以一骑绝尘的姿态引领联赛风骚。

表4-4 2011—2013赛季广州恒大队的比赛成绩①

赛季	胜积分（胜率/%）	平积分（平率/%）	负积分（负率/%）	总积分	排名	进球数/个	失球数/个
2011	20（67）	8（27）	2（6）	68	1	67	23
2012	17（57）	7（23）	6（20）	58	1	51	30
2013	24（80）	5（17）	1（3）	77	1	78	18

二、联赛薪资通胀

恒大俱乐部砸钱式的投资方式在中超联赛上产生了"鲶鱼效应"，加剧了俱乐部间的资金投入攀比，使得联赛运营成本通胀加速，俱乐部整体经济负担加重。据相关数据统计：2011年中超联赛各个俱乐部的投入之和接近20亿元人民币；以前花200万美元就能引进的外援，2011年得花400万美元，中超引援真的进入了"烧钱时代"。②2012年中超联赛16个俱乐部的总预算超过26亿元，

---

① 中超历史回顾，历年积分榜及射手榜［EB/OL］.（2018-08-12）［2018-04-12］. https://sports.sohu.com/20180812/n546150284.shtml.

② 郭惠先，林波萍，周兴生.恒大模式对中国足球发展的利弊分析［J］.广州体育学院学报，2012，32（2）：6-8.

且有追加之势，相当于每个俱乐部的预算接近 2 亿元。这一数据是 2010 年中超联赛 16 个俱乐部总预算的 4 倍。高昂的运营成本意味着中超俱乐部似乎是不可能盈利的。预算两年翻两番，可见中超联赛已经变成资本的斗秀场。① 根据 2013 年《中超商业价值报告》可知，2013 年，中超俱乐部亏损总额达 2.64 亿元，创下了历史新高。16 个俱乐部中，14 家亏损，只有广州恒大和辽宁宏运 2 家盈利（广州恒大盈利 8590 万元，辽宁宏运盈利 1795 万元），其中亏损最多的俱乐部为香港富力，亏损额为 1.5349 亿元。

恒大俱乐部砸钱式的投资方式加剧了中超联赛的薪资通胀。球员薪资是俱乐部最主要的经费开支，在恒大俱乐部进入中超联赛后的 3 年，球员薪资总额逐年激增。

中超联赛的竞技实力失衡的主要表现为比赛结果的不确定性过低。联赛中，广州恒大队几乎是逢赛必赢，其超强的竞争实力让比赛结果失去悬念。从广州恒大队 2011—2013 赛季的排名可以看出，它基本上都是以一骑绝尘的姿态获得联赛冠军。

2008 赛季，中超球员薪资总额超过 4 亿元，2009 赛季这一数值增到 5 亿元左右，2010 赛季这一数值再次上涨，接近 6 亿元。这种缓慢增长的态势基本符合中国经济整体增长的形势，但这一局面很快被广州恒大队打破。在广州恒大队进入中超前，300 万元的年薪对中超本土球员而言几乎可以算是顶薪，只有少数大牌球星在大的俱乐部才能享受如此待遇。而广州恒大队进入中超后，多名绝对主力的年薪都达到甚至超过 500 万元，个别从国外回来的球员年薪更是高达 700 万元。此外，广州恒大队还有巨额的中超奖金和亚冠奖金，仅中超奖金就高达 6900 万元。在广州恒大队挥金招揽人才所造成的压力下，中超其他一些传统强队只能被迫提高球员薪资待遇来稳定军心和防止被挖墙脚，而一些家底本不厚实的弱势球队只能寄希望于球员在拿到更高的合同待遇后"奋勇杀敌"，保住中超资格。在这样的背景下，中超球员的薪资从 2011 年开始急速提升。2011 赛季，中超球队薪资总额突破 8 亿元，涨幅高达 56.82%。2012 赛季更上一

---

① 丁磊. 足球资本阳谋：一半是国企，一半是地产商 [N].21 世纪经济报道，2012-09-14 (18).

层楼，中超球队薪资总额增加到了 10 亿元，2013 赛季这一数值则突破了 14 亿元，比上一赛季又增长了 43%。① 在恒大集团投资效应的带动下，2014 年中超联赛的多家俱乐部都计划加大投资预算：江苏舜天计划投入 3 亿元、山东鲁能和香港富力计划投入 5 亿元、北京国安计划投入 10 亿元。中超近半数俱乐部投入达到亿元级别，可以说，中超的过度竞争正式跨入"亿元"时代。②

资金投入的攀比对自身造血功能尚且不足的中国职业足球而言无疑是雪上加霜，它会严重危及俱乐部及联赛整体的健康发展。过度投资造成部分俱乐部出现财政亏损，进而导致财政困难。例如，不堪忍受球队"拖累"，绿城集团的老板宋卫平曾于 2011 年底表示要放弃浙江绿城队。浙江绿城的总经理沈强也曾对媒体表示："绿城（集团）要对股东、股民负责，在房地产形势如此紧张的状况下，不可能再把大笔的钱花在足球上。"③ 再如武汉卓尔队，从中超降到中国足球协会甲级联赛（以下简称中甲或甲级联赛），亏损了 1 亿多元。

综上所述，"恒大模式"的主要弊端是俱乐部过度投资加剧了联赛整体竞争的不平衡发展和联赛运营成本通胀。因此，有关单位必须采取适当的制约机制，以促进联赛的竞争平衡。

第三节　中国职业足球联赛竞争平衡问题分析

"恒大模式"实际上是与竞争平衡理论相违背的一种竞争模式，它旨在通过高额的资金投入、优秀球员的垄断聚集，达到获取比赛胜利的目的。放眼国际职业足球领域，"恒大模式"广泛存在于各区域的组织当中，极具代表性。

与欧洲职业足球管理模式相比，"恒大模式"非但没有受到任何类似财政公

---

① 宇文. 中超的 20 亿投入花在哪？　球员薪资连续 5 年升高 [EB/OL]. （2013-11-26）[2018-03-14]. https://www.163.com/sports/article/9EJS3U3L00051C89.html.

② 10 亿国安衔军备竞赛 [EB/OL]. （2013-12-25）[2018-03-28]. https://sports.sohu.com/20131225/u392394733.shtml.

③ 范思绮. 房地产商混战足球场 [N]. 中国企业报，2012-11-06（15）.

平政策的条款的限制，反而从中国足协的政策优惠（如"调整赛程""7外援"[①] 等）中获利。这一事实说明，中国职业体育联盟的组织机构对职业体育联盟竞争平衡管理理念的认识不够清楚。"恒大模式"与竞争平衡理论之间的矛盾，必须引起学界的高度重视。基于竞争平衡理论和国外职业体育联盟的实践，笔者思考并梳理出中国职业足球联赛竞争平衡存在的主要问题。

一、球队竞技实力均衡问题

中超联赛管理方应将"防止个别球队长期占据领先优势进而伤害联赛整体利益"作为一个重要管理目标。实现该目标的较为合适的途径是通过经济手段，建立合理有效的球员流动机制，引导球员合理流动，保障各球队之间竞技实力平衡，进而达到对比赛结果不确定性的宏观调控。

为促进球员在俱乐部间的合理流动，中超联赛管理方可将经济杠杆作为主要手段，对球员的转会费和球员薪资方面的资金投入进行调控。例如，对担任"国字号"主力、技战术实力超群、属于稀缺人才的球员而言，其转会身价昂贵、薪金高，俱乐部"挖取"这样的球员，自然要增加财政投入。一旦过多优秀球员聚集于某一俱乐部，该俱乐部的投入资金总额就会加大，当这个总额超过联赛的限定数额时，俱乐部就会受到处罚或制裁，被迫出售其所占有的优秀球员资源。通过经济杠杆手段，可以约束和引导球员合理流动，促进联赛内各球队竞技实力均衡发展。这一点类似于北美职业体育联盟的工资帽和奢侈税制度。但具体采取何种执行方式应视中超联赛的情况而定，不能削足适履、机械模仿。

中超联赛管理方应有所作为，出台政策，制止这种竞技实力不平衡发展趋势。根据竞争失衡的现状和历史经验，竞争平衡不仅涉及联赛产品的质量问题，更涉及联赛的健康发展及俱乐部的生死存亡。对于中超联赛管理方，及时实施有效的竞争平衡保障机制至关重要。

二、俱乐部投入资金制衡问题

制衡是指分立为不同部分的权利之间应形成彼此制约的关系，其中任何一部分权利都不能独占优势。对俱乐部实施投入资金制衡机制意味着在一定时期内，联赛中各俱乐部不能不受限制地随意投入高额资金，各俱乐部的投入资金应形成制约关系，其中任何一个俱乐部都不能在资金投入上独占优势。实施投入资金制衡机制不仅能防止富有的俱乐部依靠重金挖取球员，还能抑制联赛薪资通胀，降低各俱乐部支付球员薪金的成本，优化联赛中俱乐部的生存环境。

从上述分析可知，"恒大模式"的核心是重金投资，它会对联赛竞争平衡产生强烈冲击。这一投资方式被业内同行指责为"砸钱搅局"，并在联赛投资市场上产生"鲶鱼效应"，造成俱乐部之间的攀比。在缺乏有效制衡机制的情况下，俱乐部之间的过度投资竞争造成多数俱乐部运营成本通胀，进而加剧了财务负担。在限制投入资金方面，财政公平政策的收支平衡条款是一个很好的参考和借鉴，它将俱乐部在球员转会上的投入与俱乐部收入挂钩，使得俱乐部不能毫无顾忌地在转会市场上随意投资，从而确保联赛整体能够稳定健康发展。

收支平衡是指在一定时间内，俱乐部的支出不得超过全部收入。其中，收入包括门票收入、赞助和广告收入、转播权销售收入、商业活动收入、其他营业性收入，注册运动员转会的盈利或收入，处置有形固定资产的超额收益以及财务收入。应当说明的是，对俱乐部管理方的资助性投资必须加以限制，也就是说，俱乐部管理方不能以资助的方式垫付俱乐部亏损。例如，谢赫·曼苏尔（Sheikh Mansour）为曼城俱乐部垫资就是一个反面案例。①

收支平衡在2013—2014英超赛季实施，且一经实施就收到了立竿见影的效果。英超官方公布的数据显示，2013—2014赛季英超20强球队拿到的转播权销售收入分成和奖金收入总计突破了15亿英镑，其中收入最高的利物浦拿到约9754万英镑。而收入最低的卡迪夫城也有约6208万英镑进账，这甚至超过了2012—2013赛季曼联夺冠时转播权销售收入分成和奖金收入的总和。这样高的收入是其他联赛望尘莫及的。从联赛竞争激烈度上看，从赛季初期一直到收官阶段，阿森纳、曼

---

① UEFA. UEFA Club Licensing and Financial Fair Play Regulations [R]. Nyon：UEFA, 2012.

联、切尔西、利物浦、曼城、热刺、埃弗顿 7 支球队都是冠军的潜在竞争者，这种多支球队实力不相上下的局面在英超历史上前所未有。据《电讯报》的统计，9 个月内，英超"领头羊"的位置总计出现了 25 次易主，包括阿森纳、切尔西、利物浦、曼城和曼联在内的 5 支球队都曾经领跑英超 20 强。

《中超联赛商业价值报告》披露，在中超 2011、2012 两个赛季中，各俱乐部支付给球员的薪资占上一年俱乐部收入的 79%。按照国际惯例，若要真正实现收支平衡，球员薪资占收入的比例控制在 50% 左右较为合理。可见，约束和规范俱乐部的资金投入行为具有紧迫性和必要性。

第四节　本章小结

通过对测量方法的梳理，筛选出适合中国职业足球联赛竞争平衡的测量方法：洛伦兹曲线-基尼系数和标准分数。本章以中超联赛竞争平衡状况为研究对象，测评结果为：从整体层面看，中超联赛竞争平衡发展趋势曲线呈上下波动态势，中超联赛的竞争平衡状况没有明显的改善。同时，中超联赛竞争平衡发展趋势曲线的波幅大于英超联赛，这在一定程度上反映了中超联赛竞争平衡状况的稳定性较差。从局部层面看，中超联赛顶端球队的离散系数均大于英超联赛的顶端球队，这也证实了中超联赛球队竞技实力呈现"强者更强，弱者更弱"的两极分化状态。通过分析测量结果可知，影响中超联赛竞争平衡的主要因素不仅包括职业体育联赛球队竞技实力和俱乐部经济实力的共性因素，还包括球员道德的个性因素。

目前，中超联赛陷入了俱乐部资金投入失衡、球队人才资源垄断、联赛竞技实力失衡的现实困境。俱乐部在球员薪资花费方面的随意性是造成联赛处于竞争失衡困境的主要原因之一。

砸钱式的投资方式创造了联赛内强队的"王朝时代"，进而导致了联赛竞争失衡，为了促进联赛发展，需要创建与之相对立的有效制衡机制。制衡机制有效与否属于机制设计的研究范畴。因此，机制设计理论可以作为研究过程中的一个重要工具。

第五章

中国职业足球联赛竞争平衡机制考查与分析

对中国职业足球联赛竞争平衡机制的历史考查，就是对已经做过的工作进行理性总结，重点是回顾过去做了什么、如何做的、做得怎么样。历史考查与机制设计相辅相成，机制设计是在历史考查的基础上进行的。通过历史考查，可以肯定成绩，找出问题，总结经验，并将经验用于指导下一阶段竞争平衡机制的改进设计。

从机制形成路径看，历史演进是当今中国职业足球联赛竞争平衡机制形成的主要路径。中国足球自职业化改革以来，始终致力于深化体制改革和完善制度建设。因此，中国职业足球联赛竞争平衡机制也一直在不断变革和演进。本书在机制设计理论的视角下考查中国职业足球联赛竞争平衡机制演进的优劣得失，并对中国职业足球联赛竞争平衡机制的演进过程进行考查，研究主要集中在有关球队竞技实力和俱乐部经济实力的一系列政策、法规、管理措施和方法等制度安排上。

第一节　球队竞技实力竞争平衡机制考查与分析

在球队竞技实力方面，竞争平衡机制理论上应涉及球员转会和梯队培养两个方面的制度安排，但鉴于梯队培养对球队竞技实力影响较小，且中国职业足球俱乐部梯队培养制度执行不到位，故对梯队培养的制度安排不做探究。

而球员转会是球队竞技实力的决定性影响因素，所以中国职业足球联赛中球队竞技实力竞争平衡机制主要取决于球员转会方面的一系列制度安排。

一、球队竞技实力竞争平衡机制演进考查

球员转会是足球市场发展的必然结果，是对社会资源进行再分配的一种方式。转会市场是当今足球市场一个非常重要的组成部分。俱乐部通过买进和卖出运动员，使自己的球队保持最佳阵容，以便取得更好的成绩和获取更大的经济利益。俱乐部要增强球队的竞技实力，除了加强内部管理，还可以通过球员转会来获得高水平球员带来的利益。[①]

球员转会是指双方俱乐部签订转会合同，球员与转出俱乐部解除合同、与转入俱乐部签订新合同的过程。[②] 根据《中国足球协会运动员身份及转会规定》第三十三条规定，凡运动员在两个或两个以上俱乐部之间流动，即为转会。据当今足球界的转会制度惯例，合同到期后球员转会到另一俱乐部，转入俱乐部必须向球员原属俱乐部支付一笔费用，这笔费用即为球员转会费。[③] 中国职业足球运动员的转会费是按以下比例分配的：10%归中国足协，85%归运动员原属俱乐部，5%归运动员所有。[④]

梳理对我国职业足球转会制度演变呈现出的阶段性特征进行分析的文献，可归纳出以下学术观点。丛湖平等提出可将我国职业足球转会制度演变历程划分为三个阶段：第一阶段，自由交易尝试期（1994—1997年）；第二阶段，限制交易调整期（1998—2004年）；第三阶段，交易调整期（2005—2008年）。[⑤] 雷振将其划分为四个阶段，分别为第一次行政化阶段（1994年足球职业化改革以前）、第一次自由化阶段（1994—1997年）、第二次行政化阶段（1998—2008年）、第二次自由化阶段（2009年至今）。[⑥] 杨天翼将1995—2009年我国职业足

① 全国体育院校教材委员会. 现代足球 [M]. 北京：人民体育出版社，2000.

② 张馨. 足球运动员转会引发的若干思考 [J]. 当代体育科技，2016，6（7）：148-149.

③ 王晓东. 中外竞技体育人才培养及利益分配研究 [J]. 体育文化导刊，2007（9）：79-82.

④ 武恩钧，赵国杰. 职业化进程中我国运动员流动的经济学研究 [J]. 体育文化导刊，2006（1）：63-64.

⑤ 丛湖平，石武. 我国职业足球运动员转会制度研究 [J]. 体育科学，2009，29（5）：32-39.

⑥ 雷振. 中国足球职业球员转会制度的变迁与法治化 [J]. 河北师范大学学报（哲学社会科学版），2013，36（6）：145-150.

球转会制度演变历程划分为自由转会制度—有限摘牌制度—自由摘牌制度。① 陈思信对 1994—2009 年的职业足球转会制度进行回顾，将其划分为五个阶段：相对自由转会阶段（1994—1997 年）、顺摘牌阶段（1998—2000 年）、倒摘牌阶段（2001—2002 年）、双轨制阶段（2003—2004 年）、自由摘牌阶段（2005—2009 年）。② 吴育华将 1994—2007 年我国职业足球转会制度演变历程划分为自由转会制（1994—1997 年）—摘牌制（1998—2002 年）—摘牌加自由转会双轨制（2003—2007 年）。这些学者虽然对我国职业足球转会制度演变的阶段划分不同，但都对制度演变进行了或详或略的阐释，为后续研究收集了翔实的资料。

基于上述学者的研究成果，本书总结了中国职业足球联赛转会制度演进呈现的阶段特征，并梳理了转会细则。

（一）组织调动转会制（1995—1997 年）

1993 年，中国足协在于大连召开的足协会议上首次提出了有关人才流动的若干规定。中国足协根据《中国足球协会章程》《中国足球协会运动员身份及转会规定》等规定，决定自 1994 年 12 月 15 日起，在中国足协管辖的范围内实行组织调动转会制。③

该转会制度的实施时间为 1995—1997 年，具体的转会形式是各俱乐部自由选择球员并签订转会协议和工作合同，然后到中国足协办理转会手续，俱乐部每赛季最多可以转入 5 名球员。《中国足球协会运动员身份及转会规定》还规定了转会费分配比例，即中国足协 10%，球员原属俱乐部 85%，球员个人 5%。此外，球员二次转会时，如转会费高于原转会费，原俱乐部有权从高出的部分获得 30% 的提成。

"组织调动"一词可以简单概括这一时期的转会状态。在从计划经济向市场经济转轨的足球职业化改革初期，我国的足球产业市场尚不完善。吴育华等表

---

① 杨天翼. 我国与欧洲足球职业联赛转会制度演进分析——从新制度经济学角度 [D]. 北京：北京体育大学，2010.
② 陈思信. 对我国男子职业足球联赛球员转会制度的研究 [D]. 重庆：西南大学，2009.
③ 马成全，王君，刘浩. 我国职业足球运动员转会制度改革研究 [J]. 广州体育学院学报，2008，28（6）：8-10.

示，球员的转会基本上不受中国足协约束。① 足球转会市场基本处于组织调动状态。例如，1995 年初中国职业足球联赛转会第一人——黎兵以 64 万元的转会费由辽宁宏运转入广东宏远。其转会过程中不但没有正规的经纪人出面，甚至两个俱乐部之间也没有进行直接沟通。黎兵在时隔多年回忆起这段经历时说："当时就是对方教练和我谈了谈，说了说各自的要求，就完成了转会"。②

组织调动转会制度的意义：首先，转会细则的颁布和实施是我国足球职业化改革进程的一个显著性标志，通过人才资源的交易，职业球员的人力资源价值得以充分体现。其次，该转会制度打破了计划经济体制下专业队区域和球员属地壁垒，实现了职业球员这一人力资源的流动。③

组织调动转会制度的优点：球员去向明确，转会过程透明，基本满足了俱乐部和球员双方的意愿，具有相当高的成功率。但是，该转会制度很快就暴露出改革初期自身的不足。由于转会市场机制不健全、缺乏规范，转会费的计算标准缺失，再加上联赛初期市场火爆和优秀球员稀缺，转会市场上出现了俱乐部竞相出高价购买球员的现象，随着竞争愈演愈烈，该现象甚至发展成球员和买方俱乐部之间频繁的私下交易，如俱乐部给予球员高额的见面费、签字费，许诺给予球员其他各种优厚条件等不法行为，这严重扰乱了球员转会秩序。

（二）摘牌转会制（1998—2009 年）

为了制止私下交易行为，应对日渐增多的球员转会需求，1997 年底，相关部门出台了新的转会规定，明确从 1998 赛季起开始施行摘牌转会制，即球员在规定时间内经原俱乐部同意后方可提出转会申请，同时由中国足协组织各俱乐部进行集中选择，其目的是尽量避免球员与俱乐部过多接触，打击高薪"挖墙脚"的抢夺球员行为。④根据该转会制度的规定，球员只有提出转会要求的权利，而没有选择俱乐部的权利，俱乐部在转会榜上摘取球员决定了球员的去向，

---

① ④ 吴育华，杨顺元，叶加宝. 中国、欧洲足球运动员转会制度分析 [J]. 武汉体育学院学报，2007（9）：19-22.

② 李元浩. 中超球员转会制度先天不足　何时不再"拉郎配" [N]. 工人日报，2010-01-23（8）.

③ 丛湖平，石武. 我国职业足球运动员转会制度研究 [J]. 体育科学，2009，29（5）：32-39.

这就是所谓的摘牌转会制。摘牌转会制的发展经历了顺序申报制（1998 年）、顺序摘牌制（1999—2000 年）、倒摘牌制（2001—2002 年）、自由摘牌和倒摘牌结合制（2003—2004 年）和自由摘牌制（2005—2009 年）五个阶段。

1. 顺序申报制

1998 年开始施行顺序申报制这一新的转会制度，其转会形式是各俱乐部上报本年度需要转会的球员名单，中国足协审核后会对名单予以公示。需要引进球员的俱乐部可向中国足协申报欲转入的球员名单，中国足协会根据各俱乐部申报的先后顺序办理球员转会手续。这种方式被马成全等人喻为摘牌制的前身①，其优点是在一定程度上杜绝了俱乐部竞相以高价购买球员、许诺球员优厚待遇、给予高额签字费等乱象的发生，使俱乐部处于一种相对公平的球员流动市场环境，但这一制度本身也存在一些问题。

2. 顺序摘牌制

顺序摘牌制在中国职业足球联赛中实施了两年，其实施方式是：将需要转会的球员统一推向球员流动市场，俱乐部依据赛季排名从高到低的顺序摘取球员。这种转会方式的优点是优胜球队享有优先挑选权。然而，随着优秀球员纷纷被财大气粗的球队收归麾下，联赛中球队竞技实力的两极分化逐渐加剧，强队更强和弱队更弱的"马太效应"破坏了竞争平衡和联赛的稳定。

3. 倒摘牌制

2000 年 11 月，中国足协公布了新的球员转会制度，提出要实行倒摘牌制。与过去的顺序摘牌制相比，倒摘牌制的最大特点是"劫富济贫"，其目的是扶助中小型俱乐部，避免强队更强、弱队更弱的恶性循环。② 倒摘牌制是指各球队依据上一赛季联赛排名从低到高的顺序依次摘取球员，是与顺序摘牌制摘取顺序相反的一种选取方式。甲 A 联赛的球队先于甲 B 联赛的球队进行摘取，且二者的摘取要分开进行，以避免有特点或有实力的甲 A 联赛的球员被甲 B 联赛的球队摘走。注意，一旦摘牌，被摘球员不得撤回申请，摘牌俱乐部也不得退回所

---

① 马成全，王君，刘浩. 我国职业足球运动员转会制度改革研究 [J]. 广州体育学院学报，2008，28（6）：8-10.
② 王仁维. 足球转会改革究竟对谁有利 [N]. 解放日报，2000-11-03（8）.

摘的球员。① 倒摘牌制的实施使得幕后交易成为主流。有些俱乐部为了得到青睐的球员，派出公关人员四处游说，暗示其他俱乐部不要摘取这些球员。例如，2001年上海申花为摘得球员曲圣卿，说服其主教练李章洙帮忙达成目的。另外，倒摘牌制迫使俱乐部强打"外援牌"。赛季排名靠前的俱乐部在国内转会市场上被迫选择其他俱乐部摘选剩下的球员。在这种情况下，外援的引进工作成了重中之重。②

4. 自由摘牌和倒摘牌结合制

2003年，中国足协再次对国内球员转会制度进行改革，在原有倒摘牌制的基础上，引入了自由摘牌和倒摘牌结合制，即需要引进球员的俱乐部可在转会名单中自由摘取1名球员，之后在摘牌会议上，俱乐部可根据赛季排名由低至高的顺序摘取4名球员。2004年有关转入球员数量的规定发生了变动，俱乐部可自由摘取的球员数量变为3名，且按当年甲级联赛名次由低至高的顺序可摘取的球员数量变为2名。根据2003年10月24日中国足协颁布的《中国足球协会运动员身份及转会规定》，2004年球员转会工作仍将采取自由摘牌和倒摘牌结合的方式，各俱乐部需将50万元的摘牌保证金汇入中国足协账号，且其最多摘取5名球员。每队的自由转会名单是由转出球员的俱乐部和转入球员的俱乐部通过直接协商确定的，无须经过挂牌和摘牌。但是，这项规定并没有尊重球员的个人意愿，享受到自由的仅仅是俱乐部，而对球员来说，自由转会是不自由的。③ 这种转会制度类似于中国足协最初制定的转会制度，它依然是在转会市场机制尚不健全、不规范的基础上产生的，与欧洲现今普遍推行的规范管理下的自由转会制度不是一个概念。

在随后的球员转会实践中，该转会制度也带来了一些问题。中国足协规定，2003年1月20日以前是球员自由转会时间，各俱乐部可与转会名单上的任何球员进行直接接触，并确定一个自由转入名额。选定球员的自由转会费应在500万元以内，以防止俱乐部哄抬大牌球星的身价。表面上看，俱乐部除了对大牌

---

① 张蕾. 转会摘牌顺序变了 联赛排名后者赚了 外籍门将不能来了 [N]. 深圳商报，2000-
　　10-31（A03）.

② 徐钊. 我看新的转会制度 [N]. 中国体育报，2000-11-13（7）.

③ 汪大昭. 构建中国足球人才基座 [N]. 人民日报，2003-01-27（8）.

球员的出走束手无策外，在转会费上还受中国足协的限制。① 这使私下交易行为愈演愈烈。例如，当时名气最大的辽宁宏运队球员李金羽，虽然中国足协给他定的转会费是390万元，但其实际转会费不低于1千万元。②

5. 自由摘牌制

2005年改革后的转会制度规定，球员转会不必走摘牌的形式，每家俱乐部最多可转入5名球员。③ 同时，如果原俱乐部希望继续和该球员签约，那么这名球员就不得转会，这条规定直接限制了球员的转会自由。④ 2005年开始施行自由摘牌制，其具体形式是各俱乐部上报年度需要转会的球员名单，经中国足协审核后予以公布。在规定的时间内，俱乐部自由摘取球员，可自由摘取的球员数量不超过5人，转会手续需到中国足协办理。这一转会方式沿用到2009年，中国足协下发的《关于2009年国内外运动员转会事宜的通知》明确规定国内球员转会办法与往年相同，转会仍采取自由摘牌方式。2007年内援转会实行"5+3"、外援引进实行"4+3"的新政。"5+3"的内援转会新规定是指各俱乐部可以引入5名球员，且21岁以下球员不占这5名转会名额，但每家俱乐部引进21岁以下球员不超过3名。"4+3"外援引进新规定是指各俱乐部最多可以注册4名外援，每队每场比赛可同时上场3名外援。综上，一家俱乐部最多可以引进12名球员。⑤

在2010赛季之前，中超联赛都严格执行"如果原俱乐部希望继续和该球员签约，那么这名球员就不得转会"这一规定。⑥球员转会的命运依然牢牢掌控在俱乐部手中，挂牌后球员的个人选择意愿仍无法得到尊重。自由摘牌制使转会市场依然停留在俱乐部挑选球员，而球员无自由可言的局面。

（三）自由转会制（2010—2015年）

2010年1月13日，中国足协公布了《中国足球协会球员身份及转会暂行规定》，该转会规定明确提出2010年国内职业球员转会彻底取消挂牌摘牌方式。中

① 朱明恢."中超"引发球员转会空前火爆［N］. 中国消费者报，2003-01-16（4）.
② 王世让. 几家欢喜几家愁［N］. 人民日报（海外版），2004-01-07（6）.
③⑥ 李元浩. 中超球员转会制度先天不足 何时不再"拉郎配"［N］. 工人日报，2010-01-23（8）.
④ 郭树理. 外国体育法律制度专题研究［M］. 武汉：武汉大学出版社，2008：163.
⑤ 郭树理. 外国体育法律制度专题研究［M］. 武汉：武汉大学出版社，2008：164.

国足协在修订后的转会规定中加入了"办理转会手续需提交球员同意转会确认书"的条款，这意味着球员终于有了自主选择俱乐部的权利。

2010年11月30日，中国足协官方网站公布了《中国足协关于2011年球员转会工作事宜的通知》，并更新了《中国足球协会球员身份及转会暂行规定》，该规定明确提出：只要合同到期，球员就可以成为自由球员，有权与国内、国际任何其他俱乐部签订工作合同。促使中国足协做出改革的是2009年周海滨自由转会到荷兰足球甲级联赛的埃因霍温队事件。它促使转会制度发生巨大变革，废除在合同期满的30个月后转会球员方可成为自由人的旧政策，并帮助转会球员努力摆脱"包身工"的处境，实现转会球员在转会市场上的真正自由。

2015年12月30日，中国足协官方网站发布了《中国足协关于下发〈中国足球协会球员身份与转会管理〉的通知》（足球字〔2015〕649号，以下简称649号文件），同时原政策文件被废止。649号文件中有四条引人关注的条款：其一，"中国足协在办理球员转会过程中不收取任何手续费"。在原规定中，球员转入的俱乐部要向中国足协及其所在地方协会分别缴纳转会费总额的5%，作为转会管理费。由于转会费动辄百万千万，所以转会管理费也是一笔不小的开支。如今，中国足协归还了这部分利益，这无疑减轻了俱乐部负担，降低了阴阳合同产生的可能性。其二，延长球员"找下家"的时间。原规定明确提出："球员只有在原劳动合同期限届满或原劳动合同将在3个月内届满时方可签订新劳动合同。"新政策文件将该款项内容改为"球员只有在原劳动合同期限届满或原劳动合同将在6个月内届满时方可签订新劳动合同"，这为球员提供了充裕的转会时间，有利于球员在转会市场上的合理流动，并进一步维护了球员的利益。其三，出场时间不足10%时球员能重获自由，即若职业球员在一个赛季中代表其所注册俱乐部参赛的上场时间少于该俱乐部官方比赛时间总和的10%，则该球员有权以正当体育理由提前终止合同。球员以正当体育理由提前终止合同时不受体育处罚，但可能面临经济赔偿。其四，新规定对于球员注册权益进行了强有力的保护。新规定第二十二条款项明确规定："新协会在签发球员《国内转会证明索要函》后15日内没有收到原协会的答复，经中国足协相关部门认定，可立即为该球员办理临时注册。"由原规定的30天减少到15天，不难看出中国足协此举意在保护那些处在转会纠纷中但自身无过错的球员的劳动权益。

二、球队竞技实力竞争平衡机制缺陷分析

（一）转会目的与转会目标相背离

促进运动员的有序流动和推动各地区足球水平相对平衡的发展是转会规则始终如一的目标。1999 年 10 月公布的《中国足球协会运动员身份及转会规定》将"推动各地区足球水平相对平衡的发展"列为转会总则的第一条，并一直沿用至 649 号文件。而转会目的在于通过人才流动引发球队实力格局变化，加剧竞争、增加比赛胜负的悬念和刺激市场。但是，转会目的与转会目标背道而驰，使得国内职业足球联赛一直处于球队竞技实力不均衡的局面。

一方面，国内职业足球联赛冠军争夺结果缺乏悬念，可谓联赛内球队竞技实力不平衡的一个重要表现。例如，大连万达队前期创造了 6 年 4 次夺冠、连续 55 场不败、1998 赛季 19 场胜、单赛季连胜 11 场等一系列骄人战绩，在后来改名为大连实德队后，它共获得 8 次中国足球顶级联赛冠军，"大连王朝"的赞誉可谓名副其实。① 再如，现今的广州恒大队以升班马的姿态角逐中超联赛，连续 5 次摘取桂冠，造就了一个新的"恒大王朝"时代。需要强调的是，与联赛竞争格局失衡密切相伴的还有俱乐部的生存困境，它表现为俱乐部频繁易帜。据郑芳统计，在国内足球职业化改革的前 10 年内，甲级联赛中存在和曾经存在过的俱乐部共有 127 家，有 60 多家俱乐部以单一化企业为投资主体，其中发生过 32 次俱乐部转让，7 家俱乐部因降级而解散，球队 55 次更名。② 在竞争格局失衡的联赛中，俱乐部处境艰难，频繁易帜。

另一方面，量化研究证实国内职业足球联赛竞争实力不均衡。笔者等已完成的前期研究显示：用洛伦兹曲线-基尼系数对我国足球职业化以来的顶级联赛进行测量，得出中超联赛竞争平衡发展趋势曲线劣于英超联赛，且其竞争平衡发展趋势曲线一直呈上下波动态势，较大的波幅反映出中超联赛竞争平衡状况的稳定性差，并且没有改善的趋势。③

---

① 李元浩. 中国足球不仅仅需要"阿布"[N]. 工人日报，2011-06-18 (8).
② 郑芳. 职业体育联盟的经济学分析 [D]. 杭州：浙江大学，2010.
③ 李伟，陆作生，林伟华. 我国职业足球联赛竞争平衡状况的测量 [J]. 闽南师范大学学报（自然科学版），2016，29 (4) 58-62.

（二）上榜与摘牌比例失调造成足球人才浪费

转会目的在于通过球员流动，减少或避免人才浪费。但是，转会的真实情况是转会成功率低造成大量足球人才浪费。

1. 高上榜率

国内足球转会市场呈现高上榜率的状态。据不完全统计，几乎每个赛季都有约500名球员"上榜"申请转会。如果按一支球队的上场名单上可填写18人计算①，2005年申请转会的球员足以组成34支球队。而当时国内有12支中超球队，17支中甲球队，二者加起来也仅有29支球队。

与高上榜率形成鲜明对比的是低摘牌率。大量一流球员在转会市场中流动，二流球员很难在转会市场中找到生存空间。② 如果摘牌率不超过25%，那就意味着每年有数百名球员在顶级联赛中找不到自己的位置，这其中不乏有一些有名的球员。③转会球员找一个"饭碗"并非易事，而且对大多数转会球员来说，被挂牌也使其面临苦苦寻觅"岗位"的巨大就业压力。

2. 失业者众多

如果球员不能与原俱乐部续约，且不能被其他俱乐部摘牌引进，那么他们会有很长时间不能参加国内职业联赛，这甚至会迫使他们选择退役。而且没有球踢的球员难以保持运动水平，因此他们最终只有退役一条路可走。许多球员之所以被挡在职业足球大门外，不是因为能力不够，而是因为高额的转会费。④

转会期间"千军万马过独木桥"的就业状况也引发了许多怪现象。例如，某球员为了能成功转会，自己掏钱填补转会费差额。⑤由于球员在就业上缺乏自主性和主动性⑥，所以俱乐部经常利用不签约来威胁和封杀球员⑦，中国足协应该关注下岗球员过多对中国职业足球发展产生的负面影响⑧。

---

①③⑤　蔡拥军. 足球转会"虚胖症"［N］. 人民日报（海外版），2005-01-25（4）.
②⑥　王继文，王庆伟. 2009—2014年中国足球超级联赛国内球员转会的现状研究［C］//中国体育科学学会. 2015第十届全国体育科学大会论文摘要汇编（一）. ［出版地不详］：［出版者不详］，2015.
④　郭树理. 外国体育法律制度专题研究［M］. 武汉：武汉大学出版社，2008：165.
⑦　汪涌，刘卫宏. 自由转会新政联赛营养剂？［N］. 新华每日电讯，2011-03-22（4）.
⑧　赵仁伟，王英诚，邹峥. 球员转会：中国足球，开始冬季大"甩卖"［N］. 新华每日电讯，2006-01-12（3）.

（三）转会制度的相关规定与《劳动合同法》有矛盾

首先，球员与俱乐部之间的协议属于劳动合同。《中华人民共和国劳动合同法》（以下简称《劳动合同法》）第二条第一款规定："中华人民共和国境内的企业、个体经济组织、民办非企业单位等组织（以下称用人单位）与劳动者建立劳动关系，订立、履行、变更、解除或者终止劳动合同，适用本法。"其次，《劳动合同法》地位高于中国足协制定的转会制度的相关规定。《劳动合同法》由全国人民代表大会常务委员会制定，具有较高的法律地位和法律效力。转会制度的相关规定应当符合《劳动合同法》的规定。很显然，若二者发生矛盾，应以《劳动合同法》为准。但是，实践中确实存在依据转会规定在处理矛盾问题时违反了《劳动合同法》的情况，具体分析如下。

1. 矛盾之一：挂牌制度与选择权

1998 年的转会制度规定，球员在未经原俱乐部允许的情况下不能自行联系新俱乐部，这表明球员只有要求转会的权利，而没有选择转入俱乐部的权利，转会球员的去向由俱乐部在转会榜上的摘取决定；同时，俱乐部有要人的权力，但没有自由选择转入球员的权力，这是因为俱乐部的选择权受摘牌顺序限制。这就是所谓的挂牌和摘牌制，它意味着球员必须先被自己所属的俱乐部挂牌才有可能转会。也就是说，没有俱乐部的同意球员就不能转会，而且即使合同到期球员也无法自由转会，留给球员的选择只有重新同俱乐部签合同或者退役。而《劳动合同法》规定劳动者有选择雇主的权利，中国足协的挂牌和摘牌制显然与其存在矛盾。

由于无法实现买卖双方自由选择，转会市场就出现了转会"联姻"过程中的"拉郎配"现象，这导致与球员转会意向相违背的转会问题频繁出现。2003 年甲 A 联赛的转会案例中，重庆力帆队相中的姚夏在摘牌大会上被青岛海牛队"抢婚"；2008 年身价 450 万元的标王——季铭义被成都天诚队"抢婚"；前国奥①球员王圣被武汉光谷队"抢婚"，后因待遇未谈妥，竟当即宣布退役；2010 年表现出色的江苏舜天队新球员荣昊有意转入山东鲁能队，却被浙江绿城队摘

---

① 国奥一般指中国国家奥林匹克足球队，2003 年规范称为"U23 国家队"。

走;一心想转入北京国安队的徐亮却被广州恒大队摘走。① 在涉及企业和地方政府对俱乐部的投入与扶持问题时,转会规定往往失去效力,如"宿茂臻撤牌事件""申思拒绝报到事件""彭伟军转会费风波"② 等。球员在转会过程中缺少话语权,使得每年的转会市场上几乎都会出现有转会意向的球员不能如愿和俱乐部签订劳资合同、半路被"截和"的情况,转会球员常常因被那些拥有优先选择权或者财大气粗的俱乐部"抢走"而去不了有意向的球队。

2. 矛盾之二:"30 个月保护期"与解约权

中国足协转会制度明确规定,俱乐部与球员签订的工作合同必须符合国家最新颁发的《劳动合同法》等有关精神。我国《劳动合同法》第三十七条明确注明解约权的相关内容,即"劳动者提前三十日以书面形式通知用人单位,可以解除劳动合同。"而中国足协转会制度中"30 个月保护期"的规定明显违背了上述要求。"30 个月保护期"的规定是指在合同期满后的 30 个月内仍由原俱乐部申报转会,只有当球员有 30 个月以上的时间未代表任何俱乐部参加比赛时,他才能注册为"自由人"。也就是说,即使球员与俱乐部解除了合同,但只要俱乐部不放人,球员仍然不能去其他俱乐部踢球。"30 个月保护期"如同球员签给俱乐部的"卖身契",有媒体甚至将球员喻为"包身工"。"30 个月保护期"的制度使得球员无法自由地离开俱乐部,就算球员可以放弃被拖欠的工资,一气之下离开,他们还是要面对两年半内不能找新工作的困局。

根据欧洲实行的博斯曼法案,球员在合同期满后即为自由球员,可以自由转会到其他俱乐部。可见,中国球员签订的"卖身契"不仅与解约权之间存在矛盾,也与当今国际足坛推行的自由转会精神相违背。

3. 矛盾之三:优先续约权

优先续约权是指在球员或教练员和原俱乐部签订的合同到期之际,原俱乐部在同等条件下可以优先于其他俱乐部和他们签约。③ 2010 赛季之前,中超联

---

① 李元浩. 中超球员转会制度先天不足 何时不再"拉郎配" [N]. 工人日报, 2010-01-23 (8).

② 马成全, 王君, 刘浩. 我国职业足球运动员转会制度改革研究 [J]. 广州体育学院学报, 2008, 28 (6): 8-10.

③ 陈华. "优先续约权"折射足球管理混乱 [N]. 解放日报, 2012-12-21.

赛的转会规定中明确强调，如果原俱乐部希望继续和某球员签约，那么这名球员就不得转会。如此一来，球员转会的命运依然被俱乐部牢牢掌控在手中。① 由此引发了笔者对这样一个案例的思考：原属上海申花队的球员于涛自由转会到上海申鑫队，是否违反合同中的优先续约权？

根据 2011 年中国足坛实行的转会制度，俱乐部需要在球员合同期满的前一年启动续约谈判，否则球员无法自由转会。面对上海申花队在续约问题上的拖延和不上心，生怕失业的于涛先接受了上海申鑫队的报价。当上海申花队得知消息后，甚至开出了年薪 300 万元的合同条款试图挽回局面，但于涛并未改变想法。面对失去于涛的现实，上海申花队有些难以接受，于是起诉于涛不执行优先续约权，要求其支付违约金约 800 万元。②

中国足协出台的上述一系列国内球员转会规定都倾向于维护俱乐部利益，它不仅与《中华人民共和国劳动法》（以下简称《劳动法》）的精神背道而驰，而且与国际足联现行的自由转会规则相违背，在实施过程中严重损害了球员的利益。

"应保障运动员从事足球运动的各项权利"和"足球运动员转会应遵循平等互利"最初被写入 1999 年公布的《中国足球协会运动员身份及转会规定》的第一章总则的第三条。但是，在实际操作过程中，上述条款并未完全落实，中国足协出台的一系列转会规定侵害了球员的权利。虽然中国足协作为国际足联的成员之一，必须遵守和服从国际足联的转会规则，但当时施行的一系列转会规定还未与国际足联的转会规则接轨。

中国职业足球联赛转会规则的演进过程是俱乐部和球员之间不断进行利益博弈的过程。从最初摘牌制下球员处于完全被动的境况过渡到球员有间接选择俱乐部的权利，直至现今"办理转会手续需提交球员同意转会确认书"，转会规定的演变体现了形式上的球员转会自由，反映了利益天平从俱乐部向球员倾斜的过程。

中国职业足球联赛转会规定的演进过程也是中国职业足球联赛转会规定同

---

① 李元浩. 中超球员转会制度先天不足　何时不再"拉郎配"［N］. 工人日报，2010-01-23（8）.

② 陈华. "优先续约权"折射足球管理混乱［N］. 解放日报，2012-12-21.

国际足联转会规则不断兼容的过程。我国每个阶段的转会制度都有欧洲旧转会制度的影子，直至 2010 年公布的《中国足球协会球员身份及转会暂行规定》明确规定提出，只要合同到期，球员就可以成为自由球员，有权与国内、国际任何其他俱乐部签订工作合同，中国职业足球联赛转会规定这才同博斯曼法案后的国际球员转会规则达成一致，即转会必须以合同为准，合同期满，球员可以自由身份转会。①

第二节　俱乐部经济实力竞争平衡机制考查与分析

一、俱乐部经济实力竞争平衡机制演进考查

从理论上讲，一个俱乐部的财务收支状况不仅体现了俱乐部财务运营的盈亏状况，也体现了一个俱乐部的经济实力。对中国职业足球俱乐部经济实力竞争平衡机制的考查，涉及俱乐部财务收入和财务支出两方面的管理制度演进过程。

（一）俱乐部财务收入管理制度演进考查

1. 联赛收益

（1）联赛收益概况

中国职业足球联赛相比欧美职业体育联盟来说盈利能力不足。欧美职业体育联盟财务收入的结构比一般为 3：3：4（商业赞助：比赛日收入：媒体版权收入），而 2013 年中超联赛财务收入的结构比约为 35：9：1，与之出入较大。2013 年中超联赛总产值为 17.8 亿元，其中商业赞助约占 70%，这主要是供应商和赞助商为通过中超联赛平台进行各种形式的营销活动而支付的费用，如为冠名权、赛事横幅、场地广告、大屏幕广告等支付的费用。其中冠名费是中超联赛商业赞助的重要来源，以门票收入为主的比赛日收入约占 19%，电视及新媒体的版权收入占 2%，赛事其他衍生品的商业开发收入约占 9%。从中超联赛的

---

① 郭树理. 外国体育法律制度专题研究 [M]. 武汉：武汉大学出版社，2008：166.

财务收入结构来看，商业赞助在中超联赛的财务收入结构中占绝对优势，对中超联赛的财务收入起到了支配性的作用。借用中超联赛有限责任公司（以下简称中超公司）总经理朱琪林的话："（中超联赛的）版权销售收入低得几乎可以忽略不计。"① 而在欧洲职业足球联赛中，版权销售收入却占总收入的较大份额。

中超联赛财务收入的主要来源同欧洲职业足球联赛一样，主要有两个方面：其一，来自供应商和赞助商的商业赞助；其二，来源于版权销售收入（媒体版权收入）和比赛日收入。但是，中超联赛的财务收入结构存在比例失衡的情况，表现为联赛过度依赖商业赞助，其实质是联赛自身的盈利能力不足。

（2）联赛收益分享

目前我国职业足球联赛依然执行的是行政垄断型职业体育联盟的收益分享制度，其具体形式是在协会领导下，依据一定的标准在协会与各俱乐部之间分配联赛收益。该制度具有两个特点：一是由协会负责联赛的商业开发；二是联赛收益由协会来分配，俱乐部没有联赛收益的分配权。②

在收益分享方面，由于笔者尚未收集到官方公布的完整的收益分享方案，只能结合已收集到的公开资料信息，对收益分享方案进行整理，如图 5-1 所示。中超公司获得的净利润额等于总收入扣除成本费用。成本费用主要包含运营成本、各种税项（所得税、其他税项）、中国足协提成和俱乐部提成。其中，中国足协提成是对中国足协提供服务的回报，俱乐部提成是对俱乐部提供比赛产品的回报，中国足协提成和俱乐部提成分别约占总收入扣除各种税项和运营成本后剩余收入的 10% 和 40%。根据中超公司章程，从净利润里提取 10% 的法定公积金和 5%～10% 的法定公益金后，剩余部分将按照股权比例进行分成，其中，中国足协占 36%，16 家俱乐部共占 64%。

① 高炜. 靠足球赚钱？那是相当难 [N]. 北京日报，2013-12-02（16）.
② 冯维玲，许彩明. CBA 与 NBA 职业联赛竞争性平衡的对比研究 [J]. 山西师大体育学院学报，2011，26（1）：97-99，118.

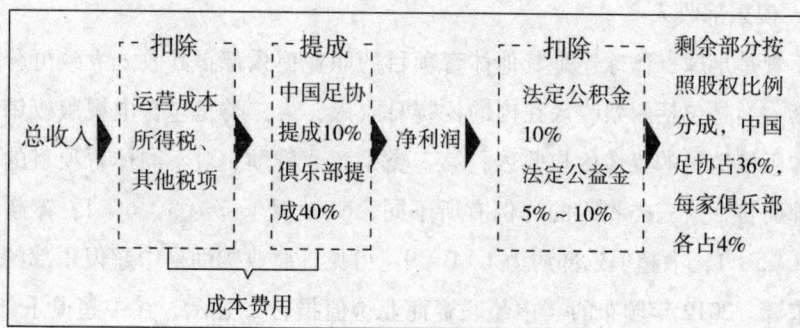

图 5-1 中超公司收益分享方案①

中国足协和俱乐部从中超公司获得的收入包括对二者提供服务或产品的回报和中超公司的投资回报两部分。依此估算，2013 年中国足协和俱乐部从中超公司获得的收入分别约占中超公司总收入的 17% 和 42%，具体的收益分享方案如图 5-2 所示。

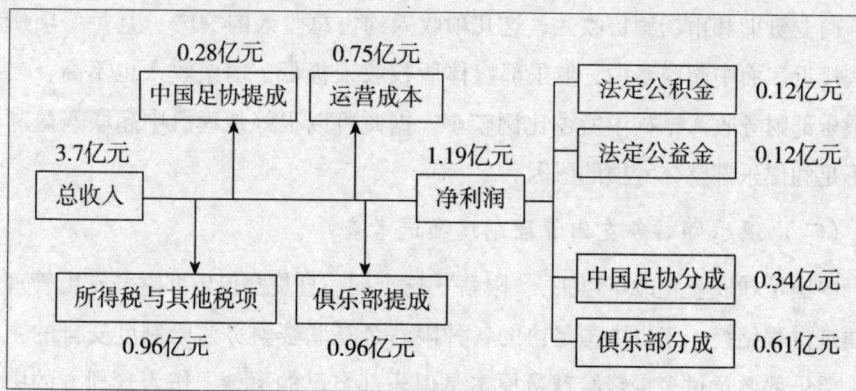

图 5-2 2013 年中超公司收益分享方案②

---

① 姜熙. 反垄断法视角下我国职业体育联盟建构的理论研究 [J]. 武汉体育学院学报, 2016, 50 (3): 42-48.

② 高炜. 靠足球赚钱？那是相当难 [N]. 北京日报, 2013-12-02 (16).

2. 俱乐部收入

不管是足球、篮球还是其他体育项目的职业俱乐部，其收入大致可分成三类：第一类是包括门票收入在内的比赛日收入，第二类是包含电视版权销售和新媒体版权销售的媒体版权收入，第三类是商业赞助。对不同体育项目的职业俱乐部而言，这三类收入的比例有所不同，NBA 俱乐部为 3∶6∶1，英超俱乐部为 4∶5∶1，中超俱乐部约为 1∶0∶9。可见，商业赞助是中超俱乐部的主要收入来源。2012 年颁布的《中超联赛商业价值报告》显示，在中超俱乐部近 5 个赛季的财务收入中，商业赞助占到了 84%，共计 31.02 亿元。而无论是最发达的职业篮球联赛的俱乐部还是职业足球联赛的俱乐部，其商业赞助一般都很难突破俱乐部总收入的 10%。从中超联赛套票和零售票的出售情况来看，套票卖得非常好，零售票的销售就显得不那么乐观了，所以，2012 年《中超联赛商业价值报告》公布的约占总收入的 12% 的门票收入也只是估值。此外，中超联赛的媒体版权收入甚微，所占比例几乎为 0。

在欧洲职业足球联赛中，俱乐部主要收入来源包括媒体版权收入、门票收入、商业赞助和市场销售收入，这几项收入约占总收入的 90%，且每一项所占比例接近。而中超联赛中，俱乐部媒体版权收入极低，门票收入也不高，二者在俱乐部财务收入结构中所占比例较小。据此可以很好地理解中超联赛盈利能力不足和俱乐部整体亏损的原因。

（二）俱乐部财务支出管理制度演进考查

中国足球职业化改革以来，"限薪"这个词一直贯穿俱乐部财务支出管理制度演进过程始终。来自中国足协的各种限薪令是联赛财务监管制度安排的主旋律。俱乐部愿意付多少钱给球员原本是俱乐部自己的事情，作为管理方的中国足协为何要对俱乐部进行限薪调控？

通过梳理我国足球职业化改革进程可以发现，俱乐部都追求成绩，特别是早期国企投资的俱乐部，更是为了成绩而不惜一掷千金。俱乐部之间的攀比与跟风使球员收入一直保持快速增长的势头。然而，巨额的球员薪资开支对盈利能力较弱的俱乐部而言无疑是雪上加霜，它使俱乐部的财务运营处于举步维艰的状况，有些不堪资金投入重负的俱乐部甚至因此黯然退出足球圈。为了维护中国职业足球联赛的经济秩序，改善俱乐部的生存和运营环境，中国足协采取了以"限薪"为主题的一系列财务监管措施。

1. 中甲限薪令

1996 年，中国足协规定球员月薪必须在 1.2 万元以下，这催生了大量阴阳合同。1998 年，中国足协规定球员月收入不能超过 1.2 万元，单场赢球奖金不能超过 40 万元。2000 年颁布并严格执行的限薪令规定，球员月薪的上限为 1.2 万元，球队赢球奖金的上限为 40 万元，转会费与薪水挂钩并被控制在 500 万元以内。然而，2002 年后，限薪令执行松懈，直至不再执行。

2. 中超限薪令

中国足协在 2004 年公布了新的限薪令，将球员收入与俱乐部全年经营收入挂钩，从宏观上规定俱乐部每年发放的球员工资、奖金不能超过其全年经营收入的 55%，但限薪令对单场的球员工资、奖金数额则不加具体限制。然而，在实际操作中由于中国足协未对经营收入进行界定，这样的限薪上限形同虚设。例如，很多俱乐部完全靠控股企业的外部输血生存，几乎没有经营收入。还有不少俱乐部把冠名费作为经营收入之一，由于冠名费没有严格的上限，有的俱乐部甚至开出上亿元的冠名费。依照不能超过经营收入 55% 的限薪标准，如果把高昂的冠名费纳入经营收入，那么，仅此一项就足以使限薪令彻底失去意义。对此，中国足协又补充了"冠名费不得超过 4000 万元"的条款。2006 年中国足协向各职业足球俱乐部发文，强调：在本赛季球员工资、奖金的总支出仍然不能超过俱乐部总经营收入的 55% 的同时，赛季的最高年薪不能超过 100 万元，并且最高赢球奖金为 30 万元，平球奖金为 10 万元。仅有"俱乐部每年发放的球员工资、奖金不能超过其全年经营收入的 55%"的规定不能起到真正的限薪作用，因为各俱乐部年薪达到二三百万元的球员比比皆是。更为糟糕的是，限薪令不仅没能对俱乐部起到限薪作用，反而增加了俱乐部优秀球员被挖走的可能性。

二、俱乐部经济实力竞争平衡机制缺陷分析

（一）俱乐部财务收入管理制度缺陷分析

1. 俱乐部的联赛收益分享份额相对均等且较小

过度依赖商业赞助的中超联赛存在自身盈利能力不足的实质问题，同时，

其俱乐部面临联赛收益分享份额相对较小的状况。这就好比中国足协联合各俱乐部一起做蛋糕，中国足协作为切蛋糕的人，可以先拿走自己的大份额，留给各俱乐部微乎其微的小份额。对于俱乐部而言，收入还没有支出多的情况时有发生。这就形成了俱乐部整体亏损和中国足协"旱涝保收"的反差。例如，2013年中超俱乐部的总收入为16.16亿元，总支出为18.8亿元，总亏损额为2.64亿元；2014年网易发布的《中超联赛商业价值报告》显示，该赛季中超俱乐部的总亏损额为2.22亿元。

与之形成鲜明对比的是，中国足协在中超公司成立时注入了72万元，拥有36%的股份，在后续的联赛运营过程中，它的投入几乎为零。而作为职业体育市场参与主体的各大俱乐部在中超公司成立时虽然仅出资8万元，约占4%的股份，但其后期在每年的联赛运营和球队建设中投入巨大。对于俱乐部每年要投入巨资与中国足协仅需一次性投入72万元的事实来说，中国足协作为最大股东，非但没有在后期投入高额资金，反而分享着联赛收益的最大份额，具有绝对的话语权；而作为投资主体的俱乐部虽承担所有投资风险，却没有联赛管理的话语权。例如，2003年甲A联赛前，中国足协拿走了位置最好的24块广告牌，剩下位置不好的16块归各俱乐部。单从广告牌这块"蛋糕"的分配来讲，中国足协就拿走了大份额。这是一种典型的行政垄断，在这种产业体制下，产业的发展必然遵循行政逻辑而不是市场逻辑。所以，各俱乐部的联赛收益分享份额均等且较小。

2. 商业赞助是导致俱乐部收入差距的主要原因

中超俱乐部的收入差距主要表现在俱乐部的商业赞助和门票收入两个方面。

一方面，商业赞助是中超俱乐部的主要收入来源，约占俱乐部总收入的84%。那么商业赞助是归俱乐部独有，还是上缴给中国足协后再统一分配，抑或是俱乐部和中国足协之间按比例分成？对此笔者尚未查到官方公布的商业赞助分配方案，但根据收集到的公开信息，俱乐部得到的商业赞助基本上由自己支配。资料佐证如下。

资料一：《中超联赛商业价值报告》的发布者颜强说："对于俱乐部广告赞助的收入，其中非市场因素参与过多。实际上，不少赞助商还是俱乐部投资方母公司的下属企业，这就如同把钱从左口袋装进右口袋。"①

资料二：媒体报道恒大俱乐部"开源节流"，在收入方面，胸前广告一亿元，门票收入一亿多元，加上球场广告牌收入以及一些商业合作收入，保守估计，恒大俱乐部年收入在 3 亿元到 4 亿元。②

资料三：面对"俱乐部薪资花费不得超过俱乐部收入的 55%"的规定，俱乐部很快就想出对策，即让赞助企业将俱乐部的冠名费往上提，以此提高俱乐部的经营收入。一位老总声称，可以让集团开出一亿元的冠名费，这样收入的 55% 就足够应付球员工资、奖金的投入。③

资料四：出售球队冠名权作为俱乐部的主要收入来源，一直支撑着在经营上捉襟见肘的各俱乐部，重庆力帆队出售冠名权的收入占整个经营收入的 1/3，其他球队出售冠名权的收入所占的份额一般不低于这个数字。④

通过分析上述资料可知，中超俱乐部的商业赞助基本都归自己所有，各俱乐部获得的商业赞助不同导致俱乐部间的收入存在差距。此外，现在中超俱乐部的生存依然主要依附于企业的商业赞助，这种资助方式在欧洲职业足球市场上也广泛存在，这些企业甚至被形象地比喻为俱乐部的"甜爹"。中超俱乐部的商业赞助约占俱乐部总经营收入的 84%，这说明俱乐部无须考虑比赛成绩和商业经营，仅需要找一位财大气粗的"甜爹"来赞助。事实也是如此，无论是中超联赛还是联赛改制前的甲 A 联赛，职业化改革以来俱乐部连年亏损都是因为过于依赖企业赞助而自身缺乏盈利能力。

另一方面，各俱乐部在门票收入上存在差距。以 2013 年中超联赛为例，联赛的门票总收入为 3.3 亿元，其中广州恒大的门票收入高达 1.28 亿元，占中超

① 高炜. 靠足球赚钱？那是相当难 [N]. 北京日报，2013-12-02 (16).
② 李溯婉，林小昭. 恒大"开源节流"：球衣广告 1 亿卖给东风日产 [N]. 第一财经日报，2014-02-18 (A13).
③ 陶凤. 限制足球高价引援是隔靴搔痒 [N]. 北京商报，2017-01-06 (2).
④ 晏成. 足协挥刀斩断俱乐部最大财路 [N]. 中国商报，2002-09-24 (3).

联赛门票总收入的 3 成多，其次是北京国安，其门票收入为 3700 万元，其他大多数俱乐部的门票收入在 1000 万~2000 万元，长春亚泰、上海上港、青岛中能和大连阿尔滨的门票收入甚至不到 1000 万元，如果平均到每个主场，门票收入只有 60 万元左右。各俱乐部主场上座率的差异造成门票收入的巨大差异。

例如，2013 年中超联赛的 16 家俱乐部中，有 14 家处于亏损状态。然而，以高投入著称的恒大俱乐部真的可以实现盈利吗？据了解，2013 年恒大俱乐部给球员和教练开出的薪资总额达到了 4.7 亿元，如果算上其他支出，恒大俱乐部的总支出应该在 6 亿元左右。收入方面，恒大俱乐部 2013 年的门票收入达到1.28 亿元，商业赞助、比赛日收入及其他方面的收入在 5 亿元左右。由此可见，对恒大俱乐部而言，重要的是它能不能通过"甜爹"的巨额赞助和高额的门票收入，为砸出的钱"买单"。这也反映出俱乐部收入有多高支出就有多随意的资金投入失控局面。

综合分析来看，俱乐部的财务收入主要取决于企业的商业赞助，而与小份额的联赛收益分享关联甚微。俱乐部能否找到富有的赞助企业，是导致俱乐部经济实力存在差距的主要因素。

（二）俱乐部财务支出管理制度缺陷分析

1. 限薪令缺乏效力

很多俱乐部都没有严格执行限薪令。俱乐部的一位工作人员称，限薪令仅仅是中国足协给各个俱乐部提供的一个限薪依据。中国足协的一位执委表示，很多俱乐部都没有执行中国足协的限薪令。《中华工商时报》评："早些年发布的限薪令执行起来却等于一纸空文。"① 面对我国足球职业化改革以来颁布的各种限薪令，俱乐部总是上有政策下有对策。圈内人士认为，发布的限薪令每次都是雷声大雨点小。

阴阳合同是俱乐部应对限薪令最常用的作弊手法，它是各俱乐部为了应付中国足协的限薪令，恶意争夺甚至限制球员的产物。其具体方式是俱乐部和球员双方通常会签订两份合同："阳合同"中的薪资标准符合中国足协规定，可以备案；"阴合同"中写明了球员的真实薪资及合同期限，也包含了诸多附加条款

---

① 白勇. 足球经营很累很值 [N]. 中华工商时报，2012-10-21.

和约束条件，但其内容是见不得光的。用于应对中国足协备案而签订的"阳合同"和私下协商而签订的"阴合同"在当时已是各俱乐部公开的秘密。

2. 球员薪资依然暴涨

早在甲A联赛时代，中国足协就不止一次地喊出"限薪"口号。然而，在20多年后的今天，限薪令的功效依然如同一张废纸。从阴阳合同到天价年薪，特别是在恒大俱乐部实行的金元政策的引领下，球员薪资又进入一个整体暴涨时代。

近些年，中超联赛引进的外援已达到世界顶级水平，不少俱乐部在雄厚资本的助力下，为购买强大外援、增强球队实力而豪掷千金。由2016年世界足坛冬季转会市场可管窥中超联赛球员薪资暴涨之一斑。在2016年的世界足坛冬季转会市场上，中国职业足球俱乐部表现十分活跃，奥斯卡、特维斯和维特塞尔相继加入中国职业足球俱乐部，中超俱乐部开出的天价转会费让国外媒体头晕目眩。天空体育、BBC这样的严肃媒体都对中超大牌球星的薪资做出了推测。据《太阳报》推测，特维斯和奥斯卡的年薪一定超过C罗、梅西和内马尔，而在世界足坛十大"打工皇帝"中，有五个来自中超俱乐部，他们分别是奥斯卡、特维斯、胡尔克、维特塞尔、拉维奇。

面对球员薪资暴涨的状况，国家体育总局新闻发言人再次表态："设置俱乐部购买球员及球员工资、资金支出上限，抑制非理性投入……打击签字费、阴阳合同等违规行为。"这在一定层面上反映了薪资暴涨问题已到了不得不管的严重地步。当今中国球员年薪动辄数百万元，转会费动辄上千万元，如此待遇在整个亚洲都是罕见的，中国足协的限薪令是否已经名存实亡？

3. 弱小俱乐部陷入财务困境

中国职业足球联赛俱乐部陷入财务困境，对业内人士而言已是共识。中国足协前秘书长韦迪曾公开表示，中超不存在盈利的俱乐部，各俱乐部都是靠赞助商不断地注资来维持运营的。曾担任网易门户副总编辑的颜强也表示，亏本是中超各俱乐部的真实状况，俱乐部的那些统计数字是不可全信的。

因为俱乐部收入的增长速度赶不上球员和教练薪资的增长速度，所以中超俱乐部普遍出现亏损。2008年中超球员薪资总额约为4亿元，随后两年该数值每年大约增长1亿元，但2011年以后恒大俱乐部率先大幅增加球员薪资，迫于压力，各个俱乐部也随之上调球员薪资，2011 年中超球员薪资总额突破 8 亿元，增长 56.8%，2012 年达到 10 亿元，2013 年突破 14 亿元，增长 43%。①

　　陷入财务困境的弱小俱乐部，其球员并非都像大牌球员一样日进斗金，这类球员为"钱"途犯愁，有些甚至可以接受与俱乐部以较低的薪酬签订多年合同。

　　综合分析俱乐部财务收支管理制度可知，冠名模式下的赞助资金注入问题是中国职业足球联赛俱乐部经济实力问题的焦点。首先，冠名企业对俱乐部的赞助力度决定了一个俱乐部的经济实力。企业冠名职业足球俱乐部的目的是以职业足球为载体，提升自身品牌形象和影响力，进而谋求巨大的经济利益。事实上，恒大集团借助足球营销，提升了品牌认知度，塑造了企业形象，带动了恒大集团其他产业的发展。例如，恒大地产在入驻恒大俱乐部之前，其 2009 年的销售额约为 303 亿元，2012 年该数值增加到 923 亿元。为此，恒大集团的一位高层管理人员曾说："我们（在足球中）所投入的每一分钱，都得到了十分的回报。"恒大集团的一位副总裁说："我们的投入与回报之比是 1∶15。"② 恒大集团投资职业足球俱乐部的动机是借俱乐部的广告效应，获取企业的最大化收益。尤其是在俱乐部与单一股东（企业）同名的情况下，俱乐部成了企业的名片，其广告推广价值和社会效益不可估量。面对俱乐部的亏损，企业却收益巨大，这可借用恒大集团一位高层管理人员的话"投资足球的经费只是企业利润的一个零头"予以佐证。正如中国足协前秘书长韦迪所说："恒大集团从本质上来讲，做足球还是为了自身企业，因为所有的选择，最终指向的都是提升恒大集团的品牌。"③ 如果取消企业冠名模式，就算企业还会向俱乐部提供赞助，但其广告效应、企业品牌推广效应都要大打折扣，企业的投资动力必然会有所降低，不过这样可以有效降低企业过度投资的风险。

　　其次是冠名模式下的资金公平问题。中超联赛中俱乐部频繁变更名称，反

---

① 广发证券. 体育产业系列深度报告之一政策篇：前瞻性探究中国球市，市场化改革蓄势待发 [R/OL]. (2014-09-02) [2018-03-15]. https://doc. mbalib. com/view/44dfec42f83f3 2138098c3da8639ff51. html? _ t=t? _ t=t.

② 吴琼. 世上有几个足球托起的"恒大"？ [N]. 广东建设报，2013-10-22 (5).

③ 王浩明，公兵，汪涌. 恒大启示录 不存在的"恒大模式" [N]. 新华每日电讯，2013-11-10 (4).

映了俱乐部对外来资金的过度依赖，这也是造成俱乐部之间出现资金公平问题的原因之一。现今，中超联赛各俱乐部的主要收入来源依旧是商业赞助，且赞助企业多是各俱乐部背后的母企业，其弊端表现在以下两个方面：一方面，巨额外来资金的注入违背了俱乐部间的资金公平原则。有学者称，外来资金非但不能使俱乐部从根本上摆脱财务困境，反而在某种程度上为一些没有"甜爹"赞助的俱乐部带来了不公平竞争。① 鉴于有外来资金赞助的俱乐部拥有其他俱乐部无法比拟的强大经济优势这一事实，本书在机制设计中首先要解决的问题是如何使每个俱乐部都感受到竞争公平，并直接获得或利用"工具"获得均等的机会。另一方面，俱乐部对外来资金的过度依赖不利于俱乐部的稳定发展。依赖母企业注资运营的俱乐部，一旦遇到母企业资金困难、赞助资金不到位或撤资的情况，就将立即出现收支危机，甚至赤字，这将危及俱乐部的生存和联赛的稳定性。要想解决中超俱乐部之间的资金公平问题，使其脱离对母企业的依附，加强对外来资金的管理和约束是一个明智的选择。此外，在倡导俱乐部资金公平的同时，可强化俱乐部对联赛的依附性。这样，"甜爹"赞助的俱乐部所拥有的超强经济实力和垄断优势将不复存在，俱乐部间获胜概率的差异将减小，这将给所有俱乐部带来最大的公平。欧足联对于外来资金的管理和引导主要是通过在收支平衡条款中界定相关性概念来进行的，该条款鼓励俱乐部将外来资金用于基础设施建设和青少年培养等长期投资，而不是用于球员薪资。这种变不利为有利的做法可为中超联赛提供借鉴。

第三节　机制设计理论视角下的历史缺陷分析

机制设计理论讨论的问题是："对于任意一个想要达到的既定目标，制定什么样的方式、法则、政策条令、资源配置等规则，使得经济活动参与者的个人利益和设计者的既定目标一致，即每个人主观上追求个人利益时，客观上同时

---

① DIETL H, FORT R, LANG M. International Sports League Comparisons ［J］. Working Papers，2011，2（2）：175-193.

达到了机制设计者的既定目标。"①

在机制设计理论视角下，对中国职业足球联赛 20 多年来的竞争平衡机制进行梳理，可总结出既定目标、激励相容、优化资源配置三个方面的缺陷。

一、既定目标缺陷

既定目标在任何一个机制设计中都起着纲领性的作用。中国职业足球联赛竞争平衡机制的既定目标缺陷表现为建构性既定目标缺失和演进性既定目标时有时无。

建构性既定目标和演进性既定目标是根据机制形成路径中的"建构"和"演进"这两种观点来区分和命名的。建构主义观点认为，既定目标是可以设计的，即在满足各种约束条件的情况下，可以依据人的主观能动性对既定目标进行设计。演进主义观点认为，机制是历史长期演进过程中适者生存的社会选择结果。② 在实践中，建构性机制和演进性机制是相辅相成的共存关系。建构性机制中的既定目标被称为"建构性既定目标"，演进性机制中的既定目标被称为"演进性既定目标"。

建构性既定目标缺失的表现为：作为我国职业足球的管理机构，中国足协颁布了各种各样具有法律效力的规章制度。但是，在所有公开颁布的文件中，尚无一处提及竞争平衡的相关内容，更没有与竞争平衡理念有关的既定目标的文字表述，这在一定层面上反映出管理方在进行顶层设计时忽略了竞争平衡既定目标。演进性既定目标时有时无的表现为：在职业化改革的过程中，经过无数次的利益博弈，向竞争平衡总目标靠近的各分目标时有时无。

具体而言，类似"全面实现转会目的，通过人才流动引发球队实力格局变化，加剧竞争，增加比赛胜负的悬念和刺激市场"、有关竞争平衡理念的表述在相关部门颁发的文件中并没有得到体现。随着职业化改革的推进，以文字形式表现的竞争平衡目标时有时无，正是实践中既定目标缺失的体现。

限薪是实现俱乐部经济实力竞争平衡的手段。然而，随着中超联赛球员薪

---

① 龚强. 机制设计理论与中国经济改革 [J]. 商业时代，2008 (9)：7-8.

② 张东辉. 经济机制理论：回顾与发展 [J]. 福建论坛（经济社会版），2003 (8)：2-6.

资进入暴涨时代，限薪令已名存实亡。限薪管理呈现出的问题体现在两个方面：一方面，限薪数额的频繁变动，这反映出限薪目标的模糊性和管理的随意性；另一方面，很多俱乐部存在签订阴阳合同、对总收入的界定不清楚、财务审核不明确的问题，这表明俱乐部对监管政策的认识不足，有待树立起科学合理的、具有长期效应的既定目标。

二、激励相容缺陷

激励相容的概念贯穿整个机制设计理论[1]，是机制设计研究的核心问题。设计者所要掌握的一个基本原则是所制定的机制能够给每位参与者一种激励，使参与者能获取个人利益最大化，同时所制定的既定目标能实现，这就是机制设计理论中最为重要的激励相容问题。[2] 当前，中超联赛有中国足协、俱乐部赞助方、俱乐部、球员、观众等利益参与者，下文将从激励相容的视角对各利益参与者进行分析。

（一）中国足协集"管"和"办"为一体的身份决定了其多元的利益诉求

中国足协既想把联赛办好，又想分得最大利益份额，这好比它带领大家做蛋糕，既想把蛋糕做大，又想尽可能分得大块。事实也是如此，中国足协总收入包含中国足协提成和股权的净利润分成。其中

中国足协提成=（联赛总收入-各种税项-运营成本）×10%

中国足协股权的净利润分成=（净利润-10%的公积金-5%~10%公益金）×36%

每个俱乐部的提成和股权的净利润分成为

每个俱乐部提成=（联赛总收入-各种税项-运营成本）×2.5%

每个俱乐部股权的净利润分成=（净利润-10%的公积金-5%~10%的公益

① HURWICZ L. Studies in Resource Allocation Processes: Optimality and Informational Efficiency in Resource Allocation Processes [M]. Cambridge: Cambridge University Press, 1977: 27-46.

② HURWICZ L. On Informationally Decentralized Systems [M] //MCGUIRE R, RANDER R. Decision and Organization: A Volume in Honor of Jacob Marschak. Amsterdam and London: North-Holland Publishing Company, 1972.

金）×4%

（二）俱乐部的利益诉求是"获胜"或"盈利"，或者二者兼顾

俱乐部必须面对的现实是，自身盈利能力不足导致其不得不依赖企业赞助维持生存，这决定了俱乐部在利益诉求上首先要满足赞助方的利益，即"获胜"的诉求。之后，俱乐部才会顾及自身的盈利诉求。对俱乐部来说，盈利的手段就是开源节流，即获取更多收入的同时减少开支。商业赞助是俱乐部财务收入的主要来源，对拥有赞助商的俱乐部而言，其每年收入的差别基本不大，获取更多利润的方法主要是减少开支。和国际职业足坛的顶级俱乐部一样，球员薪资是中国足球俱乐部的主要花费，故俱乐部获得自身最大利益的做法就是降低球员薪资。所以，限薪令符合俱乐部的利益诉求。

（三）获取高额薪水是球员共同的利益诉求

我国球员面临巨大的就业压力，因此，能与俱乐部签订合同是球员解决生存问题的基本诉求，而争取高额薪水是丰衣足食后的进一步诉求。

审视职业足球的发展历程，其中充斥着因利益参与者之间相互倾轧、相互冲突而衍生出来的一系列激励不相容的矛盾，具体分析如下。

1. 中国足协与俱乐部、俱乐部赞助方之间的激励不相容

在管理上，中国足协希望联赛这块"蛋糕"做精做大。而俱乐部赞助方对此毫无兴趣，它追求的是联赛之外的政策倾斜或企业品牌的市场推广。虽然俱乐部是参与提成和净利润分成的利益共赢者，但如果它长期弄不清楚"蛋糕"的切分方案，那么它怎么会有兴趣将"蛋糕"做得更大呢？例如，职业化改革初期，中国足协曾经明确提出要将联赛冠名赞助收入的80%平分给俱乐部和地方足协。10年之后，联赛市场的整体开发收入提高了数倍，而给俱乐部和地方足协的这份收益分享仅提高了一倍。[①] 此外，中国足协在收益上的旱涝保收与俱乐部整体亏损的反差在前文已进行阐述，这里不再详述。综上，中国足协和俱乐部之间的利益分歧反映了双方在利益诉求上的激励不相容。

---

① 汪大昭. 足球改革反思录 [N]. 人民日报, 2004-11-10.

2. 球员和俱乐部之间的激励不相容

众所周知，限薪是针对一部分球员薪资过高的现象而提出的。当前，球员日进斗金的情况备受关注，要求限薪的呼声不断，但薪资处于贫困线上或被欠薪的球员的处境常被忽视，这一现象反映的是球员与俱乐部之间的利益冲突。在联赛整体亏损的情况下，联赛管理方通常会采取顾全俱乐部利益、舍弃球员个人利益的做法。例如，球员转会规则中的挂牌与摘牌制、"30 个月保护期"、优先续约权等，这些都反映了球员和俱乐部之间的激励不相容。

3. 俱乐部与俱乐部之间的激励不相容

俱乐部赞助方为借助足球俱乐部推广企业品牌，不惜砸下重金，这导致俱乐部之间出现过度竞争，联赛市场上形成薪资通胀泡沫，最终导致"一家欢喜几家愁"的局面。可见，俱乐部之间缺乏合作生产、互利共赢的激励相容机制。

三、优化资源配置缺陷

优化资源配置不仅是机制设计的目的，也是检验机制设计效果的一个重要依据。因此，可从球队人力资源配置和俱乐部财力资源配置两个方面审视中国职业足球联赛竞争平衡机制的缺陷。

（一）球队人力资源未能做到优化配置

首先，联赛中人力资源，尤其是优秀球员资源未能做到优化配置，这使得球队间的竞技实力差距较大。中超联赛的竞争平衡状况劣于英超联赛，这一点已在第三章中论证。其次，球员转会制度中的部分规定导致大量球员流失，进而造成资源浪费。一方面，球员转会制度中的部分规定使得球员转会的成功率低下，进而造成待业或失业的球员过多，大量足球人才被浪费，其中不乏优秀的青少年运动员；另一方面，国内梯队培养制度执行不到位使得球员后备人才储备不足。基于"转会的基本目的在于通过人员流动，减少或避免人才浪费"的论述，球员转会制度仍有待改进和完善。

（二）俱乐部财力资源未能做到优化配置

对足球俱乐部而言，良好的财务状况和优秀的球员一样重要。财力资源优化配置的缺陷体现为财力资源配置不合理。在俱乐部资金投入配置上，限薪令的多次颁布非但没有改善球员薪资通胀的困境，反而拉大了俱乐部之间的资金投入差距。对俱乐部而言，考虑到培养本土球员的成本和风险，投入一笔巨额的转会费似乎更符合现代商业运作的手法，而且其程序简单、效果易见。"烧钱"虽不是长久之计，但是财力资源配置不合理的情况下的权宜之计。① 然而，这将导致俱乐部进入转会费越来越高、球员薪资越来越通胀、花费越来越大的恶性循环。俱乐部的资金投入差距造成了财力资源配置不公平的处境。无独有偶，在国外学者呼吁对欧洲职业足球俱乐部不合理的财力资源配置进行调控的情况下，欧足联颁布了财政公平政策。

第四节　本章小结

从机制设计理论的视角进行分析，得出中国职业足球联赛竞争平衡机制既定目标存在建构性既定目标缺失与演进性既定目标时有时无的问题。此外，中国职业足球联赛中中国足协、俱乐部赞助方、俱乐部及球员等利益参与者在利益诉求方面存在激励不相容的缺陷。

优化资源配置缺陷表现在两个方面。首先，在球队人力资源配置上。一是球员转会制度的部分规定导致球员资源大量流失；二是国内梯队培养制度执行不到位使俱乐部对优秀球员的需求难以得到满足。从我国球员转会制度的演进过程来看，摘牌制的最大缺陷在于，俱乐部对球员转会拥有过大的决定权从而限制了球员的人身自由，阻碍了球员在俱乐部间的合理流动。直到 2010 年自由转会制度出现，合同到期的球员才拥有了自由选择俱乐部的权利，摆脱了"30个月保护期"的"枷锁"。但是，俱乐部对那些有合同在身的球员依然拥有绝对的控制权。转会制度演进的本质是球员与俱乐部之间的利益博弈，反映了球员逐渐获取人身自由和俱乐部掌控力慢慢削弱的博弈过程。

其次，在俱乐部财力资源配置上。俱乐部间巨大的经济实力差距依然存在。解决该问题的困难在于，俱乐部的主要收入不是来自联赛内的收益分享，而是

---

① 陶凤. 限制足球高价引援是隔靴搔痒［N］. 北京商报，2017-01-06（2）.

来自联赛外的企业赞助。能否找到资金雄厚的企业进行赞助，决定了一个俱乐部的经济实力。企业赞助使颁布的限薪令无法发挥作用，球员薪资依然暴涨，俱乐部陷入赤字泥潭，联赛整体亏损。可见，限薪的实质不应是限制俱乐部财务开支的多少，而应是调控球员薪资差距的大小。

因此，明确各层次既定目标，建立各参与者利益共赢的激励相容机制，优化球队人力资源和俱乐部财力资源配置，将是中国职业足球联赛竞争平衡机制设计的重点。

第六章

竞争平衡机制在欧美职业体育联盟中的应用

目前，职业体育联盟竞争平衡机制主要应用于开放式和封闭式两种联盟模式，本书分别选取欧洲职业足球联赛和以 NBA 为代表的北美职业体育联盟作为典型案例，对两种联盟模式下的竞争平衡机制进行个案分析，着重分析个案体现的竞争平衡理论和现实问题，思考解决问题的路径，学习和借鉴国际同行的有益经验。

随着全球化的发展，我国与其他国家在职业足球赛事上的交流日益频繁，赛事规则与国际比赛规则逐渐融合，并且竞争平衡机制不断改进，以便更加符合国际惯例，同国际性赛事接轨。在对我国职业体育赛事竞争平衡机制的发展过程进行梳理时我们发现，我国职业体育赛事具有欧洲职业足球联赛的开放式的赛制轮廓，而其竞争平衡策略有 NBA 的封闭式职业体育联盟竞争平衡机制的影子。

第一节　开放式职业体育联盟竞争平衡机制分析

在分析开放式职业体育联盟的竞争平衡机制时，本书选取欧洲职业足球联赛为典型代表进行个案分析。体育无国界，随着经济全球化和贸易国际化进程的不断深入，任何一个运动项目都不可能偏安一隅、故步自封，尤其是职业足球运动。中国足协是亚足联和国际足联大家庭中的一员，因此中国职业足球联赛竞争平衡机制的改革应当具有更广阔的视野，要符合国际惯例。这要求我们在进行竞争平衡机制设计前不仅要做到知己，还要做到知彼。

一、球队竞技实力竞争平衡机制分析

与中国职业足球联赛一样，欧洲职业足球联赛内球员转会对球队竞技实力的影响远远超过青少年梯队培养对球队竞技实力的影响。也就是说，买卖球员比自己培养球员的效果更好。因此，涉及球员转会的规定最能体现球队竞技实力的竞争平衡机制。

（一）后博斯曼体系

后博斯曼体系是欧洲职业足球联赛现行的球员转会制度体系，它是根据2001 年 9 月国际足联颁布的《国际足联球员身份及转会规定》形成并发展起来的，被欧足联的多数成员采用并沿用至今。① 此制度体系中球员转会规定的主要内容如下。

1. 对未成年人的保护

在满足如下条件的情况下，18 岁以下球员可以进行国际转会：①球员家庭住址变更到新俱乐部所在国家，且变更原因与足球无关；②确保球员在新俱乐部所在国家能够得到相应的体育及基础知识教育，球员年龄必须达到新俱乐部所在国家允许的最小工作年龄。

2. 年轻球员的培养费

年轻球员（通常为 12~23 岁的球员）在转会时必须给予原俱乐部适当的经济补偿，尤其是在原俱乐部属于中小型俱乐部时更应如此。支付的数额应该是俱乐部培养球员的必要投入。另外，培养费要有一定的限额，该限额由国际足联和欧足联协商确定。

3. 保持合同的稳定性

合同的最短期限和最长期限分别为 1 年和 5 年。俱乐部与年龄在 28 岁以下的球员签订的合同有 3 年的保护期。也就是说，俱乐部如果无正当理由且在合同签订后的 3 年内单方面解除合同，就要支付补偿金并受到体育制裁。俱乐部与 28 岁以上球员签订的合同的保护期是 2 年。此时，俱乐部如果没有正当理由

---

① 郭树理. 外国体育法律制度专题研究 [M]. 武汉：武汉大学出版社，2008：151.

而单方面违约，那么它虽然不会受到体育制裁，但是仍要支付补偿金。

4. 团结机制

当年龄在 23 岁以上的球员在合同期内转会或是在第二次转会后的合同期内转会时，其支付给原俱乐部的补偿金的 5% 要分配给提供培训和教学服务的俱乐部，并且该补偿金需按照俱乐部的注册时长进行分配。

5. 转会期

欧洲足球联赛每个赛季会统一安排两个转会期：主要转会期为国家锦标赛赛季末到该年的 8 月 31 日；赛季中期的转会期是 1 月 1 日—31 日。但球员在每个赛季中只能转会一次。赛季中期的转会有严格限制，球员只有因和体育紧密相关的原因才可以在赛季中期转会，如球队的技术调整、替换受伤球员等。

6. 仲裁机构

建立一个有效、快速和客观的解决纠纷的仲裁机构，其成员由球员和俱乐部管理人员选举产生，且二者选举出的成员人数相等，机构主席必须具有独立决策权。此外，国际足联颁布的 2008 年版的《国际足联球员身份与转会规程》明确规定："一名职业运动员在与其现签约的俱乐部的合同结束、或将在 6 个月内到期的前提下，可以自由地与另一家俱乐部签约。"①

（二）欧洲职业足球的球员转会制度的演进与分析

只有审视一个制度的演进过程，才能更好地分析这个制度的合理性。欧洲职业足球的球员转会制度经历了保留和转会制度—博斯曼体系—后博斯曼体系这一演进过程②。

保留和转会制度是世界上第一套球员转会制度，其典型特征是对于希望转会到其他俱乐部的球员，不管其合同是否到期，转入俱乐部都必须向转出俱乐部支付一笔转会费，作为转出俱乐部培养该球员的经济补偿。③ 也就是说，无论

---

① 雷振. 中国足球职业球员转会制度的变迁与法治化 [J]. 河北师范大学学报（哲学社会科学版），2013，36（6）：145-150.

② 杨天翼. 我国与欧洲足球职业联赛转会制度演进分析——从新制度经济学角度 [D]. 北京：北京体育大学，2010.

③ 吴育华，杨顺元，叶加宝. 中国、欧洲足球运动员转会制度分析 [J]. 武汉体育学院学报，2007（9）：19-22.

球员合同是否到期，原俱乐部都把持着球员的所有权。从中国足协曾推行的挂牌和摘牌制中也可以看出保留和转会制度的精神。实行保留和转会制度虽然能有效地限制球员流动，并在一定程度上促进联盟中球队竞技实力相对均衡的发展，但其设置的球员流动壁垒不仅侵犯了球员的人身自由，而且以损害球员利益为代价，偏袒了俱乐部利益。

这期间，球员为维护自己利益而进行的斗争一直没有间断，这迫使转会制度在维护球员权益方面做出一定程度的让步。其中较有代表性的是自由合同制，它是指在球员与俱乐部签订的合同到期后，原俱乐部有义务向球员提供与合同期最后一年同等的待遇，否则球员就有资格自由转会。如果球员拒绝了原俱乐部提供的条件，球员虽然也可以转会，但出于补偿目的，原俱乐部有权向球员转入的俱乐部索要转会费。如果两个俱乐部不能就转会费达成协议，那么关于球员转会费的争端就会提交到联盟诉讼委员会。[①] 虽然修改后的转会制度在一定程度上使球员摆脱了俱乐部对其的人身束缚，提高了球员流动的自由度，但它仍然认为原俱乐部把持着球员的所有权，这并没有改变原保留和转会制度的根本性质。

博斯曼体系从根本上颠覆了保留和转会制度。对该制度的诞生起推动作用的事件是 1995 年欧洲法院审理博斯曼案件，判决现行的球员转会制度妨碍了劳动者自由流动的权利，违反了欧盟的《罗马条约》，应予废除。随即，欧足联推行"任何年龄在 24 岁及以上的球员，如果合同到期，可以按照本人意愿在欧盟国家范围内自由转会，原俱乐部不得收取任何转会费"的规定。博斯曼法案最初解决的是球员和俱乐部之间合同到期后的纠纷问题，随后欧洲竞赛委员会将此判决精神进一步推广到合同期间转会关系的处理上。2001 年 3 月，欧洲竞赛委员会、国际足联、欧足联达成一致协议：即使是在球员与俱乐部签订合同的有效期内，球员只要支付了一定数额的违约金和赔偿费，就可以离开当前所效力的俱乐部。与先前转会规定不同的是，根据博斯曼法案的惯例，在球员尚未成为自由人的合同期内，如果原俱乐部不接受球员转入的俱乐部的转会报价，

---

① 吴义华，周爱光. 英格兰足球转会制度的发展和劳工证的作用 [J]. 体育学刊，2003
（6）：130–133.

那么它就可以阻止这桩转会交易。而新规则下球员可以通过支付一定的金额来"赎身"，这个金额无须双方达成一致，而且它通常会低于谈判所达成的转会费。①

从机制设计的视角分析，欧洲职业足球球员转会制度的演进过程涉及球员和俱乐部之间存在的一系列有关激励相容的转会问题。从本质来看，转会问题就是球员和俱乐部之间有关利益诉求的纠纷问题。如果球员转会制度的天平向俱乐部利益倾斜，那么亏损的必定是球员利益；反过来，如果倾向于球员利益，那么俱乐部利益就会受到损害。从这一演进过程来看，转会制度的天平在不断改变它倾向的对象，具体表现为：最初，保留和转会制度的利益天平完全倾向于俱乐部利益。这一转会制度最大的缺陷是无论合同是否到期，俱乐部都拥有对球员的所有权。俱乐部以培养球员的前期投资为由，可以充分保障俱乐部利益，但这忽视了球员个体的利益。即使球员与原俱乐部的合同已经到期，但如果球员转入的俱乐部不支付转会费，那么这桩转会交易也无法进行。该球员转会制度在限制了球员流动的同时，也束缚了球员的从业自由，导致球员利益受损，这难免会带来联盟运作上的问题。球员转会制度演进到博斯曼体系后，利益的天平则严重倾向于球员利益。经过球员的不懈努力，沿袭了上百年的旧转会制度最终通过法律途径被废除。新的转会制度在法律层面赋予球员在欧盟国家范围内自由转会的权利，合同到期的自由球员的转会不必再经过俱乐部允许，且原俱乐部不得收取任何转会费。2001 年公布的转会规定使球员利益得到进一步加强，合同没到期的球员通过"赔款赎身"的方式再次拥有了转会的权利。

随着球员转会制度的演进，利益博弈的结果是球员流动更加自由，球员薪资更加丰厚，过去以转会费的形式在俱乐部之间流转的资金现在流入了球员的腰包②，而在俱乐部对球员所有权的控制力不断减弱的同时，其通过培养球员获得的收益也在不断减少。尤其是一些以培养、出售青少年球员为主要生存方式的俱乐部将陷入财务危机，甚至破产。另外，对于一些经济实力稍弱的中小型

① 吴育华，杨顺元，叶加宝. 中国、欧洲足球运动员转会制度分析 [J]. 武汉体育学院学报，2007（9）：19-22.

② 裴洋. 欧盟竞争法视野下的足球运动员转会规则 [J]. 体育科学，2009，29（1）：25-34，57.

俱乐部，其年轻球员被培养成才后往往会因为球员薪资不高而流失。这使得许多俱乐部失去了培养年轻球员的热情和动力，转而专注于球员转会市场。从联盟层面上讲，这不利于联盟高质量产品的生产，最终将使整个联盟利益受损。球员转会制度发展为博斯曼体系，体现了球员争取自身利益的同时削弱了俱乐部利益的演进过程。但从实践结果来看，新的转会制度过于重视对球员利益的保护，使得利益的天平从一个极端倾向于另一个极端。

后博斯曼体系的诞生是球员转会制度向球员和俱乐部双方利益的均衡点回归的结果。后博斯曼体系规定：球员必须年满 18 岁才可以转会；23 岁以下的球员转会时，新俱乐部要支付原俱乐部一定数额的补偿金，并且球员与俱乐部签订的合同有 2~3 年的保护期。这样做的目的是，防止球员转会过于自由而导致俱乐部资源流失，这保护了俱乐部尤其是中小型俱乐部的利益，对俱乐部训练和培养年轻球员起到了一定的激励作用。同时，该转会制度在一定程度上确保了球员自由转会的权利，将转会的核心问题，即转会费数额的问题交由俱乐部和球员协商解决。此外，该转会制度明确了违规处罚机制。例如，2009 年 9 月 3 日，国际足联宣布禁止切尔西俱乐部在未来一年内注册和转会新球员，并处罚金 13 万欧元。球员卡库塔要向原俱乐部赔偿 78 万欧元，并停赛 4 个月，其原因是 2007 年切尔西俱乐部在没有支付补偿金的情况下就将此球员从原俱乐部"挖走"了。[①]

从激励相容的视角来看，现行的球员转会制度既有利于俱乐部的经营管理，又有利于球员进行合理的职业规划，不仅确保了双方在联盟中的利益，而且对不法行为进行了约束和处罚，促进了联盟的稳定发展。

纵观欧洲职业足球球员转会制度的演进过程可以发现，转会制度的利益天平从最初完全倾向于俱乐部利益的极端，转而发展到过度倾向于球员利益的另一个极端，直至最终在球员和俱乐部利益的博弈下，回归双方利益的均衡点。从法律角度看，起初，保留和转会制度游离于法律之外，不受法律约束；在博斯曼法案后，欧洲法院介入，将违反条约的转会规定废除；1997 年 10 月，欧盟

---

① 杨天翼. 我国与欧洲足球职业联赛转会制度演进分析——从新制度经济学角度 ［D］. 北京：北京体育大学，2010.

成员国共同签订《阿姆斯特丹条约》，认可职业足球的特殊性。该条约的价值是在不违背欧洲法院对博斯曼案件判决的同时，寻求欧盟委员会对体育特殊性的认可和豁免。这一漫长过程是行业自治需要下行业规定的实践——完善——再实践——再完善的发展过程，与社会经济、文化背景下法律制度相兼容的过程分不开。欧洲职业足球球员转会制度的演进过程是在既定社会环境下，通过激励相容、资源优化分配，向既定目标不断靠近的过程，欧洲职业足球球员转会制度的演进促进了欧洲职业足球联赛的繁荣发展。

二、俱乐部经济实力竞争平衡机制分析

欧足联最新实施的财政公平政策引起了全球业内人士的广泛关注。笔者在此运用文献资料法、案例分析法等主要方法，对财政公平政策如何规范职业足球金融市场进行了梳理和分析。主要内容包括：财政公平政策的宗旨和目标、收支平衡条款等实质内容设置，收支平衡评估方式、可接受偏差和净亏损额等具体实施手段在调控俱乐部经济实力方面的作用。[1]

（一）财政公平政策

欧足联为改善欧洲足球俱乐部整体的财政状况，制定了财政公平政策，并将其以附则的形式补充到 2010 年版的《欧足联俱乐部准入许可和财政公平政策》中。[2] 财政公平政策从 2012 年 6 月 1 日起开始实施，这就要求参与欧洲职业足球联赛 2013—2014 赛季的每个俱乐部都必须履行财政公平政策的规定，这也意味着俱乐部必须做到财务收支平衡。欧足联财务监督委员会将对未达到要求的俱乐部进行处罚，其中最严重的处罚是将俱乐部驱逐出联赛。[3] 其实质性内容如下。

1. 财政公平政策的宗旨和目标分析

鉴于欧洲职业足球俱乐部的财务困境，以及业内人士对欧洲职业足球联赛

---

① 李伟，陆作生，吴义华. 欧足联财政公平政策剖析 [J]. 体育文化导刊，2015（11）：126-130.

② UEFA. The European Club Footballing Landscape：Club Licensing Benchmarking Report Financial Year 2010 [R]. Nyon：UEFA，2012.

③ UEFA. UEFA Club Licensing and Financial Fair Play Regulations [R]. Nyon：UEFA，2012.

财务困境的警觉，欧足联明确提出，财政公平政策的根本宗旨是确保欧洲职业足球俱乐部的长治久安。为保障该宗旨的实现，欧足联给财政公平政策设定了两个辅助性目标。

第一，财政公平政策协助现行的《欧足联俱乐部准入许可和财政公平政策》，提高职业足球俱乐部的财务稳定性，确保联赛的平稳运营。

第二，财政公平政策限制那些可能影响球场竞争程度的"经济兴奋剂"，促进俱乐部自力更生。

为了便于政策的落实，欧足联制定了更为具体的操作目标，并对其进行了详细阐述，具体内容如下：

①禁止俱乐部财务支出超过财务收入；

②限制俱乐部的债务水平；

③鼓励俱乐部及时清理债务；

④禁止俱乐部在球员薪资和转会费方面过度开支；

⑤激励长期投资，如在梯队培养和基础设施（训练场地和场馆）建设方面的投入；

⑥重视长期财务管理；

⑦限制来自投资者、出借方或赞助商的潜在资金；

⑧提高俱乐部财务监管的透明度。

通过以上梳理可以看出，辅助性目标能保障根本宗旨的实现，操作目标有助于辅助性目标的完成。① 通过对不同目标及其层次性的梳理，我们可以领会财政公平政策的实质，并对其主要创新方面进行分析和解释。

2. 收支平衡条款及分析

收支平衡条款，即相关收入减去相关开支达到收支相抵的条款，它是财政公平政策的主要内容，也是调控俱乐部财务的核心条款。收支平衡条款倡导俱乐部在财务运营上自力更生，是俱乐部必须遵循的财务规定，但并不是说俱乐部都必须盈利，也并不是说一旦出现赤字就是违反收支平衡条款。用相关收入≥相关支

---

① MÜLLER J C, LAMMERT J, HOVEMANN G. The Financial Fair Play regulations of UEFA: an Adequate Concept to Ensure the Long-Term Viability and Sustainability of European Club Football? [J]. International Journal of Sport Finance, 2012, 7 (2): 117-140.

出的不等式来解释收支平衡，稍显浅薄。总之，收支平衡条款的具体实施更为复杂，涉及大量的细则，如相关收入、相关支出、参股者或相关方的资助、非足球经营的收入等方面的规定。

（1）细则一：相关收入和相关开支的界定及分析

财政公平政策明确界定了相关收入和相关开支，具体内容如图6-1所示。

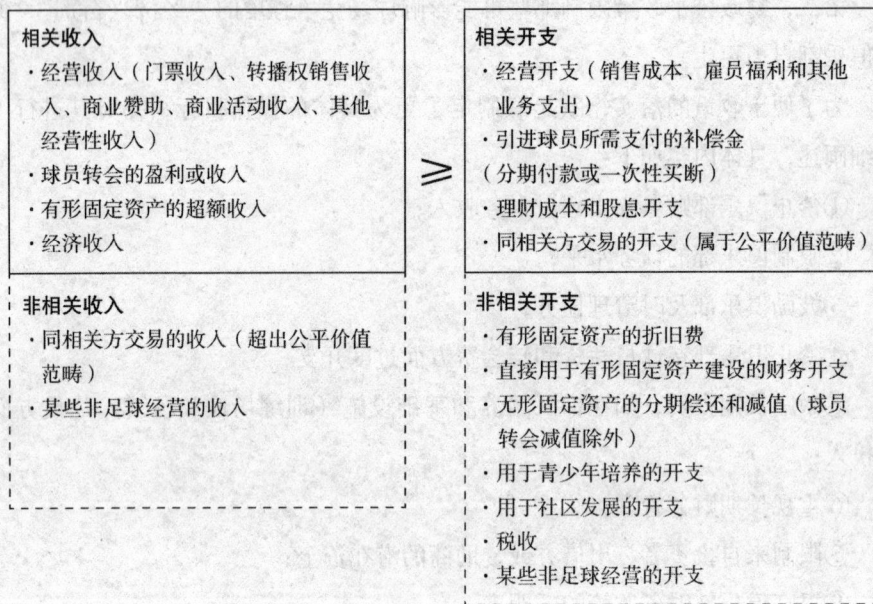

相关收入
·经营收入（门票收入、转播权销售收入、商业赞助、商业活动收入、其他经营性收入）
·球员转会的盈利或收入
·有形固定资产的超额收入
·经济收入

$\geqslant$

相关开支
·经营开支（销售成本、雇员福利和其他业务支出）
·引进球员所需支付的补偿金（分期付款或一次性买断）
·理财成本和股息开支
·同相关方交易的开支（属于公平价值范畴）

非相关收入
·同相关方交易的收入（超出公平价值范畴）
·某些非足球经营的收入

非相关开支
·有形固定资产的折旧费
·直接用于有形固定资产建设的财务开支
·无形固定资产的分期偿还和减值（球员转会减值除外）
·用于青少年培养的开支
·用于社区发展的开支
·税收
·某些非足球经营的开支

图6-1 收支平衡核算中的相关收支

俱乐部老板有时会采用自我赞助的方式来解决俱乐部开支过高的问题，以达到收支平衡的目的。如果俱乐部老板出资赞助自己的球队，那么欧足联的特定机构将依据收支平衡条款对赞助额进行审核，并基于公平理念裁定哪一部分赞助额是合理的。[①] 所以，相关方不能再以使俱乐部满足收支平衡为目的进行巨额资助。

而事实上，2011年曼城俱乐部的股东——阿提哈德航空公司宣布10年内将

---

① FRANCK E. Financial Fair Play in European Club Football：What Is It All About？[J]. International Journal of Sport Finance，2014，9（3）：193-217.

赞助俱乐部 4 亿英镑，此次赞助的额度大大超过体育界有史以来的赞助。再如，就麦迪逊广场花园的冠名权，摩根大通赞助了 3 亿美元；花旗集团预计在 20 年内赞助纽约大都会棒球队 4 亿美元；在英超，阿联酋航空公司预计在 15 年内就球衣和球场冠名权向阿森纳队赞助 1 亿英镑。俱乐部直接或间接接受相关方赞助的行为已受到业内人士的强烈谴责，他们认为欧足联应该禁止这种不合理的交易。

虽然欧足联没有极端到完全禁止相关方的赞助，但是财政公平政策已对此行为进行了一定规范。例如，附则 6 指出，必须明确证实"相关方交易等价于公平价值"；附则 10 进一步阐释，"如果同相关方交易的收入超出公平价值范畴，那么相关收入必须做相应调整"。

（2）细则二：非相关收入和非相关开支的界定及分析

明确足球或非足球经营收支的内涵有利于对相关收支和非相关收支的概念进行界定。因为职业足球俱乐部的经营属于联赛内部的经营，所以只有同足球经营有关的收支才能被纳入收支平衡统计，非足球经营收支将使收支平衡核算的结果出现偏差。欧足联用如下表述对相关收入进行阐述："经营位于或接近俱乐部的球场和培训设施，如酒店、餐厅、会议中心、营业场所（租赁）、医疗保健中心、其他运动队伍，以及明确使用俱乐部名字或品牌的经营。"除了明确的收入类型，相关收入不包括任何非货币收入和同足球经营无关的收入。例如，俄罗斯金融寡头罗曼·阿布拉莫维奇（Roman Abramovich）在 2012 年为切尔西俱乐部的亏损垫资 0.68 亿英镑，俄罗斯天然气工业股份公司向沙尔克 04 队资助数亿欧元①，这些都被视为非足球经营收入。

青少年培养、基础设施建设和维护、社区发展这三类支出不应计入相关开支。对这类支出不设限制可看作一种激励措施，它能鼓励俱乐部在青少年培养和基础设施建设方面进行投资，并为社区发展提供资金。这符合财政公平政策带给足球长期积极影响和可持续性效果以及鼓励俱乐部基于责任为足球长期利益开支的目的。

---

① PEETERS T, SZYMANSKI S, FUMAGALLI C, et al. Financial Fair Play in European Football [J]. Economic Policy, 2014, 29 (78)：343, 345-390.

3. 财政公平政策的实施细则及分析

财政公平政策的实施细则分为审核期、可接受偏差、净亏损额三部分，具体内容如下。

第一部分是审核期。它是指由财务监督小组对欧足联所辖俱乐部3个年度的收支进行核算，分别用 T、T-1、T-2 表示，也是指在一个特定时期内对俱乐部的财务收支平衡状况进行评估。例如，希望获得 2015—2016 赛季欧足联许可执照的俱乐部的审核期应包括 2015 年度收支核算（T）、2014 年度收支核算（T-1）和 2013 年度收支核算（T-2）。由于财政公平政策从 2012 年 6 月 1 日开始实施，所以希望获得 2013—2014 赛季欧足联许可执照的俱乐部属于首次接受评估的对象，只需评估它们在 2013 年和 2012 年这两个年度的财务收支平衡状况，具体评估方法可参照图 6-2。

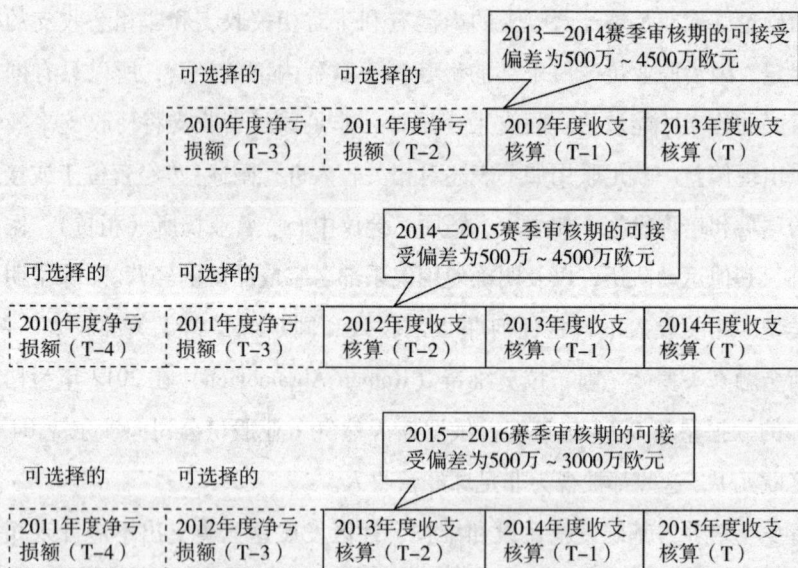

图 6-2 审核期的评估方法与可接受偏差

第二部分是可接受偏差。在实际运作中，俱乐部不需要做到精准的收支平衡，如果亏损是由参股者出资弥补的，那就可以给亏损额规定一个可接受偏差的范围。如图 6-2 所示，在 2013—2014 赛季审核期内允许有 4500 万欧元的最大可接受偏差；在 2014—2015 赛季审核期内允许出现同等的最大可接受偏差；在接下来的赛季审核期内最大可接受偏差减至 3000 万欧元；对随后赛季的最大可接受偏差尚未有明确数额限制，500 万欧元是试行的可接受偏差。如果经收支核算，一个俱乐部 2012 年度损失 6000 万欧元，接下来 2013 年度盈利 1500 万欧元，那么它可被视为达到了收支平衡，可获取 2013—2014 赛季欧足联许可执照。如果这个俱乐部在 2014 年度收支核算时出现任何亏损，即经过 3 个年度的收支核算，累计亏损额超过 4500 万欧元，俱乐部就达不到收支平衡，即不符合欧足联 2014—2015 赛季的入会许可规定。

第三部分是净亏损额。净亏损额是指审核期之前两个年度（简称 T-3 和 T-4）的利润负值。如果审核期的亏损额超出收支平衡规定的上限，那么财务监督小组还需对亏损是不是由审核期前的净亏损额导致的这一问题进行评估。如果是审核期前的净亏损额造成亏损额超出收支平衡规定的上限，这种情况将视为不违规。若在 2013 年度和 2014 年度这两个审核期内，俱乐部亏损额超出可接受偏差上限，但是评估报告显示其年度收支平衡状况呈现出良好的发展趋势，并证明亏损额超出收支平衡规定上限是由 2012 年度以前的净亏损额造成的。换言之，一个俱乐部如果能够证明其 2012 年度财务亏损的 6000 万欧元是由 2010 年 6 月 1 日以来的合同延续所致，并且它是导致亏损额超出 4500 万欧元这一可接受偏差上限的主要原因，那么在这种情况下，收支平衡条款将对该俱乐部放宽约束，使该俱乐部免受处罚。

值得注意的是，实施财政公平政策的技术环节从 2010 年提出到 2012 年完善与实施，经过了约两年的公开预告期，它为俱乐部各自进行财务调整提供了必要的缓冲时间。

（二）对现行俱乐部财政监管措施合理性的分析

任何一项制度都是针对社会现象或问题产生的。财政公平政策也不例外，分析其合理性需要从它想解决的社会问题入手。

1. 欧足联财政公平政策的颁布背景

（1）俱乐部处于整体性亏损局面

尽管欧洲职业足球俱乐部收入持续增长，但过度的开支已使俱乐部处于严重的整体性亏损局面。不少俱乐部陷入巨额的债务危机，就连一些久负盛名的豪门俱乐部也是在债务缠身中勉强维持经营。以英超俱乐部为例，2009 年其财务亏损率约为15%，2010年该数值接近20%。在2009—2010赛季中，英超的20个俱乐部中有4个盈利，其余俱乐部共亏损4.45亿英镑。回顾前三个赛季，每一个赛季亏损总额接近3亿英镑。①

亏损并非某个特定国家才会遇到的问题，而是欧洲范围内的一个普遍现象。根据欧足联发布的《欧洲足球俱乐部2010年度财务报告》②，2009—2010赛季欧足联所辖的665个俱乐部中有372个亏损、293个盈利，亏损率为56%，其中来自顶级联赛的俱乐部占所有亏损俱乐部的90%。亏损总额、盈利总额分别是20.36亿欧元和3.95亿欧元，对比十分鲜明。欧足联2008年、2009年和2010年的净亏损额分别为10.73亿欧元、12.06亿欧元和16.41亿欧元，这表明欧洲职业足球联赛年度财政一直处于亏损状态，而且净亏损额有增加趋势。

（2）财务困境下俱乐部的生存危机

在欧洲职业足球俱乐部处于整体性亏损的局面下，它们的生存也面临诸多危机。例如，作为英国历史上非常成功的俱乐部之一、曾荣获100多个奖杯佳绩的格拉斯哥流浪者俱乐部于2012年10月陷入债务清算困境；2008年获得足总杯冠军的朴次茅斯俱乐部在三个赛季里两次陷入债务清算整顿危机；赢得2008年欧冠冠军和第19次英格兰顶级联赛冠军的曼联俱乐部也一直处于财务盈亏的争议中，自2005年格雷泽家族接手俱乐部以来，有近5亿英镑用于偿还贷款、利息及支付其他费用。曼联俱乐部的同城对手曼城俱乐部，在2010—2011赛季亏损了1.97亿英镑，这是职业足球俱乐部历史上亏损最多的一次。在相同赛季的英超联赛中，尽管联赛总收入达22亿英镑，但经收支核算发现，仅有5个俱乐部盈利，且盈利额共计0.71亿英镑，有20个俱乐部共亏损3.92亿英镑。切尔西俱乐部虽然在2012年夺取了欧冠冠军，但其高达0.68亿英镑的亏损额在英超历史上可排第二。

在德勤（Deloitte）发布的"足球财富联盟"排名中，某些亏损或常陷入债务危机的俱乐部也同样名列欧洲"最富20名"和"竞技实力20强"榜单，这

① DELOITTE. Pressure to Changae-Annual Review of Football Finance [R]. Manchester, UK: Deloitte Sports Business Group, 2011.

② UEFA. The European Club Footballing Landscape: Club Licensing Benchmarking Report Financial Year 2010 [R]. Nyon: UEFA, 2012.

在业界并不罕见。尽管这些俱乐部经常赢得欧冠小组赛，晋级 16 强，拥有很好的竞技实力和成绩，但它们同样面临生存危机。核算 2011—2014 年度欧冠杯和欧联杯小组赛阶段包括 29 个欧洲顶级俱乐部在内的共 80 个俱乐部的财务收支状况可以发现，净亏损额超出收入总额的 20%，其中，7 个俱乐部的净亏损额达到自身收入的 10%~20%，16 个俱乐部的净亏损额达到自身收入的 10%。①

由此可见，欧洲职业足球的一个常态为：一些顶级俱乐部也处于严重亏损的状态，俱乐部的盈利能力逐渐退化，直至俱乐部破产。

（3）对外来资金的依赖

面对入不敷出的经营状况，争取外来资金的资助已成为俱乐部生存的一种主要手段。足球俱乐部通常依赖俱乐部老板、债权人或赞助商的资助维持运营。外来资金赞助现象经常出现，俱乐部往往通过临时性的巨额资金注入行为来弥补资金亏损或解决资金流动性不足的问题。例如，2012 年俄罗斯金融寡头罗曼·阿布拉莫维奇对切尔西俱乐部进行资助，2008 年曼苏尔酋长投入巨资收购曼城俱乐部。资产负债表中净资产数额的变动反映了俱乐部年度财务的盈亏。进一步解释，由于欧足联 2010 年持续出现巨额亏损，人们可能认为 2010 年的净资产总额同 2009 年相比会大幅缩水，但是，外来资金的注入和贷款免除等手段反而使俱乐部的净资产总额增加了 1.5 亿欧元，即由 17.39 亿欧元增至 18.89 亿欧元，一扫近年来持续出现巨额亏损带来的消极影响。50 家欧洲顶级俱乐部2010 年度的财务报告都显示，各俱乐部虽出现资金亏损，但净资产总额却增加了。②

近年来，在欧洲俱乐部资金交易市场，有很多海外富有投资人或投资团队对俱乐部进行投资。③但大量外来资金的注入不能从根本上使俱乐部摆脱财务困境。欧足联的报告证实，2010 年 52% 的俱乐部仍然出现资产恶化的现象，15.1亿欧元的资产需要重组。

在此背景下，欧足联为改善欧洲足球俱乐部的整体财务状况，组织以俱乐

---

①③　MORROW S. Football Club Financial Reporting: Time for a New Model? [J]. Sport, Business and Management, 2013, 3 (4): 297-311.

②　UEFA. The European Club Footballing Landscape: Club Licensing Benchmarking Report Financial Year 2010 [R]. Nyon: UEFA, 2012.

部、球员、联赛和国家协会为代表的足球利益相关方详细磋商，制定财政公平政策。

2. 财政公平政策的效力分析

2015年版的《欧足联俱乐部准入许可和财政公平政策》明确了收支平衡条款的具体内容："对俱乐部最近三个赛季的财务报表合计，其相关开支不得超过相关收入。"收支平衡条款关注的焦点不仅在于如何阻止俱乐部亏损，更在于找出导致俱乐部处于整体性亏损局面的问题根源，探究财政监管新举措下欧足联倡导的俱乐部发展模式、规范的生产秩序及推崇的生产关系等管理理念的导向作用，洞察欧足联的财政监管行为。

（1）限制俱乐部的开支

俱乐部的财务状况受收入和支出两个方面的影响。虽然欧洲职业足球俱乐部的收入持续增长，但是过度的开支已造成俱乐部出现严重的整体亏损状况。因此，欧足联希望通过收支平衡条款来限制俱乐部的开支，扭转俱乐部整体亏损的局面。

为什么俱乐部会有不计成本的开支行为？在深入理解欧足联加强对俱乐部预算约束的原因之前，明晰俱乐部过度开支的初衷非常重要。球员薪资与球队成绩排名高度相关的事实意味着俱乐部在球员薪资方面花费的多少将直接反映球员在球场上取得成就的大小。正如弗拉纳甘（Flanagan）的研究结论："1978—1997年，40家英国足球俱乐部在球员薪资方面的花费过高，并且一个赛季内俱乐部在球员薪资方面的平均花费与联赛排名达到了92%的相关性。"[1] 这个结论在德勤发布的《2011年足球财务报告》中得到佐证："英超联赛最终排名和俱乐部在球员薪资上的花费排名表现出很强的正相关。"[2] 这意味着，在其他条件相同的情况下，在球员薪资上花费更多能提升联赛中球队的获胜概率。

通过直观分析得知，富有的俱乐部仅仅凭借其财力就能够"买到"球场胜

---

[1] FLANAGAN C A. A Tricky European Fixture: an Assessment of UEFA's Financial Fair Play Regulations and Their Compatibility with EU Law [J]. The International Sports Law Journal, 2013, 13 (1-2): 148-167.

[2] DELOITTE. Pressure to Change-Annual Review of Football Finance [R]. Manchester, UK: Deloitte Sports Business Group, 2011.

利。例如，罗曼·阿布拉莫维奇向切尔西俱乐部投入巨额资金，使其快速晋级到顶级联赛。① 这种行为被认为脱离比赛实质，违背体育的公平竞争精神。因为俱乐部只需努力获取资金，加大投入金额，就能对比赛结果产生巨大影响，并且该俱乐部也能比其他俱乐部更快获得利益，这不仅极易造成俱乐部对外来资金的过度依赖，而且极易使俱乐部脱离职业体育联盟而孤立存在，还极易导致球场上的体育竞争异化为球场下寻求"甜爹"赞助的资金竞争。

弗兰克（Franck）将收支平衡条款视为软工资帽制度，"与 NBA 工资帽对全体俱乐部的统一限制不同的是，这个设定（收支平衡）是针对每个俱乐部的收入水平做出的限制"。虽然没有硬性的统一上限，但软工资帽制度迫使俱乐部不得不参照其收入，合理规划球员薪资方面的开支，这也杜绝了一些俱乐部为了吸引最好的球员而提供远高于市场行情的球员薪资的行为。②

以获胜最大化为目的的俱乐部难以抗拒通过球员薪资方面的花费"买到"球队胜利的诱惑。只有采取强硬的俱乐部预算限制手段来约束其不计成本的投资方式，才能扭转亏损局面。

（2）限制外来资金注入

富有的俱乐部老板会不会以垫资的方式来规避收支平衡条款？由此引出"相关性"这一财政监管领域的又一个重要概念。对足球经营相关的收支进行界定和区分，有利于对外来资金进行管理。从明文规定来看，无论是"限制投资者、出借方或赞助商的过多赞助资金"，还是"鼓励俱乐部自力更生"，出台的规定都针对的是大量外来资金注入俱乐部而形成的"甜爹"和"甜爹俱乐部"等社会现象。下文将对外来资金的性质及其给职业体育联盟带来的影响进行分析。

首先，外来资金源自"甜爹"的自私消费动机。当前，许多学者指责"甜爹"动机不纯。例如，弗兰克认为，"甜爹"投资俱乐部是为了给其他生意做宣传，以获取社会声望，赢得政府支持和公众认可，进而可以顺利进行洗钱（嫌

---

① PEETERS T, SZYMANSKI S, FUMAGALLI C, et al. Financial Fair Play in European Football [J]. Economic Policy, 2014, 29 (78)：343, 345-390.

② FRANCK E. Financial Fair Play in European Club Football：What is It All About? [J]. International Journal of Sport Finance, 2014, 9 (3)：193-217.

疑）的现金交易，拓展业务和消费者市场。① 学者马登（Madden）认为，"甜爹"进行赞助或许是为了一个激动的比赛日，或许是为了自己球队获胜后的幸福感，或许是为了在一场势均力敌的比赛中获得快感。② 索尔（Sauer）等认为，"甜爹"自私的消费动机通常会给俱乐部的财务带来负面影响，假如"甜爹"重金投资俱乐部是希望用购买的优秀球员赢得好的比赛结果，并获取高额的投资回报，那么一旦投资的预期目标没能实现，"甜爹"就将撤资，俱乐部的实际收益将锐减，再加上在转会费和球员薪资方面的高额开支，俱乐部将面临入不敷出甚至巨额亏损的财务状况。③

"甜爹"自私的消费动机带有短期投资行为的特征，如热衷对球星的投资，追求快速效益，忽视俱乐部的梯队培养，以及不注重基础设施建设。这或许是阻碍俱乐部长期稳定发展的重要原因之一。舒贝尔（Schubert）等甚至将外来资金喻为医学上的兴奋剂。④ 欧足联通过对相关性概念的界定，约束了"甜爹"的行为，此外，严格限制外来资金的规定有效地遏制了"甜爹"的自私消费动机。

其次，外来资金的注入加剧了球员薪资的通胀。根据研究假设，如果外来资金能导致球员薪资通胀，那么随着"甜爹"投入资金的增加，联赛市场中球员薪资方面的花费应该会有明显的增长趋势。弗拉纳甘论证了这一假设，他通过研究过去 10 年阿森纳、切尔西、曼城、曼联、埃弗顿和托特纳姆热刺等英超俱乐部的球员薪资花费同比增长百分比的变动情况发现，球员薪资花费同比增长百分比总在"甜爹"注资俱乐部后的年份涨幅最大，同期，普通俱乐部的球

① FRANCK E. Private Firm, Public Corporation or Member's Association-Governance Structures in European Football [J]. International Journal of Sport Finance, 2010, 5 (2)：108-127.
② MADDEN P. Welfare Economics of "Financial Fair Play" in a Sports League With Benefactor Owners [J]. Journal of Sports Economics, 2012, 16 (2)：159-184.
③ SAUER R D, GAMRAT F A. The Utility of Sport and Returns to Ownership：Evidence from the Thoroughbred Market [J]. Journal of Sports Economics, 2000, 1 (3)：219-235.
④ SCHUBERT M, KÖNECKE T. "Classical" Doping, Financial Doping and Beyond：UEFA's Financial Fair Play as a Policy of Anti-Doping [J]. International Journal of Sport Policy & Politics, 2015, 7 (1)：63-86.

员薪资花费增长率也最大。① 这表明，阿森纳、切尔西和曼城等俱乐部获得的外来资金加剧了球员薪资的通胀。

"甜爹赞助"的俱乐部拥有高额的资金储备，能提供优厚的薪资条件吸引球员，这催生了一种以金钱为主导的球员流动方式；而普通俱乐部为了同"甜爹赞助"的俱乐部竞争优秀球员，被迫增加球员薪资花费，这种恶性循环导致球员薪资通胀。例如，曼城俱乐部在2010—2011赛季的球员薪资花费占经营收入总额的114%，尽管曼城俱乐部出现亏损，但由于"甜爹"的垫资，曼城俱乐部依旧有能力为球员提供更好的薪资待遇，并持续运营下去。而自力更生的阿森纳俱乐部为了同曼城俱乐部争夺球员，不得不增加筹码，提高球员薪资花费占经营收入总额的比重，使得收支状况继续恶化。②欧足联通过相关性条款限制"甜爹"用于购买球员和支付高额球员薪资的注资行为。该条款将从理论层面打破普通俱乐部为了同个别"甜爹赞助"的俱乐部竞争优秀球员而被迫追加财务预算的恶性循环。

综上所述，由"甜爹"自私消费动机引发的外来资金注入行为不仅加剧了球员薪资的通胀，而且使"甜爹赞助"的俱乐部和普通俱乐部之间产生了激烈的生存竞争。欧足联为解决俱乐部间的恶性竞争，制定了相关性条款来对外来资金的注入行为进行约束，这体现出普通俱乐部自力更生的经营方式比"甜爹赞助"更有意义的管理理念。欧足联正努力在限制外来资金注入方面构建一种规范。

（3）禁止过度竞争

过度开支是导致俱乐部整体亏损和形成职业体育联盟财政不稳定局面的主要原因。对于日益商业化和竞争日趋激烈的欧洲职业足球俱乐部，很多因素促成了俱乐部过度开支的浪费行为，如前文提到的球员薪资方面的花费和获胜概率高度相关，"甜爹"短期、非连续性的注资行为，欧冠资格赛的额外奖励，升

---

① FLANAGAN C A. A Tricky European Fixture: an Assessment of UEFA's Financial Fair Play Regulations and Their Compatibility with EU Law [J]. The International Sports Law Journal, 2013, 13 (1-2): 148-167.

② SERBY T. British Football Club Insolvency: Regulatory Reform Inevitable? [J]. The International Sports Law Journal, 2014, 14 (1-2): 12-23.

降级制度等，也就是说，俱乐部不惜花费它们全部的收入以换取球场上获胜的可能。一些俱乐部甚至极力寻求外来资金的支持，以通过增加开支，争取每一个获胜机会。综上，诸多因素强烈地刺激着俱乐部投入更多资金。

过度开支的表象反映了过度竞争的实质。贝恩（Bane）认为，过度竞争是个体为了在竞争中取胜，以维护或提高自我价值感，而不惜代价的一种无自制的需求，这类个体在多数情况下都具有操纵、攻击以及诽谤他人的倾向。这样一种极度夸张的竞争性会对个体发展和个体功能产生不利影响。与正常竞争不同，追加投入的过度竞争，从整体上来说是不能使个体获得增益的。由于推崇获胜最大化，为了角逐比赛的唯一胜果，俱乐部不惜高薪引进优秀球员来提升球队实力，直至开支超出收入。① 一些"甜爹赞助"的俱乐部具有能扭转持续亏损局面的财力，这会影响其他俱乐部的行为：为参与竞争，这些俱乐部不顾自身的财务状况，不断增加球员薪资方面的花费。随之而来的问题是，一个俱乐部过度开支产生的财务压力会对其他俱乐部造成外部负面效应，影响其他俱乐部的财务稳定，破坏俱乐部的联合生产，并降低职业体育联盟的整体收入。② 显然，收支平衡条款对俱乐部财务开支起到了软性限制作用，它不仅直接约束了俱乐部过度投资的个体行为，而且间接抑制了联盟内俱乐部的过度竞争。

（4）营造更为公平的竞争环境

"公平"是《欧足联俱乐部准入许可和财政公平政策》中的标题性文字，体现了欧足联财政监管的一个价值取向。有学者认为，外来资金非但不能从根本上使俱乐部摆脱财务困境，反而给没有"甜爹"资助的一些俱乐部带来了一定程度的不公平竞争。③ 俱乐部可以借用外来资金，挖取优秀球员，从而显著提高比赛成绩。鉴于有外来资金赞助的俱乐部拥有其他俱乐部无法比拟的强大优势这一事实，欧足联首先要面对的问题是如何使每个俱乐部都感受到它们在同一起跑线上，或者说它们拥有或可利用"工具"获得均等的机会。

---

① FRANCK E. Private Firm, Public Corporation or Member's Association-Governance Structures in European Football [J]. International Journal of Sport Finance, 2010, 5 (2)：108-127.
② LAGO U, SIMMONS R, SZYMANSKI S. The Financial Crisis in European Football An Introduction [J]. Journal of Sports Economics, 2006, 7 (1)：3-12.
③ DIETL H, FORT R, LANG M. International Sports League Comparisons [J]. Working Papers, 2011, 2 (2)：175-193.

由于欧足联加强了财政监管，"甜爹"时代将走到尽头，俱乐部也将被规范为某种具有公平特征的竞争工具。同时，"甜爹赞助"的俱乐部曾拥有的超强实力和垄断优势将不复存在，这意味着球队间获胜概率的差异将减少，俱乐部间将实现真正的公平。

我们在分析收支平衡条款对职业足球的影响时，无论对该条款是否持完全赞同的态度，都不可否认如下事实：首先，俱乐部必须严格遵守收支平衡条款的要求，不能无视预算随意开支；其次，引入外来资金虽然没有被明令禁止，但是对相关性进行界定，消除了俱乐部在购买球员和支付球员薪资方面过度投资的可能性，进而限制了外来资金对足球产业的巨大影响。从长期效果来看，在以收支平衡条款为核心的财政监管措施的监督下，那些没有或失去外来资金资助的俱乐部不得不采取更合理的投资方式，这有利于俱乐部提升经营管理质量，从而有效地抑制俱乐部间的过度竞争，维护俱乐部的财务稳定，这同"确保欧洲足球俱乐部的长治久安"的宗旨相一致。

第二节 封闭式职业体育联盟竞争平衡机制分析

本书在对封闭式职业体育联盟竞争平衡机制进行研究时，选取 NBA 为典型代表进行个案分析。NBA 是北美四大职业体育联盟之一，也是我国广大体育爱好者非常关注和熟悉的职业体育赛事之一。所以，探究 NBA 的竞争平衡机制及其所要解决的现实问题，有利于读者了解北美职业体育联盟的共性特征。另外，值得强调的是，在中国职业足球联赛改革历程中，无论是在中甲时代还是在中超时代，实行的竞争平衡调控政策都有 NBA 竞争平衡调控政策的影子。例如，我国的倒摘牌制和 NBA 选秀制的倒序法相似，我国不断颁布的各种限薪令和 NBA 的工资帽相似，等等。让人疑惑的是，在中国职业足球联赛整体赛制类似欧洲职业足球联赛的开放式模式的情况下，中国职业足球联赛为何要移植 NBA 的封闭式联盟模式的具体做法？欧足联为何没有借鉴 NBA 的竞争平衡机制？NBA 竞争平衡机制所解决的现实问题是什么？通过对这些问题进行探究，在发掘其本质和内在联系的研究使命的驱使下，对 NBA 的竞争平衡机制进行深入分析，可以更好地理解和解决中国职业足球联赛的球员的竞争平衡机制设计问题。

一、球队竞技实力竞争平衡机制

制约球队竞技实力的竞争平衡机制，其主要目的是最大限度地均衡各球队的竞技实力，以提高比赛结果的不确定性，增强比赛的观赏性并吸引观众的注意。NBA 在球队竞技实力方面的竞争平衡机制主要包括球员转会制和选秀制。

（一）球员转会制

NBA 也实行过保留和转会制度。1976 年以前，球队老板对球员拥有绝对的保留和选择权，无论合同是否到期，球员只有经过球队老板同意才可转会。1976 年 NBA 球员与球队老板签署的《罗伯逊协议》（*Robertson Agreement*）废除了有关保留和选择权的条款，球员转会才充分地运作起来。NBA 现行的球员转会形式分为球员交换和自由球员签约两种。

1. 球员交换

球员交换是指在现行合同期内球队之间进行球员交换，以实现球员流动的过程。球员交换必须满足下列条件：首先，不涉及球员工资的变动、合同期限的变更等事宜；其次，受工资帽制度约束，交换后球队的工资花费必须符合工资帽制度的一般和特殊规定，交换球员的工资应符合球员交换条款的要求。只要交换后球队的工资花费不高于工资帽制度规定的 10 万美元的上限，该球队就可以按照自己的意愿自由交换球员。一旦超出 10 万美元的上限，该球队就必须遵守球员交换的限制性条款：①被交换来的球员工资不能超过被交换走的球员工资的 115% 再加上 10 万美元。例如，被交换走的球员工资为 500 万美元，那么被交换来的球员工资不能超过 500 万美元的 115% 再加上 10 万美元，也就是 585 万美元。②球员交换可以是同步的也可以是非同步的。非同步是指球队可以先把球员交换出去，然后在 1 年内从其他球队换回来新的球员，但是被交换来的球员工资不能超过被交换走的球员工资的 100% 再加上 10 万美元。而且，进行同步交换的球员可以是 1 名或多名，但进行非同步交换的球员只能是 1 名。例如，某球队中被交换走的球员工资为 200 万美元，按照球员交换条款的具体规定，被交换来的球员最高工资应为 200 万美元乘以 100% 再加上 10 万美元，也就是 210 万美元。如果被交换来的球员工资为 100 万美元，那么在 1 年内，该球队有权再接纳工资不超过 110 万美元的球员。③球员交换时一支球队可以为另一支球队提供现金补偿，但补偿金额不能超过 300 万美元。④球员交换的截止时间为赛季开始后的第 16 个星期四。①

2. 自由球员签约

自由球员签约是指球员在合同到期成为自由球员后，与原球队或其他球队重新谈判、签约的过程。NBA 自由球员又分为非受限自由球员和受限自由球员两种。非受限自由球员是指合同到期后，不受原球队约束，可以与任何球队自由谈判及签约的球员。受限自由球员是指合同到期后，同样可以和任何球队自由谈判及签约的球员，但是原球队享有优先签约权，也就是说如果原球队开出与新球队一样的邀请条件，那么该球员必须与原球队签约。

（1）球员解约途径

非受限自由球员的解约途径有以下五种。

第一种途径，履行完合同成为非受限自由球员。这是最常见的解约途径，它又分为两种情况：其一，不涉及球队或球员选择权的解约。选择权是指原合同期满后，权利所有者再延长 1 年服役年限的权利。假设合同中规定服役年限为 6 年，且合同中规定权利所有者有 1 年选择权，那么当合同执行到第 6 年时，只要权利所有者提出使用选择权，原合同就将执行到第 7 年。至于选择权归球队还是球员所有，这要由双方在签订合同时谈判商定。不涉及球队或球员选择权的解约是指原合同中没有明确选择权归属球队还是球员，合同到期后球员自动转为非受限自由球员。此时，原球队如果使用伯德条款与该球员签约，通常要支付巨额球员薪资，这会压缩可用的薪资花费，致使球队无法与其他更好的球员签约。这种情况下，球队通常会断绝与本队球员的关系，以便挤出可用的薪资花费签约其他更好的球员，这种现象在 NBA 中被称为"断绝关系"。其二，涉及球队或球员选择权的解约。球队是否使用选择权取决于球员的竞技实力、球队建设及俱乐部商业开发等实际情况。例如，火箭队考虑到姚明对华人的影响力以及中国和亚洲市场开发的需要，对姚明使用了选择权；反之，球员是否使用选择权取决于球员个人需求、工作满意程度、个人商业开发及职业生涯规

---

① 王建国. NBA 制衡机制的研究 [D]. 北京：北京体育大学，2005.

划等因素。

第二种途径，使用早期终止权后成为非受限自由球员。早期终止权是指提前终止合同中有关服役年限条款的权利，该权利仅为球员所有，并且只能在第5个赛季结束后使用。因此，对于享有早期终止权的球员，其最短服役年限为6个赛季。球员是否拥有早期终止权取决于球员与球队签订的原合同。如果原合同没有规定早期终止权，那么，合同有效期内不能增补该权利，只有在对该合同进行扩展时才能增补该权利。

第三种途径，因被球队放弃而成为非受限自由球员。在赛季开始前，各球队通常会进行队伍调整，将需要的球员留下，而不需要的球员会被交换到其他球队或被裁掉。

第四种途径，因球员合同被买断而成为非受限自由球员。如果球队不再需要某球员，同时该球员愿意离开球队，那么双方可以通过谈判，以买断球员合同的方式解约。球员合同被买断后，该球员成为非受限自由球员，有权与其他球队谈判、签约。由于球员合同并未到期，在此期间，球队仍有向球员支付合同中剩余赛季部分工资的责任，因此，球队可通过协商对球员进行适度补偿。

第五种途径，新秀合同到期后成为非受限自由球员。首先，对第一轮新秀球员来说，球队可在其服役第4年决定是否行使选择权。如果球队行使了这一权利，那么该新秀球员在履行了4年的合同后将成为受限自由球员。如果球队行使了优先签约权，那么该受限自由球员必须同该球队（原球队）签约，否则该受限自由球员将变为非受限自由球员；反之，如果球队没有行使选择权，那么该新秀球员将在第3个赛季结束后成为非受限自由球员。其次，如果某球员被NBA的某球队选中，但他未和选中他的球队签约，也未能在随后的选秀大会上被其他球队选中，那么该球员将成为新秀自由球员。

受限自由球员是指受俱乐部优先签约权制约的自由球员。也就是说，原合同执行到最后一个赛季时，球员有权利在从该赛季第1天到来年6月30日的这段时间内与所有球队进行谈判、签约。当收到其他球队的邀请合同时，球员要立即将邀请合同的复印件提交给原球队。假如原球队在15天内发出了优先签约权的通知，这就意味着球员将成为受限自由球员，且原球队必须向球员提供与邀请合同同等条件的新合同。如果原球队在15天内没有发出优先签约权的通知，那么该球员将成为非受限自由球员。此外，球队是否拥有优先签约权是依据原合同的劳资协议而定的。

（2）自由球员签约

自由球员的谈判与签约条件主要是依据转出球队与转入球队的薪资花费是否符合工资帽的一般和特殊规定而定的。当球队的薪资花费低于工资帽规定时，在不违背球员薪资的限制性条款的前提下，球队有权在一定范围内为所要签约的自由球员提供尽可能高的工资；当球队的薪资花费高于工资帽规定时，球队可以使用工资帽特殊规定，如拉里·伯德条款、早期拉里·伯德条款、非伯德条款、中产阶级条款、百万条款及最少工资条款等与自由球员签约。①

（二）选秀制

NBA 现行的选秀制沿袭了 1989 年的摇乒乓球制，其基本做法是采用倒序的选秀方法，即让球队按照联赛排名的倒序，先后对新秀球员进行挑选。考虑到选秀制主题与后续研究内容的关联性不强，故不在这里做深入探讨。

二、俱乐部经济实力竞争平衡机制

NBA 在俱乐部经济实力方面的竞争平衡机制受联盟收益分享和球队资金投入相关制度的影响。

（一）NBA 收益分享制度

NBA 实行的是联盟整体经营和球队自主经营相结合的模式。联盟整体经营收入由各球队平均分配，这在一定程度上能防止球队收入不平衡的情况发生。联盟整体经营收入约占总收入的 30%，此外，占总收入近 50% 的门票收入和 20% 的场地广告、球场冠名权、特许商品销售收入等主要由球队支配。球队在市场规模和经营管理水平等方面存在差异，导致不同球队之间收入悬殊。

联盟整体经营的项目主要包括如下四个方面：①电视转播权，包括有线电视转播权、网络电视转播权；②授权或标志产品，通过授权使用 NBA 的标志、队徽得到授权费、广告版面费；③合作伙伴，NBA 90% 的合作伙伴是世界 500 强企业，其中 70% 以上是合作 5 年以上的老客户；④影视产品，包括 NBAE

---

① 王建国. NBA 制衡机制的研究 [D]. 北京：北京体育大学，2005.

（NBA 娱乐公司①）、NBA TV（NBA 电视②）等。

球队自主经营项目有如下三项。①门票收入：门票收入占总收入的 40%～50%；②广告赞助：球队拥有主场广告和电视广告经营权，包括球场冠名权、场地广告（电动翻页广告板）、电子广告（场内电子显示板）、海报广告；③特许商品销售收入：通过销售特许商品获得销售利润，特许商品包括餐饮（快餐、正餐、啤酒、咖啡、软饮）、纪念品（球衣、玩具、锦旗、日用品）、体育用品（篮球、篮球架、护具）、场地（用于举办纪念活动、会议、典礼）等。③

（二）球队资金投入制度

限薪同样是 NBA 的球队资金投入制度的主题。限薪的主要目的是限制富有俱乐部利用资金优势网罗球星，避免球队之间竞技实力失衡。NBA 限薪制度分为：用于俱乐部限薪的工资帽制度和奢侈税制度；用于球员限薪的最高工资限制制度；最低工资限制制度和增长率限制制度。

1. 用于俱乐部限薪的工资帽制度和奢侈税制度

工资帽制度是 NBA 最著名的限薪制度，将 NBA 前一年总相关收入（BRI）的 48%除以球队数量得出的数值就是当年的工资帽，各球队的薪资花费总额不得超过此数值。同时，NBA 设定了奢侈税制度，该制度的具体执行方式是如果球队的薪资花费超过了联盟总相关收入的 55%，那该球队就必须交纳奢侈税，每花 1 元钱，就要交 1 元钱的奢侈税。④ 该制度可用于解决职业体育联盟中饱受诟病的砸钱问题。

需要注意的是，NBA 允许球队在薪资花费超过工资帽的情况下，利用工资帽特殊规定与球员达成签约协议，此时，只要薪资花费不超过奢侈税起征点，球队就不必支付奢侈税。

NBA 总相关收入包含：常规赛门票收入，季后赛门票收入，表演赛收益，

---

① NBA 娱乐公司：NBA 所拥有的影视制作公司。

② NBA 电视：NBA 所拥有的电视台。

③ 王义平，王晓东. NBA 商业模式与经营状况研究［J］. 体育与科学，2013，34（3）：93-96，92.

④ 李智. NBA 集体谈判协议及其所面临的挑战［J］. 太原理工大学学报（社会科学版），2011，29（2）：25-28，39.

夏季训练营收益，非 NBA 巡回赛收益，全明星赛、麦当劳冠军赛和其他 NBA 特别活动的收入，球队吉祥物和啦啦队表演收益，停车费，转播权销售收入（包括国际电视转播权销售收入），距球场 75 英里（120 千米）的授权商店销售特许商品的收入，球队赞助商的资助，球队宣传收益，40% 的场馆签约收益，40% 的豪华包厢收益，从 NBAE 得到的收入等。① 虽然联盟总相关收入的计算相当复杂，但是对各个俱乐部统一使用工资帽"一刀切"地计算，基本上不会引起俱乐部间不必要的争议。

2. 用于球员限薪的最高工资限制制度、最低工资限制制度和增长率限制制度

最高或最低工资是指球员在一个赛季内能够领取的工资限度，它的具体数额取决于球员的服役年限，不同服役年限的球员，其工资限度不同。以新秀球员的工资限度为例，1995 年以前有许多优秀的新秀球员与俱乐部讨价还价，直到拿到满意的合同才签约。1995 年针对第一轮新秀球员的年薪限制政策开始执行，即依据新秀球员的位次限定工资的具体数额，且该数额不得私自更改，同时依据 1998 年劳资协议限定球员工资增幅：伯德类球员的工资增幅不能超过12%，非伯德类球员不能超过 10%。②

通过梳理 NBA 在俱乐部经济实力方面的竞争平衡机制发现，NBA 球队归属同一个联盟，处于相同的竞争平台，受工资帽等俱乐部资金投入制度的约束，球队投入的资金额度基本接近。因此，俱乐部经济实力存在差距的主要原因是联赛收益分享存在差距。由于联盟在整体经营上采用球队平均分配的方式，所以球队间经济实力的差距最终还要归因于各球队自主经营能力的差距。

---

① 王义平，王晓东. NBA 商业模式与经营状况研究 [J]. 体育与科学，2013, 34 (3)：93-96, 92.

② 王建国. NBA 制衡机制研究 [J]. 体育科学，2006 (9)：86-95.

第三节　对两种联盟模式竞争平衡机制的比较与启示

一、球队竞技实力竞争平衡机制的比较与启示

（一）球队竞技实力竞争平衡机制的比较

除了球员转会制度，选秀制也是 NBA 在球队竞技实力方面的重要制度安排。或许是联盟模式的差异，同 NBA 的选秀制相比，无论是欧洲职业足球联赛，还是中国职业足球联赛，年轻球员的培养与选拔机制对联赛内球队竞技实力的影响几乎可以忽略。

NBA 的球员转会制度更能实现球员和球队双方权益的激励相容，这体现在两个方面：一是合同期内转会。合同期内球员脱离球队或者与球队解约的方式包括球员交换、买断球员合同、使用早期终止权、球队实行放弃球员权。但无论是球员还是球队的单方解约权都必须在早期合同中备注才能生效。所以，相对欧洲职业足球联赛来讲，NBA 中球员违约事件发生的可能性要小得多。二是合同期满后转会。合同期满后，不涉及选择权的自由球员有权与其他球队谈判、签约。而所要签约的球队在不违背球员薪资的限制性条款的前提下，有权在一定范围内为该球员提供尽可能高的工资。为防止球员过度自由同时在一定程度上维护俱乐部的利益和权力，原俱乐部可以通过协议方式取得优先签约权。需要注意，球队是否拥有优先签约权要依据原合同的劳资协议是否备注而定。

NBA 的转会规则给予俱乐部和球员适当的协议空间，使劳资双方主动参与可行性方案的设计；而欧洲职业足球转会规则为双方留下的协议空间相对较小。我国职业足球也出现过俱乐部与球员之间自发商定协议的情况，但协议内容因缺乏利益调控和制约措施而饱受诟病。具体来说，在转会规则不健全，且缺乏类似 NBA 工会的维权机构的情况下，面对掌握球员生杀大权的俱乐部，处于弱势地位的球员难以维权。因此，如果球员和俱乐部之间签订的协议无法保障公平，那么这种协议的具体内容还有待商榷。

综上所述，从机制设计的视角来看，NBA 的球队竞技实力竞争平衡机制在

保障球员自由流动的基本权利、体育的真实性以及赛事的稳定性等方面都比欧洲职业足球联赛球队竞技实力竞争平衡机制做得更好。

（二）启示

1. 与欧洲职业足球联赛球员转会制度的比较

中国职业足球联赛的球员转会制度正逐渐与国际足联的转会制度接轨。我国现行的职业足球运动员转会规则依据的是 649 号文件，该文件基本上保留了国际足联颁布的 2001 年版《国际足联球员身份及转会规定》的相关内容。649 号文件相对于原《中国足球协会球员身份及转会暂行规定》（足球字〔2009〕536 号）最大的改变是将新合同签订期由届满前的 3 个月延长到半年。放眼全局，这一变化正体现了中国职业足球联赛的球员转会制度同国际足联转会制度接轨的发展趋势。

我国现行的球员转会规则和国际足联的球员转会规则基本相同，主要表现在以下方面：①保护期，即职业球员在 28 周岁赛季之前签订的合同自其生效之日起的连续 3 个赛季或 3 年，或职业球员在 28 周岁赛季之后签订的合同自其生效之日起的连续 2 个赛季或 2 年。②我国职业球员的注册期和国际足联的转会窗相同，即每赛季有两次注册期①。③培训补偿，即球员首次签订合同成为职业球员后所属的俱乐部，或职业球员在 23 周岁赛季结束前每次转会加入的新俱乐部，均有向注册过该球员的俱乐部和培训单位支付培训补偿的义务。这类似于国际足联的年轻球员培养费规定。④联合机制补偿，即职业球员在原合同期满前转会，所有注册过该球员的俱乐部和培训单位，均可从新俱乐部支付给原俱乐部的培训补偿中获得相应比例的联合机制补偿。它与国际足联的团结机制规定相同。

同时，我国现行的球员转会规则同国际足联的球员转会规则亦存在区别，具体分析如下：①虽然二者都规定每个赛季有两次注册期，但是国际足联转会规则明确提出每位球员在注册期内只能转会一次，而且它对赛季中期转会有严格限制，只有基于和体育紧密相关且合理的理由球员才可在赛季中期转会。这些都是 649 号文件没有涉及的地方。需要注意的是，只能转会一次的规定是出

---

① 注册期：又称"转会窗""转会期"。

于对保持球队完整性和遵守体育道德规范的考虑而提出的。试想一名重要球员在中超联赛中期转会，前赛季他代表 A 球队，后赛季他归属 B 球队，而且在重要比赛中他都起到了关键作用，这样一来，观众对球队的辨识能力将会降低，观赛兴趣和激情将受到影响。②在仲裁机制方面，649 号文件第八十一条规定："在球员转会中发生的争议，当事方应当将争议提交中国足协仲裁委员会仲裁。国内球员在国内发生的纠纷，中国足协仲裁委员会做出的裁决为最终裁决。"这就产生了一个问题，即中国足协仲裁委员会成员是如何确定的，有没有既定的利益倾向？我们应仿效国际足联建立解决球员转会问题的仲裁机构，机构成员由球员和俱乐部官员选举产生，球员和俱乐部官员选举的成员人数相等，同时仲裁机构主席必须有独立决策权，来自国际足联的代表也应在仲裁机构中有一席之地。球员可求助仲裁，也可向法院寻求救济。① 在一般情况下，仲裁机构可以帮助球员解决争议问题，并且仲裁裁决具有强制执行的效力。②

2. 与北美职业体育联盟球员转会制度的比较

（1）优先签约权

球队对受限自由球员的优先签约权是中国职业足球联赛和欧洲职业足球联赛所不具有的。欧洲也施行过保留和转会制度，它提出不管合同是否到期，转入俱乐部都必须支付给转出俱乐部一笔转会费，用于补偿转出俱乐部培养该球员付出的代价。③ 此外，中国职业足球联赛曾经推行的转会制度明确规定优先签约权不需要在合同中备注，如果俱乐部不签约，也不将球员挂牌，那么即使合同到期，球员也无法转会，这表现出原俱乐部对球员转会的绝对掌控权。

（2）早期终止权

在 NBA，球员有提前终止合同中有关服役年限条款的权利，且此权利仅为球员所有。球员是否拥有早期终止权取决于球员与球队签订的合同。联赛市场允许球员通过单方违约的方式得到俱乐部的重视。由于我国球员在俱乐部面前的不平等地位亟待改善，早期终止权的规定对我国职业足球实践有重要的借鉴

---

① 郭树理. 外国体育法律制度专题研究［M］. 武汉：武汉大学出版社，2008：151.
② 郭树理. 外国体育法律制度专题研究［M］. 武汉：武汉大学出版社，2008：167.
③ 吴育华，杨顺元，叶加宝. 中国、欧洲足球运动员转会制度分析［J］. 武汉体育学院学报，2007（9）：19-22.

意义。中国足协也在特定情况下赋予球员早期终止权，如 649 号文件第四十六条规定："若一名职业球员在一个赛季中代表其所注册俱乐部参加比赛的上场时间少于该俱乐部官方比赛时间总和的 10%，则该球员有权以正当体育理由提前终止合同。球员以正当体育理由提前终止合同时不受体育处罚，但可能涉及经济赔偿。"此外，第四十五条规定："俱乐部违反工作合同约定，拖欠球员工资或奖金的，经中国足协相关部门认定，该球员有权单方面终止合同。"对俱乐部拖欠球员工资或奖金的问题，中国足协也曾三令五申，甚至对违规俱乐部进行了严厉处罚。但是，在国内联赛中，球员处于弱势地位，一切都是俱乐部老板说了算，欠薪现象比比皆是。面对俱乐部欠薪，没有话语权的球员通常是忍气吞声，即使球员提起申诉，还需等待中国足协相关部门的认定。针对我国职业球员处于弱势地位的情况，要想根本解决俱乐部欠薪问题，我们可以借鉴 NBA 球员的早期终止权规定，即明确提出球员有提前终止合同中有关服役年限条款的权利。球员在向俱乐部提出行使早期终止权时，无须提供欠薪证据。这种允许球员单方违约的方式可使俱乐部更加重视球员。

博斯曼法案解决了合同到期的转会问题，却没有解决合同期内的转会问题。现行的北美职业体育联盟转会规则解决了这一转会问题，使球员虽然没有和俱乐部在违约金上达成一致，但如果他支付了一定数额的赔偿费，那么他就可以离开当前所效力的俱乐部。这是北美职业体育联盟转会规则在球员权利方面的一个创新，与先前的转会规则形成了鲜明的对比。根据之前的博斯曼体系惯例，如果合同期内俱乐部不接受另一家俱乐部的报价，那么这桩转会交易就无法进行；在新的转会规则下，球员可以通过支付违约金和赔偿费来"赎身"，而且球员支付给俱乐部的违约金和赔偿费往往低于谈判所达成的转会费，也就是说，球员转会将给俱乐部带来更多的收入。

中国职业足球联赛和欧洲职业足球联赛都不具备类似 NBA 工会的机构。作为球员利益方代表，工会是帮助球员维权的重要机构。在球员与俱乐部之间出现劳资纠纷的时候，尤其是在球员利益遭受不公平侵害时，工会能代表球员利益，在球员与俱乐部之间形成一种制衡。在中国职业足球联赛的发展过程中，俱乐部和球员之间利益博弈的结果一直表现为俱乐部权力过大而球员利益不保或受损。所以，建立一个工会组织有利于劳资纠纷的处理，有利于促进球员转会市场的规范发展，有利于竞争平衡机制的实施与完善。

二、俱乐部经济实力竞争平衡机制的比较与启示

（一）俱乐部经济实力竞争平衡机制的比较

限薪是欧美职业体育联盟的俱乐部经济实力竞争平衡机制的共同主旨。例如，欧洲职业足球联赛统一受制于欧足联颁发的财政公平政策，以 NBA 为代表的北美职业体育联盟则受工资帽制度的制约。但是二者的限薪规则存在许多不同点，具体的比较分析如下。

1. 对限薪额度参照物的比较

收支平衡条款作为财政公平政策的核心内容，其限薪要求为相关开支不得超过相关收入。可见，该条款限薪额度的参照物是俱乐部总收入。在同一个职业体育联盟中，不同俱乐部的总收入有差别，所以不同俱乐部限薪额度的参照物也不同。然而，NBA 实行的限薪措施以工资帽制度为主，其限薪额度的参照物是联盟总收入，而且该参照物普遍适用于各球队。

2. 对俱乐部资金投入调控效果的比较

在欧洲职业足球联赛中，实力雄厚的豪门俱乐部和弱小俱乐部的相关收入差距较大，按照收支平衡条款，豪门俱乐部可用于球员薪资花费的额度显然比弱小俱乐部高得多，其可用于招募球员的资金也远远超过弱小俱乐部。这会导致弱小俱乐部处于更加不利的地位，进而使联赛竞争平衡状况恶化。反观 NBA，各俱乐部在资金投入上的差距不大。① 同时，NBA 制定了适用于所有俱乐部的薪资花费标准，使得所有俱乐部在薪资花费额度上基本处于同一水平线，这有利于联盟实现竞争平衡。所以，在俱乐部资金投入的调控效果上，NBA 的俱乐部经济实力竞争平衡机制比欧洲职业足球联赛的俱乐部经济实力竞争平衡机制更好。事实也证实了这点。例如，NBA 俱乐部赚钱盈利，而欧洲职业足球俱乐部却深陷亏损的财政困境。

3. 对限薪制度执行性的比较

欧洲职业足球联赛的限薪制度在执行上要比 NBA 更为烦琐。不同的欧洲职

---

① 王建国. NBA 制衡机制研究 [J]. 体育科学, 2006 (9): 86-95.

业足球俱乐部，其市场规模、经营范围、开发程度不同，这使得甄别其收入、花费的数额和性质的难度不断增加，也使得界定相关性时花费的时间及精力不断增加。对此，财政公平政策对相关收入和相关开支的概念和内涵进行了非常详细的界定，这导致欧洲职业足球联赛的限薪制度执行起来较为烦琐。相比较而言，NBA 年总收入的统计是在联盟层面上进行的，所以对俱乐部个体相关性的甄别不存在差异和纠纷，这使得 NBA 的限薪制度执行起来相对高效和便捷。

从机制设计理论视角分析，NBA 的俱乐部经济实力竞争平衡机制在既定目标、资源配置、激励相容方面更加完善。

（二）启示

限薪是欧美职业体育联盟俱乐部经济实力竞争平衡机制的核心。具体来说，欧洲职业足球联赛采用财政公平政策，NBA 采用工资帽制度，我国曾推行各种限薪令①，对上述限薪制度的具体条款的比较详见表 6-1。对各条款效力的分析如下。

表 6-1　限薪制度的具体条款的比较

联盟模式	典型代表	限薪条款	限薪额度参照物	限薪额度
封闭式	NBA	工资帽	俱乐部薪资花费	联盟上一赛季总相关收入的48%除以俱乐部数量
开放式	欧洲职业足球联赛	收支平衡	俱乐部相关开支	俱乐部相关收入
开放式	中国职业足球联赛	55%限薪	俱乐部薪资花费②	俱乐部全年经营收入的55%

条款效力分析一，工资帽只适用于封闭式联盟模式下参与单一赛事的俱乐部，而不适用于参与多重赛事和争取多重奖励的俱乐部。北美封闭式职业体育联盟内，俱乐部有固定的比赛场次和明确的收益，它们仅仅角逐联盟内比赛的

---

① 财政公平政策中以限薪为主题的条款为收支平衡条款。中国足协公布的限薪令规定"俱乐部每年发放的球员工资、奖金不能超过其全年经营收入的 55%"，该条款简称"55%限薪"。

② 俱乐部薪资花费包括球员工资、奖金。

冠军。所以工资帽和奢侈税的限薪额度能依据联盟的赛季总相关收入进行核算。而开放式联盟模式下，赛场表现的差异导致球队的比赛场次可能不同。此外，俱乐部在一个赛季可能会赢取多种赛事的参与资格，如参与国内联赛、国内杯赛，欧洲范围内的欧冠杯赛、欧联杯赛等的资格。参与多重赛事可使俱乐部获得多重奖励。假设英超联赛中成绩优异的俱乐部 A 在一个赛季有幸参与并赢取了 5 个赛事机会，每个赛事中俱乐部用于球员薪资的花费为 1 份额，则其运营成本为 5 份额。但是，如果英超联赛颁布的工资帽制度和奢侈税制度明确提出各个俱乐部用于球员薪资的花费不能超过 4 份额，那么对于俱乐部 A 来讲，该限薪额度显然同球员的劳动付出以及俱乐部多线作战的开支不匹配。或许，这也是欧洲职业足球联赛迟迟没有直接引入工资帽制度和奢侈税制度来遏制俱乐部整体亏损的原因。

中国职业足球俱乐部也存在多重赛事机制，如中超联赛、足协杯赛、亚冠杯赛等，每个俱乐部参与的赛事和场次不同，赢取的奖励和收益也就不同。所以，结合上文对欧洲职业足球联赛做法的分析可知，中国职业足球俱乐部应依据俱乐部财务收入制定浮动性指标，而工资帽制度和奢侈税制度的定额性指标不适用于中国职业足球俱乐部的限薪。

条款效力分析二，收支平衡条款也不适合直接移植到中国职业足球联赛中。首先，中国职业足球俱乐部的主要收入和欧洲职业足球俱乐部不同。欧洲职业足球俱乐部的主要收入可分为比赛日收入、媒体版权收入和商业赞助，以英超俱乐部为例，这三类收入的比例为 4：5：1。而对中超俱乐部近 5 个赛季的收入情况进行统计后发现，其商业赞助达到了总收入的 84%，其余两类收入微薄。其次，从收支平衡条款中相关收入的概念来看，占总收入 84% 的商业赞助不属于相关收入。在政策红利的吸引下，中超俱乐部的老板纷纷慷慨解囊，赞助自己的俱乐部，而根据欧足联的收支平衡条款，这部分收入不能归为相关收入。如果仅将占总收入 12% 的门票收入作为俱乐部相关收入，那么对那些没有多少球迷的俱乐部而言，先不说球员薪资，就是球员基本生活费它们都难以负担。

条款效力分析三，中国职业足球联赛在 2004 年曾执行类似工资帽的条款："俱乐部每年发放的球员工资、奖金不能超过其全年经营收入的 55%"。但事与愿违的是，此举非但没有对实力雄厚的俱乐部起到限薪的作用，反而增加了全年经营收入不高的弱小俱乐部中优秀球员被挖走的可能。工资帽的限薪额度是依据联盟上一赛季总相关收入的 48% 来制定的，所以联盟内各俱乐部都执行统一的限薪额度。而我国推行的限薪额度是依据俱乐部全年经营收入的 55% 制定的，这样中超联赛中每个俱乐部的限薪额度是不同的，实力雄厚的俱乐部和弱小俱乐部在资金投入方面的受限程度差距较大，造成俱乐部间存在极大的不公平。虽然中国职业足球联赛和 NBA 采取了相似的限薪额度参照物，但由于参照物（俱乐部薪资花费）的差异，最终的执行效果相差较大。

第四节　本章小结

欧洲职业足球联赛现行的竞争平衡机制包括后博斯曼体系、财政公平政策。NBA 现行的竞争平衡机制包括由球员转会制度和选秀制组成的球员流动制度，以及由工资帽制度和奢侈税制度组成的限薪制度。

比较欧美职业体育联盟在球队竞技实力方面的竞争平衡机制可以发现，NBA 的球员转会制度更有效力。另外，工会是 NBA 球队竞技实力竞争平衡机制实施的有力保障。[1]

比较欧美职业体育联盟在俱乐部经济实力方面的竞争平衡机制可以发现，工资帽制度仅适用于封闭式联盟模式下的限薪。因为，NBA 采用的这种封闭式职业体育联盟模式限定了球队的比赛场次和收入来源，俱乐部的收入基本上来自联赛收益分享，俱乐部的限薪额度可基于联盟上一赛季总相关收入来设定。而欧洲职业足球联赛采用的是开放式联盟模式，球队可凭借其竞技实力和比赛状况参与不同层次和场次的联赛，争取多重奖励。例如，一个俱乐部可参与多种联赛并进行收益分享，如果采用工资帽制度进行限薪，那么这个俱乐部要依照哪一个联赛的总相关收入来设定限薪额度呢？所以，欧洲职业足球俱乐部就将限薪额度中的联赛总相关收入改为俱乐部相关收入，依据俱乐部自身的收支

---

① 裴洋. 欧盟竞争法视野下的足球运动员转会规则 [J]. 体育科学，2009，29（1）：25-34，57.

平衡状况来限薪。从实践效果来看，NBA 的俱乐部经济实力竞争平衡机制比欧洲职业足球联赛的俱乐部经济实力竞争平衡机制更好。

通过对欧美职业体育联盟竞争平衡机制的梳理可以发现，中国职业足球联赛的特征及竞争平衡机制更类似于欧洲职业足球联赛。

第七章

竞争平衡机制下"世界先进行列"个案分析

中国足球的远期目标是职业联赛组织和竞赛水平进入世界先进行列，而印度板球超级联赛（以下简称印超联赛）成为业内顶级联赛可为中国职业足球联赛的发展提供借鉴。这一方面是因为中国和印度同为发展中国家，另一方面是因为两个联赛均有具备后发之势的职业体育联盟的共有属性。本章采用类比推理的研究方法，以帮助既缺乏理论指导又无直接经验借鉴的我国职业足球联赛早日进入世界先进行列。本章以印超联赛改革策略为研究对象，分析了职业体育联盟竞争平衡理论在打造全球顶级联赛中的主要作用，总结了有利于职业体育联盟发展的共性措施：完善联赛模式、提高联赛水平、增强比赛对抗性和拓展联赛市场，并提出了其对中国职业足球联赛发展的启示：坚持吸引更多球迷关注的联赛发展路向，采用健全联赛卡特尔组织特性、高薪引援提高联赛水平、经济制衡增强比赛对抗、积极营销拓展联赛市场的策略。

促使中国职业足球联赛进入世界先进行列，被列为《中国足球改革发展总体方案》（以下简称《方案》）中职业联赛组织和竞赛水平方面的远期目标。然而，这个宏伟目标与我国足球仍全方位落后的现状形成一对现实矛盾。

将现实矛盾上升到理论层面是进行科研的第一步。通过梳理相关政策、学术研究成果，整理出需要澄清的问题：首先，进入世界先进行列的远期目标到底有多远？虽然《方案》中没有给出期限，但根据《中国足球中长期发展规划（2016—2050年）》明确提出的"远期目标（2031—2050年），全力实现足球一流强国的目标；中期目标（2021—2030年），职业联赛组织和竞赛水平达到亚洲一流"可以对期限有较为清晰和直观的感知。其次，虽然《方案》为我国职业足球制定了一个宏伟目标，并给出了方向性指示，但政策如何落实的问题还有待学者通过更深入的研究予以解决。最后，在中国知网检索发现，中国足球职业化改革以来，国内学者重视对国内联赛市场的研究，却忽视了对国际职业足球市场的研究，尤其是对如何进入世界先进行列相关问题的研究较为匮乏。

综上所述，对如何进入世界先进行列相关问题的研究既是国家层面的战略需求，又是落实政策的需要。而当前理论研究薄弱、实践经验匮乏，且没有直接案例可供借鉴，我们只能从相似案例、类似经验中提炼可为我国职业足球借鉴的具体方法和启示。

第一节　类比推理：解答问题的方法选择

正如康德（Kant）所说，每当缺乏可靠的论证思路时，类比推理这个方法往往能指引我们前进。类比推理是依据两个（类）对象的一些属性相同或相似，推出一个（类）对象也具有另一个（类）对象的某一已知属性。[①] 卡尔纳普（Carnap）在《概率的逻辑基础》中阐述了类比推理的适用情况，即已知个体事物 A 和 B 在某种特征上一致，并且 A 具有更多的其他特征，由此得出 B 也具有这样的特征的推论。[②] 类比推理为我们探究某一类事物的共有属性提供了便利，它属于科学推理范畴，是科学溯因中常用的逻辑手段。

类是逻辑学中最基本的范畴，任何事物只要有共同属性，都可以建类[③]，因此，可以选择中国职业足球联赛和印超联赛建类。首先，两者均有职业体育赛事的共同属性。中国职业足球联赛和印超联赛同属职业体育赛事，应该有职业体育赛事的共同规律可循。其次，两者均有相似的联赛发展环境。中国和印度同属发展中国家，足球和板球都是起步较晚的外来运动项目。同发达国家相比，这两个国家都在经济、管理、发展基础等方面不占优势。最后，两者均有

---

①③ 杨琪. 能近取譬：孔子成仁之教的方法论阐释 [J]. 湖南师范大学教育科学学报，2015，14（1）：19-23.

② 梁贤华. 纯粹归纳逻辑框架下的类比推理 [J]. 逻辑学研究，2019，12（4）：17-37.

相似的联赛发展目标。中国职业足球联赛进入世界先进行列的时代目标同印超联赛打造全球顶级联赛的现实追求高度契合。所以,印超联赛后来者居上的改革策略值得我们类比推理以寻绎义理。

董志铁认为,类是将某个(某类)事物的道理,推广到其他相类似事物的思维过程,其结构通常由"言事"与"言道"两个部分组成。① 本章据此将内容结构设置为言事、言道、启示三个部分。言事部分除了回顾"印超联赛的前世今生"这一宏大叙事主题,更重要的是提出其关键事件中的核心要素——改革策略;言道部分分析印超联赛改革策略在打造全球顶级联赛中的主要作用,从职业体育经济学视域出发,理其端绪,寻绎有利于职业体育赛事发展的共性逻辑;启示部分将国外有益经验与中国实际国情相结合,指导中国职业足球联赛实现进入世界先进行列的目标。

第二节 言事:印超联赛概况和改革策略

一、印超联赛概况

(一)规模

提起职业体育顶级联赛,人们首先想到的往往是英超、NBA、美国国家橄榄球联盟,但根据国际体育刊物《专业体育》的统计调查,新兴的印超联赛的品牌价值也位居全球前列。印超联赛市场的火爆程度令英国人难以想象。印度将印超联赛打造成了板球界最具商业价值的联赛,在全球板球收入中,仅印度一个国家就几乎占了总额的90%。与印度相比,该项运动的传统强国澳大利亚表现稍显逊色。印度也因此成为国际板球理事会中具有极大影响力的国家。

(二)球员薪资

印超联赛的球员薪资仅次于 NBA,它是世界上球员薪资第二高的联赛。在

---

① 董志铁."推类"的构成、本质与作用——三论"引譬、援类"[J]. 毕节学院学报,
2010,28(7):52-55.

全球职业体育界，各联赛的球员平均周薪由高到低分别为：NBA 的 50 847 英镑，印超联赛的 48 243 英镑，美国职业棒球大联盟的 35 147 英镑，英超联赛的 28 230 英镑，美国国家橄榄球联盟的 22 506 英镑。在印超联赛中收入最高的一位球星，曾在 6 个星期内获得了 100 万英镑的薪资。①

（三）球迷

印超联赛的球迷市场规模巨大。在 2008 年印超联赛改革后的首个赛季，比赛场场爆满，首届印超联赛在印度全国的平均收视率达到 11%，印超联赛的决赛吸引了 6 万多名球迷现场观看。据《印度经济时报》调查：超过 1/10 的受访者宁愿减少看电影或者外出就餐的次数也要观看板球比赛。在印度，人们或许不知道科比、梅西、博尔特是何人，但对板球明星如数家珍。

二、改革策略

印超联赛市场之所以如此火爆，是因为 2008 年印度板球协会对联赛进行了颠覆性改革，其具体策略如下。

（一）缩减球队数量

印超联赛效仿美国顶级联赛来改造和运作，它将国内原有的 26 支球队缩减为 8 支并进行公开拍卖，共卖出了 7.24 亿美元。印度各行业的巨富争相参与这场拍卖，如印度首富穆克什买下了孟买印度人队，水泥大王斯里尼瓦桑和传媒大王默多克之子拉查兰·默多克也都出资购买了球队的股份。

（二）高薪吸引全球顶级球员

为了吸引世界各地的顶级球员，印超联赛为球员开出了天价年薪。众多顶级球员纷纷转会到印超联赛，这将明星效应发挥到了极致。例如，一位澳大利亚球员以 140 万美元的价格转会到印超联赛，这比绝大多数板球球员整个职业生涯挣的薪资都要多。

（三）加入娱乐元素

为了提升赛事观赏性，印超联赛参照美国职业棒球大联盟以及 NBA 的模式

---

① 印度超级板球联赛球员平均薪水高 仅次于 NBA ［EB/OL］．（2014-08-07）［2021-03-09］．https：//www．chinanews．com/ty/2014/08-07/6469928．shtml．

引入了美女啦啦队，吸引了不少观众的眼球。在宣传方面，印超联赛大量使用印度宝莱坞的电影明星，通过明星效应又吸引了不少年轻观众。另外，印超联赛进行了赛制改革，将比赛时长控制在 3 小时内，增加了比赛的刺激性。

上述一系列改革策略为印超联赛披上了华丽外衣，使其成为全民追捧的体育赛事。①

第三节 言道：印超联赛改革路向和策略论绎

一、改革路向论绎

吸引更多球迷关注是印超联赛改革发展的路向。吸引更多球迷关注是职业体育经济学的一个立论基石，学界公认的、对职业体育经济学有巨大贡献的三篇著作中都有关于吸引球迷关注的论述：①罗滕贝格在《棒球运动员的劳务市场》一文中提出，比赛结果充满悬念是职业体育最吸引人的地方，他肯定了棒球当局的初衷——如果没有储备条款，富有球队将以高价获得最好的球员，这将减少联盟中比赛结果的不确定性，降低比赛观赏性，减少联盟中所有球队的上座率，进而影响到整个联盟收益和各个球队收入。同时，他驳斥了储备条款，指出该条款没有达到促进天才球员在球队间均衡分配的预期目的。② ②球迷更倾向于欣赏实力均衡的球队之间的对抗。③ 尼尔在《职业运动的特殊经济学》中指出，现场球迷和电视观众都是棒球比赛产生效用的最主要体现，他在论证职业体育联盟的竞争比垄断获利更多时做出如下阐述："假如扬基家族既买下最好球员，又买下美国职业棒球大联盟中的所有球队，那么其结果是没有观众、没

① 刘勇，代方梅. 体育市场营销 ［M］. 3 版. 北京：高等教育出版社，2015：51-53.
② ROTTENBERG S. The Baseball Players' Labor Market ［J］. Journal of Political Economy，1956，64（3）：242-258.
③ WOLTRING M T. Examining Competitive Balance in North American Professional Sport Using Generalizability Theory：A Comparison of the Big Four ［D］. Nashville：Middle Tennessee State University，2015.

有比赛、没有收入，也没有扬基。"① ③斯洛娜在《职业足球经济学：追求利益最大化的足球俱乐部》一文中提出，增加观众上座率能够活跃球场气氛，给球员和球迷更强的现场感，这本身就可以看作成功的一个标准。② 球迷数量是某些函数的关键变量，球迷数量的不同导致俱乐部在规模大小上存在差异。③ 因此，吸引更多球迷关注已是所有职业体育联盟经营和管理的最终目标。

何为进入世界先进行列？对此国际上尚无统一标准，相关政策指示和学者研究也未给出定论，但是印超联赛打造了火爆的球迷市场的事实印证了职业体育经济学中职业体育联盟的最终目的是吸引更多球迷关注的论断。在吸引更多球迷关注的改革路向的指引下，印超联赛实施了完善联赛模式、提高联赛水平、增强比赛对抗性、拓展联赛市场等改革策略。

二、改革策略论绎

（一）完善联赛模式

完善印超联赛模式的具体做法包括缩减球队数量、进行球队拍卖，其理论支撑是联盟的卡特尔组织特性和封闭式联盟模式。

1. 联盟的卡特尔组织特性

卡特尔组织是一种企业集团，它是指为了实现联合利益最大化，企业之间会在生产协调和定价决策方面达成正式协议，共享垄断利益。虽然体育的本质在于竞争，但从职业体育经济学的视角来看，该竞争仅是竞技场上的竞争而非市场上的竞争，在经济决策上俱乐部之间存在相互依存的关系，并且每个俱乐部都能从联盟健康生存中获得收益。④ 因此，联盟被视为由一群俱乐部老板联手

① NEALE W C. The Peculiar Economics of Professional Sports [J]. The Quarterly Journal of E-conomics, 1964, 78 (1): 1-14.

② SLOANE P J. The Economics of Professional Football: The Football Club as a Utility Maximiser [J]. Scottish Journal of Political Economy, 1971, 18 (2): 121-146.

③ FORT R. The Golden Anniversary of "The Baseball Players' Labor Market" [J]. Journal of Sports Economics, 2005, 6 (4): 347-358.

④ FLYNN M A, GILBERT R J. The Analysis of Professional Sports Leagues as Joint Ventures [J]. The Economic Journal, 2001, 111 (469): F27-F46.

来制定价格并限制竞争的卡特尔组织。① 以财务运营较为成功的联盟——美国国家橄榄球联盟为例：首先，主客队之间门票收入采取六四分成；其次，特许经营权、球队纪念品和新奇小物品的经销权统一分配，所有商品的销售利润都先上缴联盟，然后平均分配给各球队；最后，作为大多数俱乐部主要收入的电视转播权销售收入平均分配，联盟将所有比赛的全国电视和广播转播权以"一揽子交易"形式出售给出价最高者，转播权销售收入在俱乐部间平均分配。② 维护卡特尔组织特性是联盟经久不衰的重要保障，正如乌亚尔所言："一直以来，俱乐部老板们都意识到使球迷产生并保持兴趣是联盟（卡特尔组织）长治久安的一个关键因素。"③ 印超联赛赛制改革强化了职业体育联盟的卡特尔组织特性，为联赛发展奠定了基础。

2. 封闭式联盟模式

目前，封闭式和开放式是职业体育联盟的两种主要模式。在封闭式联盟中，球队仅参与联盟内赛事，没有升降级；而在开放式联盟中，球队可以同时参加多个联盟的多场赛事，且每个赛季都有升降级。④ 封闭式和开放式联盟有如下差异：①俱乐部的经营目的不同。体育经济学理论普遍认为，封闭式联盟的俱乐部倾向于利润最大化，而开放式联盟的俱乐部追求获胜最大化的意愿更强烈。⑤ ②收益分享方式不同。封闭式联盟的比赛产品是打包整体出售的，联盟内各俱乐部统一进行收益分享，门票收入也根据主客场按相应比例分成；而开放式联盟（如欧洲职业足球联赛）虽然也是打包整体出售电视转播权，但它几乎没有

---

① PANTUOSCO L J, STONE G L. Capitalism for the Cooperative: the NCAA and NFL Model of Parity and Profit [J]. Journal of Economics and Economic Education Research, 2007: 8 (2): 65-92.

② 夏普，雷吉斯特，格里米斯. 社会问题经济学（第十三版）[M]. 郭庆旺，应惟伟，译. 北京：中国人民大学出版社，2000: 192.

③ UYAR B, SURDAM D. Searching for On-Field Parity: Evidence from National Football League Scheduling During 1991—2006 [J]. Journal of Sports Economics, 2013, 14 (5): 479-497.

④ THOMAS H, STEFAN S. The Americanization of European Football [J]. Economic Policy, 1999, 14 (28): 203-240.

⑤ FORT R, QUIRK J. Owner Objectives and Competitive Balance [J]. Journal of Sports Economics, 2004, 5 (1): 20-32.

门票收入分享。③球员流动市场不同。封闭式联盟受选秀制、工资帽制度等约束，其转会市场不如开放式联盟自由，这有效地避免了俱乐部过度竞争优秀球员而造成入不敷出的财务困境。

综上所述，封闭式联盟的卡特尔组织特征更为明显，并且封闭式联盟享有反垄断豁免权；而开放式联盟受欧洲法律约束，在开放式联盟保持卡特尔组织特性的同时，欧洲法律会进行选择性干预①。封闭式联盟内的俱乐部通过增加收入和控制成本使俱乐部的盈利最大化，因此封闭式联盟的盈利能力很强。事实也是如此，在以北美四大职业体育联盟为代表的封闭式联盟纷纷盈利的时候，以欧洲职业足球联赛为代表的开放式联盟却陷入了整体亏损的财务困境，最终导致欧足联出台财政公平政策来强制干预。② 在缩减球队数量的赛制改革后，印超联赛充分发挥了职业体育联盟的卡特尔组织特性，使其品牌价值迅速跃居全球第二。

（二）提高联赛水平

印超联赛主要通过打明星牌和引入外来资金的策略来提高联赛水平。

从利弊共存的辩证角度看，封闭式联盟模式的弊端是容易使联赛处于较低水平。封闭式联盟模式强调"联盟内"，即不允许联盟内球队走出去，也不允许联盟外球队走进来，同时，每个赛季没有升降级，如印超联赛每个赛季都是同样的 8 支球队竞技。这很容易导致的一个后果是，联赛因整体水平不高而有失精彩，进而丢失球迷和联赛市场。事实也是如此，具有封闭式联盟模式典型特征的美国国家橄榄球联盟就经历了四次生存危机。③在与英国和其他国家的板球职业联赛争夺全球球迷市场时，印超联赛采取打明星牌的改革措施，吸引全球顶级球员参与，有效地提高了联赛水平，不仅解决了印超联赛被取代的生存问题，也打造了火爆的球迷市场。

打明星牌也是当今职业体育联盟通用的经营策略。例如，英超联赛吸引全球顶级球员和教练员参与，聚集英才是其经营的重要策略之一。在英超联赛

---

①③　THOMAS H, STEFAN S, CARMEN M, et al. The Americanization of European Football [J]. Economic Policy, 1999, 14 (28)：203-240.

②　MICHIE J, OUGHTON C. Competitive Balance in Football：Trends and Effects [R]. University of London：Football Governance Research Centre, 2004.

2018—2019 赛季，外籍球员占 75%，外籍教练占 80%。此外，参加 2018 年俄罗斯世界杯的 736 名球员中，来自英超联赛的多达 111 人。① 2018 年利物浦首发的 11 人中，有 10 位球员是收购来的，利物浦在收购他们时支出 3.5 亿欧元，而最终收入为 5.13 亿欧元。② 打明星牌带来的效果包括两个方面：一方面，顶级球员的参与提升了联赛的精彩度，满足了观众对高质量比赛产品的追求；另一方面，顶级球员的稀缺性、天价薪资、场外表现等吸引了广大球迷关注，增加了俱乐部的曝光度，提升了联赛的商业价值，这是不可多得的营销手段。与打明星牌相伴而来的是支付高薪的做法。平均周薪高达全球体育界第二的现状不仅体现出印超联赛薪资改革决策者立足国际联赛市场的大视野、勇于竞价欧美发达国家薪资水平的胆识，也展示出管理者洞悉业务的能力，即对"高薪引援是职业体育联盟提高联赛水平的基本逻辑"的深刻把握。③ 而在欧洲职业足球联赛中，豪门俱乐部要干的事情就是买进更好的球员，参加更高端的比赛，吸引更多球迷关注，招揽更多赞助商，赚取更多的钱，然后买进更大牌的球星，形成良性循环。④

从职业体育经济学视域来看，印超联赛拍卖俱乐部的改革策略本质上是在募集外来资金。其中，出资者通常被形象地称为"甜爹"，被赞助的俱乐部被称为"甜爹赞助的俱乐部"⑤。引入外来资金的好处如下：一方面，外来资金能为吸引全球顶级球员参与赛事及支付球员高昂的转会费和薪资提供保障。从生产要素角度来看，为打造高水平联赛，前期的资金投入是必须的。事实上，在印超联赛的改革策略中，拍卖 8 支球队获得的外来资金为随后实施借高薪吸引全球顶级球员的策略提供了资金保障。另一方面，外来资金有利于调动更多的生产要素。从表面上看，各行各业的巨富们都参与这场拍卖是一种纯粹的财务资本投入，而实际上，这暗含外来资金投资者对多种生产要素的资源投入。股东要想取得预期资本回报，就不能在投入资本后撒手不管，俱乐部的运营在很大

① 罗盘. 英超，强大自有基因 [N]. 中国体育报，2019-08-27 (6).
②③④ 杨天婴. 欧冠决赛：最会挣钱的那支队赢了 [N]. 中国体育报，2019-06-04 (6).
⑤ 李伟，陆作生，吴义华. 欧足联"收支平衡"财政监管措施分析及启示 [J]. 西安体育学院学报，2017，34 (6)：647-653.

程度上依附于股东自身的资源，如股东的政治资源、知识资源等。① 由此推测，印超联赛外来资金的投资者不可能在投入资金后就袖手旁观，他们可能会成为联赛改革的发起者和联赛营销活动的核心参与者。各行各业的巨富也意味着众多社会精英联手，群策群力参与联赛改革。

（三）增强比赛对抗性

印超联赛之所以缩短比赛时间，增强比赛的刺激性，是为了增强比赛对抗性，其理论依据是职业体育联盟的竞争平衡理论。竞争平衡是指球队之间的竞技实力均衡②，它既是维护和促进职业体育联盟发展的重要条件，也是职业体育联盟恪守的重要理论。③ 对抗激烈的比赛更能吸引球迷关注，比赛双方越势均力敌，比赛结果越不明确，观众人数也就越多。④ 增强比赛对抗性的做法是印超联赛践行竞争平衡理论的一个具体措施。

从竞争平衡理论视角来看，球队竞技实力和俱乐部经济实力是竞争平衡的主要影响因素，也是设计增强比赛对抗性机制的着力点。影响竞争平衡的因素有很多，凯森将优秀球员的分配和俱乐部经济实力上的竞争视为竞争平衡的主要影响因素。⑤鲍明晓在总结国际上衡量联赛成功的四个通行标准时提到，"球队之间的实力要均衡"及"整个联盟和俱乐部整体上财务要健康，财务制度要健全"。⑥ 涉及球员分配和俱乐部经济实力的标准占了两条，这足以表明二者是竞争平衡的主要影响因素。此外，球队竞技实力同俱乐部经济实力存在相互作用，正如凯森的论述："竞争平衡取决于球星在俱乐部间的分布情况，而球星的

---

① 王斌. 股东资源与公司财务理论 [J]. 北京工商大学学报（社会科学版），2020，35（2）：9-21.

② MICHIE J, OUGHTON C. Competitive Balance in Football: Trends and Effects [R]. University of London: Football Governance Research Centre, 2004.

③ SANDERSON A R. The Many Dimensions of Competitive Balance [J]. Journal of Sports Economics, 2002, 3 (2): 204-228.

④⑤ KNOWLES G, SHERONY K, HAUPERT M. The Demand for Major League Baseball: A Test of the Uncertainty of Outcome Hypothesis [J]. The American Economist, 1992, 36 (2): 72-80.

⑥ 鲍明晓. 职业足球的发展逻辑 [J]. 体育科研, 2015, 36 (4): 2-3, 104.

分布情况又取决于各个俱乐部的薪酬水平，因为高额的薪酬将吸引最好的球员。"① 还有其他一些影响因素，如政府或国家出资支持俱乐部基础设施建设的非统一性，俱乐部应用装备在高新技术上的差异性，俱乐部球员在道德水平、心理素质等方面的差异，教练员的指挥艺术和比赛环境，裁判员的道德水平和业务水平，比赛的组织与管理工作等都会影响竞争平衡状况及比赛对抗性。

综上所述，一方面，竞争平衡理论是印超联赛采取缩短比赛时间，增强比赛刺激性改革措施的理论溯源；另一方面，基于竞争平衡理论，增强比赛对抗性可以从诸多方面入手，而球队竞技实力和俱乐部经济实力是影响比赛对抗效果的主要因素。因此，增强比赛对抗性还可在涉及球队竞技实力和俱乐部经济实力的联赛管理机制设计方面做文章。

（四）拓展联赛市场

高水平联赛少不了全球顶级球员的参与，而全球顶级球员属于稀缺资源。因此，就算是高薪引援，顶级球员也是可遇不可求的。增强比赛对抗性关乎球员流动和俱乐部薪资管理等联赛竞争平衡机制的设计，具有涉及面广、周期长的特点，是一个较为复杂的系统性工程，非一时之功。因此，当高薪引援和增强比赛对抗性的手段无法实施时，印超联赛从美女啦啦队等娱乐元素入手，提升联赛对球迷的吸引力，拓展联赛市场。

从职业体育经济学视角看，职业体育联盟可被视为体育企业，比赛是其生产并销售的产品。如果完善联赛模式、提高联赛水平、增强比赛对抗性是提升印超联赛产品质量的方式，那么组建美女啦啦队就是拓展联赛市场的手段。从营销角度看，拓展联赛市场具有双重目标：留住现有顾客、吸引新顾客。提升产品质量固然可以留住现有顾客，但是要想吸引新顾客，还需另做思考。吸引新顾客首先要解决的问题是消费者心理上的感觉阈限，它是指并非所有体育产品都能顺利进入体育消费者的认知过程，只有那些恰好能够引起消费者感知的体育产品，才会进入体育消费者的认知过程。② 新顾客对比赛产品的认知过程由

① KÉSENNE S. Revenue Sharing and Competitive Balance in Professional Team Sports [J]. Journal of Sports Economics, 2000, 1（1）：56-65.

② 陈汉文. 消费者行为学 [M]. 北京：北京大学出版社, 2014：21.

浅入深，他们通过了解产品的不同特性，进而形成对产品的初步笼统印象，而这一印象往往决定了产品能否留住和发展新的消费者。因此，组建美女啦啦队是印超联赛突破新球迷感觉阈限、建立良好第一印象、拓展联赛市场的具体营销手段。

综上所述，从职业体育经济学视角审视印超联赛的改革路向和策略：首先，印超联赛坚持吸引更多球迷关注的联赛改革发展路向，这与以顾客需要为中心的现代营销观念相一致；其次，印超联赛践行提升联赛产品质量和做好市场营销齐头并进的联赛改革策略。

第四节　启示：中国职业足球联赛改革路向与践行策略

借鉴印超联赛改革策略，并基于职业体育经济学理论对其策略进行论绎，得出中国职业足球联赛在实现进入世界先进行列远期目标的过程中应坚持的改革路向与策略，具体分析如下。

一、坚持吸引更多球迷关注的联赛改革路向

吸引更多球迷关注是中国职业足球联赛在实现进入世界先进行列远期目标的过程中应坚持的改革路向，它也是包括印超联赛在内的所有职业体育联盟的目标。球迷更倾向于观看高质量的赛事，因此，如果国内比赛不够精彩，球迷就会选择观看国外比赛。事实上，国外先进职业体育联盟的比赛产品早已大规模侵占国内市场。例如，苏宁体育[①]花费 5.64 亿英镑购买了英超 3 年版权、腾讯花费 15 亿美元购买了 NBA 5 年版权。据 PPTV 体育热播排行榜统计，欧联杯、欧冠和西班牙足球甲级联赛播放量的占比高达 64%，国内赛事仅占 12%，且播放量的排名均在 20 位之后。中超转播权销售收入远远低于欧洲五大职业足球联赛等重大赛事。[②] 甚至，有媒体应观众需要，频繁转播欧洲职业足球联赛而放弃转播国内赛事。尤其是在全球化趋势下，网络和数字技术将比赛产品以低

---

① 苏宁体育是指江苏苏宁集团旗下苏宁体育产业集团。
② 江小涓，李姝. 数字化、全球化与职业体育的未来 [J]. 上海体育学院学报，2020，44 (3)：1-16.

廉的成本送达世界各地，这不仅为球迷对消费产品的选择提供了便捷，也为比赛产品争取最大市场份额提供了便利。因此，面对国外比赛产品入侵和国内球迷市场开发相对滞后的现状，如何打造高水平的国内赛事以吸引更多球迷关注是实现进入世界先进行列远期目标所要解决的联赛改革路向问题。

二、促使进入世界先进行列目标达成的践行策略

（一）健全联赛的卡特尔组织特性

中国职业足球联赛倾向于开放式联盟模式，由此产生了中国职业足球联赛是不是联盟的争议：有人认为它是联赛，有人认为它是"政府垄断式联盟"[1]。先不论它到底是不是联盟，上述争论表明联盟的规范性有待提高和完善，联盟应具备的功能有待健全。随后中国职业足球联赛在发展过程中又产生了一系列问题，如国内联赛应该管办分离的问题[2]，"政事、政社、政企分离，管办分离"的关键策略问题[3]，中国职业足球联赛理事会功能难以有效发挥的问题[4]。学者们对此提出建构中国足协双重治理体系[5]，保持私人公司治理结构[6]，引入公司化联赛治理模式[7]，政府要开放体育市场、倡导竞争等建议[8]，这些现实问题都属于联盟卡特尔组织特性的理论问题。只有将现实问题上升到理论高度，才能更好地实现方案目标。因此，保持联盟的卡特尔组织特性是中国职业足球

① 王庆伟，王庆锋. 西方职业体育制度变迁的比较研究 [J]. 体育与科学，2006（1）：42-51.

② 谭建湘，邱雪，金宗强. 中国足球职业联赛"管办分离"的研究 [J]. 体育学刊，2015，22（3）：42-47.

③ 梁伟，邢尊明. 基于中国足球协会双重代理的中超联赛组织管理结构变革 [J]. 体育学刊，2016，23（1）：67-71.

④ 郑志强，李向前. 中国职业足球联赛理事会构建的反思与重构 [J]. 武汉体育学院学报，2017，51（3）：22-26，31.

⑤ 张兵，仇军. 管办分离后中国职业足球改革的路径选择与机制依赖 [J]. 体育科学，2016，36（10）：3-9.

⑥ 王裕雄，靳厚忠. 中超联赛俱乐部持有人特征及动机判断——兼论职业足球俱乐部治理结构的选择 [J]. 体育科学，2016，36（9）：90-97.

⑦ 王家宏，刘广飞，赵毅，等. 中国体育深化改革相关法律问题研究 [J]. 体育科学，2019，39（11）：3-14.

⑧ 姜熙，王家宏，谭小勇. 新时代全面深化体育改革中政府与市场关系之研究 [J]. 武汉体育学院学报，2019，53（1）：12-17.

联赛进入世界先进行列的先决条件。工欲善其事，必先利其器。实现进入世界先进行列远期目标的根本做法是尽可能维护中国职业足球联赛的卡特尔组织特性。否则，其他一切改革措施和手段都难以达到预期效果，这也是"皮之不存，毛将焉附"的基本逻辑。

（二）高薪引援提高联赛水平

打造高水平比赛对中国职业足球联赛进入世界先进行列尤为重要。从国际视角看，如果仅关注联赛内的竞争平衡，忽视联赛间的竞争平衡，那么即便比赛双方对抗激烈，联赛也会因整体竞赛水平不高而有失精彩，这将导致球迷流失、联赛市场丢失，进而使联赛面临生存危机。提升中国职业足球联赛的球队竞技水平需要从引援与外来资金两个方面入手，具体做法如下。

1. 引援

球员个人的技战术能力、优秀球员的组队情况决定了联赛整体水平。也就是说，要想提高联赛整体水平，就要尽可能多地聚集优秀球员。吸引全球顶级球员参与联赛是印超联赛的主要改革策略之一，反观中国职业足球联赛，受相关制度限制，各俱乐部最多可拥有 4 名外籍球员，而欧足联旗下的大多数联赛都对外籍球员数量没有限制。以英超联赛为例，一场比赛下来，参赛球员几乎全是外籍球员。

要想实现进入世界先进行列的远期目标，联赛必须吸引广大顶级球员参与，以增强联赛间的竞争。当今高水平球员不断流入职业足球发达的国家，在 2011—2016 年，欧洲主要职业足球联赛的外援比例分别为英超联赛 63.3%、德国甲级联赛 49.8%、意大利甲级联赛 49.1%、西班牙足球甲级联赛 40.0%。实际上，西班牙足球甲级联赛的外援限制较为宽松，因为只要在西班牙工作满一定年限，球员就可以申请西班牙国籍。吸引国外高水平球员参与，是欧洲足坛提高联赛竞技水准、经济价值和国际化水平的必然选择。[①] 中国职业足球联赛也可筑巢引凤，通过吸引顶级外援来提升竞赛水平。但让外援占据比赛关键位置与锻炼、培养本土球员相互矛盾，目前中国职业足球联赛主要采用"引入外援+

---

① 杨铄，冷唐蕴，郑芳. 职业足球联赛外援配额制度研究 [J]. 体育科学，2016，36 (12)：18-29.

限制外援数量"的方式,然而,如何寻求两者平衡仍是需要解决的问题之一。如果放宽外援引进和外援上场的数量限制,虽然这更有利于达成进入世界先进行列的目标。但随之而来的问题是,吸引全球顶级球员参与中国职业足球联赛,联赛必然要向球员支付相应的转会费和薪资。高昂的薪资是就目前国际职业球员的薪资水平而言的,而不是就国内的经济水平或球员薪资水平而言的。支付高昂的薪资才能使一些国际球星放弃更有利于个人发展的欧洲职业足球联赛,转而加盟中国职业足球联赛。在当今国际职业足坛"嫌贫爱富"的背景下,国内职业足球联赛的薪资支付能力必须与国际接轨。①

2. 外来资金

外来资金是吸引全球顶级球员加盟的必备物质条件。引入外来资金在职业足球领域很常见,如俄罗斯富豪罗曼·阿布拉莫维奇收购切尔西俱乐部、卡塔尔皇室购买巴黎圣日耳曼俱乐部、美国格雷泽家族收购曼联俱乐部、俄罗斯天然气工业股份公司投资德甲沙尔克 04 球队等。这些俱乐部的成功得益于投资人捐赠的外来资金,因为外来资金能帮助俱乐部留住和购买更好的球员,赢得比赛胜利,获得更多的收入,如此形成良性循环。这些俱乐部因获得巨额收入和垄断国内财富的能力而成为超级俱乐部。在欧洲超级俱乐部阵营里,富有的超级俱乐部往往是募集外来资金最多的俱乐部。

《方案》明确提出:"引导有实力的知名企业和个人投资职业足球俱乐部、赞助足球赛事和公益项目,发挥支持足球事业的示范和带动作用,拓宽俱乐部和足球发展资金来源渠道。"可见,鼓励社会力量发展足球的做法也具备募集外来资金的性质。从联赛发展角度看,外来资金对中国职业足球联赛应是多多益善②,然而,实际上国内财团的资本纷纷外流到欧洲职业足球联赛,如万达集团出资 4498 万欧元购买西班牙足球甲级联赛马德里竞技 20% 的股份,苏宁体育产业集团出资 2.7 亿欧元收购国际米兰,中欧体育投资公司出资 7.4 亿欧元收购 AC 米兰……从 2013 年开始的 3 年内,中国资本进入欧洲五大职业足球联赛,

①② 李伟,陆作生,吴义华. 我国职业足球限薪的问题实质及对策分析 [J]. 体育学刊,2018,25 (6):49-53.

掀起了一股收购海外足球俱乐部的热潮。① 在这一背景下，我们要遵循政策导向，着手解决如何尽可能多地募集外来资金的问题。

（三）经济制衡增强比赛对抗性

募集外来资金有利于高薪引援，从而提高联赛水平，但其弊端在于软预算约束下的外来资金会影响比赛的对抗性，倘若外来资金被直接用于球员薪资花费，这就如同购买比赛胜利，违背了体育的公平竞争精神。② 因此，要对俱乐部进行经济制衡。所谓经济制衡，是指一定时期内俱乐部不得不受限制地任意投入资金，各俱乐部投入的资金应形成制约关系，使得任何一家俱乐部都不能在经济上独占优势。③ 这可以有效防止富有的俱乐部花重金挖取球员，避免球队间竞技实力出现两极分化，从而增强比赛对抗性，改善联赛的竞争平衡状况。

俱乐部经济实力是影响比赛对抗性的主要因素。已有的竞争平衡理论研究发现，球队竞技实力和俱乐部经济实力是影响比赛对抗性的主要因素。二者之间存在相互作用，即竞技实力突出的球队更容易获得比赛胜利，进而为俱乐部创造更多财富，增强俱乐部经济实力；而经济实力强大的俱乐部可以通过购买顶级球员来增强球队竞技实力。二者相互作用的最终结果是促进顶级球员的流动。顶级球员的流动受球员转会制度约束（看得见的手）和联赛薪资制度激励（看不见的手）。球员转会制度是球队竞技实力的决定性影响因素，由于中国足协是国际足联和亚足联的会员单位，国内球员转会制度要受国际球员转会制度章程制约。梳理文献发现，经过无数次的利益博弈，中国职业足球联赛的球员转会制度正逐渐同国际球员转会制度接轨。所以，不管是出于何种理由，中国足协都不能再像过去那样制定与国际转会规则相违背的"土规定"。此外，运用联赛薪资制度这只看不见的手，从联赛层面对俱乐部经济实力进行宏观调控，间接地引导球队竞技实力均衡化发展是一种必然的趋势。所以，在国际转会规

---

① 崔晓林. 中国富豪出海玩球 3 年　15 家海外俱乐部换成了中国老板 [J]. 中国经济周刊, 2016 (33)：16-22, 88.

② PEETERS T, SZYMANSKI S, FUMAGALLI C, et al. Financial Fair Play in European Football [J]. Economic Policy, 2014, 29 (78)：343, 345-390.

③ 李伟, 陆作生, 张绍良. 对中国足球职业联赛竞争平衡机制的思考——基于"恒大模式"对联赛竞争平衡的冲击 [J]. 体育学刊, 2015, 22 (1)：23-27.

则制约下，国内联赛中球员转会制度的可设计空间较小，而俱乐部经济实力管理制度的可设计空间较大。

缩减俱乐部间经济实力差距是在俱乐部间进行经济制衡的目标，也是设计俱乐部经济实力管理制度时所要考虑的核心问题。回顾和反思中国职业足球联赛的发展过程，可用"限薪"一词概括始末。限薪的目的或许是解决《方案》中提及的"球员身价虚高、无序竞争等问题"，但从效果上来看，联赛管理方出台的一系列限薪政策收效甚微，这正是因为该政策没有抓住问题实质。放眼国际，北美封闭式职业体育联盟通过收益分享、工资帽和奢侈税等制度对俱乐部之间的经济实力进行制衡①；欧足联颁布的财政公平政策不再限制俱乐部薪资花费量的多少，而是解决俱乐部间薪资花费悬殊的问题②。牵牛要牵牛鼻子，无论是竞争平衡理论的相关阐释，还是国外职业体育联盟的实践，它们都证明缩减俱乐部间经济实力差距不仅是对俱乐部进行经济制衡的关键，也是增强比赛对抗性的重点。

（四）积极营销拓展联赛市场

欧美职业体育联盟积极进行市场营销。例如，欧洲豪门俱乐部纷纷借助微博等媒体搭建汉语宣推平台，积极拉近球迷与俱乐部的心理距离。据官方统计，目前拜仁慕尼黑俱乐部在中国拥有超过1.35亿的球迷。③ 2014年世界杯足球赛期间，腾讯和国际商业机器公司（IBM）以球迷大数据为依据，通过增强新闻的非专业性和趣味性，增加浏览量和点击率。发展体育博彩也可增强赛事娱乐性，从而提高球迷特别是外围球迷对比赛的参与度和关注度。④ 美国有线体育电视网根据观众的个人偏好和所使用的设备，提供个性化的定制服务，并通过挖

---

① THOMAS H, STEFAN S, CARMEN M, et al. The Americanization of European Football [J]. Economic Policy, 1999, 14 (28)：203-240.

② PEETERS T, SZYMANSKI S, FUMAGALLI C, et al. Financial Fair Play in European Football [J]. Economic Policy, 2014, 29 (78)：343, 345-390.

③ 王晓燕. 新时代金融品牌的温度与力量 [J]. 中国银行业, 2019 (12)：102-104.

④ 江小涓, 李姝. 数字化、全球化与职业体育的未来 [J]. 上海体育学院学报, 2020, 44 (3)：1-16.

掘球迷喜欢的体育视频故事来吸引他们的注意。① 女性球迷的出现可以更好地吸引许多介于球迷和非球迷之间的"中间者"群体。② 在中国市场推广 NBA 赛事品牌的具体方法是引进中国球员并对其进行包装运作，这种加入中国元素的方式可使 NBA 深入中国球迷的内心，从而打开中国市场。③

然而，国内联赛市场营销意识淡薄。国内的职业足球俱乐部不重视球迷价值，没有把球迷视为俱乐部发展的关键因素，宁可花钱雇"球迷"为球队加油，也不愿将钱投入与球迷的沟通和关系培养上。④ 一些中国球迷在对国内职业足球联赛失去兴趣后，把欧洲职业足球联赛作为观赏和消费对象，崇拜本土球星的中国球迷人数逐渐减少，而欧美球星的地位日渐稳固。⑤ 当前，中国职业足球联赛的发展在实践和理论方面存在的问题主要包括国外比赛产品入侵，国内球迷市场开发相对滞后⑥，以及国内学界对中国职业足球联赛球迷的研究较少。⑦ 为此，孙科提出中国足球的发展离不开球迷的支持。⑧《方案》虽明确提出"要发展稳定的球迷群体"，但中国职业足球联赛在市场营销方面仍与欧洲职业足球联赛存在差距。进入世界先进行列意味着中国职业足球联赛要瞄准国际球迷市场进行战略布局，这需要中国职业足球联赛通过积极的市场营销吸引更多球迷关注。

① 付晓静，潘陈青，罗幽诗. 从传递信息到营造体验：体育传播产品转型初探——基于传播游戏理论的考察 [J]. 武汉体育学院学报，2020，54（2）：11-17.

② 吴卓桐. 职业足球女性球迷研究综述 [J]. 肇庆学院学报，2020，41（2）：95-100.

③ 汪涛. NBA 赛事品牌在中国市场推广研究 [D]. 成都：成都体育学院，2016.

④ 潘正坤. 中国足球发展的文化学思考 [J]. 广州体育学院学报，2018，38（6）：77-80.

⑤ 路云亭. 从反智镜像到趋同理念：中国足球迷的偶像消费形态 [J]. 青年学报，2020（1）：34-40.

⑥ 李丰荣，龚波. 中国职业足球"供给侧改革"的理论源流、选择动因与路径研究 [J]. 武汉体育学院学报，2017，51（12）：11-17.

⑦ 池杰，史文文，马金波，等. 武汉市足球球迷现场观赛动机研究 [J]. 湖北体育科技，2018，37（12）：1057-1062，1128.

⑧ 孙科. "足球的发现"与中国足球振兴——《体育与科学》学术工作坊"足球的发现：历史—文化—地理"纵横谈 [J]. 体育与科学，2018，39（4）：1-7，14.

第五节　本章小结

印超联赛改革的成功经验证实了发展中国家在某些职业体育项目上由弱变强、后来者居上的可行性。从职业体育联盟竞争平衡理论视角论绎印超联赛改革策略，可以得出坚持吸引更多球迷关注的联赛发展路向，采用健全联赛卡特尔组织特性、高薪引援提高联赛水平、经济制衡增强比赛对抗性、积极营销拓展联赛市场的策略，中国职业足球联赛实现进入世界先进行列的目标指日可待。

在体育强国梦的引领下，我们期待着将来有一天打造出一个全球顶级球员热切加盟、角逐全场并激烈对抗，外来资金争相注入，全球球迷热切收看的中国职业足球联赛。那时，中国职业足球联赛可以当之无愧地进入世界先进行列。

第八章

中国职业足球联赛竞争平衡机制改进

对中国职业足球联赛竞争平衡机制的改进，要立足于给定环境，围绕球队竞技实力的制度安排、俱乐部经济实力的制度安排这两方面进行。具体而言，就是要在联赛信息分散和信息不对称的情况下，设计激励相容的机制来实现人力和财力资源的有效配置，进而增强比赛结果的不确定性。基于机制设计理论中激励相容的主体思想进行机制改进，要兼顾联赛中各参与者的利益诉求，并给每一位参与者一种激励，使其在追求个人利益最大化的同时实现机制设计者的既定目标。同时，所设计的机制应减少对信息的依赖，这样不管是联赛管理方、球员、俱乐部还是俱乐部出资人等参与者采取何种不可观察的行动，经过利益的不断博弈，都能实现结果的最优化。

第一节 对竞争平衡机制给定环境和既定目标的分析

机制设计理论的基本思想是：在给定环境下，为了达到既定目标，设计出激励相容的配置规则，以此来实现资源的优化配置。它克服了现实生活中个体自利性和信息不对称的问题，是辅助人们实现既定目标的一种工具。中国职业足球联赛竞争平衡机制的改进设计要立足于给定环境，明确竞争平衡机制的既定目标。

一、竞争平衡机制的给定环境

机制设计不是研究给定的有效环境，而是探索在给定环境下诸如帕累托有效和自愿参与的某些合意性质的机制。[①] 也就是说，改进中国职业足球联赛的竞争平衡机制，要立足于当今中国职业足球联赛。对联赛的给定环境分析如下。

（一）俱乐部的获胜最大化与零利润预算

竞争是体育运动的本质，我们首先必须明确的是职业足球俱乐部"争什么"，也就是其经营的主要目的是什么。中国职业足球俱乐部的主要经营目的是获胜最大化。

对于职业体育联盟中俱乐部经营的主要目的，体育经济学领域学者仍持有获胜最大化和利润最大化这两种不同观点。[②] 欧美职业体育联盟属于企业，而传统企业具有追逐利益的特征，因而假设欧美职业体育联盟及其俱乐部的经营目的是利润最大化就显得理所当然。的确，利润最大化的经营目的在北美职业体育联盟及其俱乐部的实践中表现得更明显。但是，几乎所有欧洲职业足球俱乐部相比利润最大化，受获胜最大化动机影响更大。[③] 长期以来的事实表明，欧洲职业足球俱乐部在权衡利润和获胜率并进行取舍时往往倾向于更大的获胜率，为此甚至愿意让出利润。[④]

中国职业足球俱乐部的经营目的和欧洲职业足球俱乐部类似，更多倾向于获胜最大化，这与中国职业足球联赛作为行政垄断型职业体育联盟的本质相契合。[⑤]

中国职业足球俱乐部以获胜最大化为经营目的，这是竞争平衡机制设计与

① TIAN G Q. Lecture Notes in Microeconomic Theory [M]. Texas: Department of Economics in Texas A&M University, 2013: 366-367.

② FORT R, QUIRK J. Owner Objectives and Competitive Balance [J]. Journal of Sports Economics, 2004, 5 (1): 20-32.

③ GIOCOLI N. Competitive Balance in Football Leagues When Teams Have Different Goals [J]. International Review of Economics, 2007, 54 (3): 345-370.

④ DIETL H, FORT R, LANG M. International Sports League Comparisons [J]. Working Papers, 2011, 2 (2): 175-193.

⑤ 王庆伟. 我国职业体育联盟理论研究 [J]. 体育科学, 2005 (5): 87-94.

改进的一个关键因素。因为它能更好地解释俱乐部在某些情况下做出的诸如支付巨额的转会费和球员薪资、不计成本地购买优秀球员的一些看似非理性的投资行为。零利润预算是俱乐部努力实现获胜最大化这一经营目的的必然结果。梳理我国足球职业化改革历程，俱乐部整体亏损的局面已是有目共睹，诸如俱乐部陷入财政困境，甚至最终破产的事件频频发生。

（二）位置竞争与较少的收益分享

位置竞争是中国职业足球联赛赛制的一个特征，也是职业足球获胜最大化经营目的的外在表现，其具体表现形式为联赛内的排名制、联赛间的升降级以及多种赛事资格与多重奖励。

1. 联赛内的排名制

联赛内的排名制是指依据一定标准对中国职业足球联赛的俱乐部进行严格排序。

2. 联赛间的升降级

中国职业足球联赛是一个开放式的联赛体系，分中超、中甲、中乙①三个级别，在每个赛季结束后成绩优异的球队晋级到高级别联赛，同时高级别联赛中排名垫底的球队降级到低级别联赛，实行"优则上，劣则下"的阶层流动。升降级不会导致资格垄断。也就是说，任何人都可以组队参赛，并通过升降级的机制晋级，直至参加最高级别的联赛，这类似于欧洲职业足球联赛的升降级制度。可见，中国职业足球联赛的联盟模式类似于欧洲职业足球联赛的开放式联盟模式，而与北美职业体育联盟封闭式的联盟模式形成鲜明对比。

3. 多种赛事资格与多重奖励

相对于北美职业体育联盟的俱乐部而言，中国职业足球联赛的俱乐部能获得多种赛事资格和多重奖励。在北美封闭式职业体育联盟内，俱乐部只能与所属联盟内的俱乐部进行比赛，并且每个赛季只角逐一次联盟总冠军，只有个别球员能作为国家队代表参与额外赛事。而中国职业足球联赛和欧洲职业足球联赛最关键的相似之处在于，只要在赛场上表现优异并获胜，俱乐部就有可能在

① 中乙：全称为"中国足球协会乙级联赛"。

一个赛季内赢取多种赛事的参与资格。例如，欧洲职业足球联赛的俱乐部可以赢取国内联赛、国内杯赛、欧冠杯赛和欧联杯赛等赛事的资格，中超联赛的俱乐部可以赢取亚冠下一个赛季的参赛资格等。

与北美职业体育联盟相比，我国足球职业联赛的收益分享较少。例如，北美职业体育联盟打包整体出售电视转播权，联盟内各俱乐部统一进行收益分享。而欧洲职业足球联赛的位置竞争将创造差异显著的收益分享。这是因为俱乐部一旦争得多种赛事的参与资格，就能赢取数额不小的外源性奖励。例如，英冠中的前四强球队可晋级到欧冠联赛。参与欧冠小组赛阶段的奖励分红是900万欧元，赢取欧冠冠军通常可获得5000万~6000万欧元的奖励。[1] 而中超联赛中，商业赞助和门票收入分别占据了俱乐部总收入的84%和12%，可见其收益分享微乎其微。

位置竞争和较少的收益分享能使获胜的俱乐部名利双收，这对俱乐部的决策会产生重要影响。俱乐部为了竞争唯一的比赛胜果，不惜在球员身上投入巨额资金，这迫使其他俱乐部纷纷过度投资，以争取在位置竞争中处于优势地位。[2]

（三）软预算约束与非连续性投资

以获胜最大化为经营目的的俱乐部无法抗拒通过球员薪资花费"买取"球队胜利的诱惑。同欧洲职业足球联赛一样，中国职业足球联赛采取位置竞争的激励措施，强化了俱乐部的获胜动机，致使俱乐部为了获胜而增加投资，并将资金用于购买优秀球员，以增强球队竞技实力。激烈的人才资源争夺导致俱乐部过度投资，这不仅会打破原来的收支平衡计划，严重时还会造成俱乐部出现大量赤字。这使欧洲职业足球市场出现一种新的经济现象，即俱乐部软预算约束，它是指亏损的俱乐部常常依赖它的老板、赞助者或债权人的资助来维持财务运营。

---

① SZYMANSKI S. Fair Is Foul: A Critical Analysis of UEFA Financial Fair Play [J]. International Journal of Sport Finance, 2014, 9 (3): 218-229.

② VÖPEL H. Is Financial Fair Play Really Justified? An Economic and Legal Assessment of UEFA's Financial Fair Play Rules [D]. HWWI Policy Papers, 2013.

通常情况下，俱乐部会采取注入大量临时性外来资金的方式来弥补亏损和解决资金流动性不足的问题。外来资金不是通过直接或间接的体育经营所得，而是来源于与联赛利益无关的外来投资人、赞助者或债权人对某一俱乐部的资助。这种注入临时性资金以弥补俱乐部亏损的投资行为被视为非连续性投资。中国职业足球俱乐部的非连续性投资表现为企业赞助和广告赞助。特别说明，赞助企业多是俱乐部背后的母企业，股东构成较为单一，并且俱乐部依靠赞助企业的非连续性投资维持运营的现象越来越普遍。

虽然我国颁布过各种限薪令，但是它们最终都沦为"一纸空文"①，这不仅使俱乐部财务预算约束形同虚设，还损害了管理方的公信力。

（四）企业冠名模式与外来资金依赖

软预算约束下的中超俱乐部很难做到财务上的收支平衡。俱乐部的亏损主要依赖企业赞助弥补，而企业也需要借助足球俱乐部这一平台提升自身的品牌形象和影响力。可见，二者利益趋同促使俱乐部和企业"联姻"，进而形成了中超联赛的企业冠名模式。以恒大俱乐部为例，其先后经历了白云山、太阳神、香雪、吉利、日之泉、广药、恒大等企业冠名。冠名权的变更反映了俱乐部极度依赖外来资金的艰辛生存之路。

一般来说，一个职业体育联盟的主要收入大致可分为三部分：比赛日收入（包括门票收入）、媒体版权收入、商业赞助。关于这三部分收入的比例，NBA是 3：6：1，英超是 4：5：1。在欧美发达的职业体育联盟中，其商业赞助很难突破联盟总收入的 10%。而对中超联赛近 5 个赛季的收入进行统计发现，其商业赞助达到了联盟总收入的 84%。相比之下，中超联赛的经营收入主要来源于赞助商的慷慨解囊，其比赛日收入和媒体版权收入则十分微薄。

然而，巨额外来资金的注入弱化了联赛的盈利能力。连年亏损的中超联赛犹如一个造血能力不足的机体，如果没有俱乐部母企业注入的外来资金，各家俱乐部几乎都难以独立生存。事实上，中国足球职业化改革以来，职业足球俱乐部一直依靠烟草商、房地产商等投资主体的赞助维持运营，这种无法自我造

---

① 白勇. 足球经营很累很值 [N]. 中华工商时报，2012-10-21.

血的"伪职业化"现状一直未得到改变。

（五）过度竞争与生产联合危机

1. 过度竞争

过度竞争是中国职业足球联赛内俱乐部进行生存竞争的一个重要表现形式。获胜最大化的动机使俱乐部对优秀球员资源的竞争变得更为激烈，俱乐部在球员转会和球员薪资的花费上进行攀比，致使许多俱乐部因过度开支而陷入财务困境，与之相伴而生的还有球员转会费和球员薪资花费涨幅过快的问题。根据德国《转会市场》公布的数据，在 2014 年初，中超联赛冬季转会窗的引援花费总额为 6872.5 万欧元，排名全球第 2，仅次于英超联赛。2014 年中超联赛的球员薪资花费总额达到 17.81 亿元，且连续 4 年涨幅都在 20% 以上。英国《每日邮报》统计的全球各职业体育联赛的球员薪资花费状况显示：中超联赛的球员年薪开支接近 21 万英镑（约合 210 万元），排名世界第 15 位、亚洲第 1 位，高于荷兰足球甲级联赛、苏格兰足球超级联赛等国际赛事在球员年薪上的开支。[①]

据《中超联赛商业价值报告》披露，在中超联赛 2011 赛季、2012 赛季中，俱乐部的球员薪资花费约占其上一年总收入的 79%。按照国际惯例，若要真正实现收支平衡，球员薪资比例控制在总收入的 50% 左右较为合理。相比球员薪资比例长期保持在 51% 左右的切尔西俱乐部以及球员薪资比例为 48% 的 NBA，中超联赛 79% 的球员薪资比例显然是个不正常的数值。可见，中超俱乐部竞相攀比球员薪资花费的行为，在缺乏有效财务监管的情况下具有"有钱就任性"的随意性。对俱乐部而言，经济实力决定了球队的竞技实力，这就使得球场内的竞技转化为球场外的经济竞争。

2. 生产联合危机

根据生产联合理论，俱乐部间的竞争仅限于球场上，而从联盟层面看，俱乐部间的竞争是一个生产联合的过程。因为联盟内俱乐部提供给消费者的产品是需要对手参与并共同演绎的比赛。从本质上讲，没有任何一家俱乐部希望它

---

① 陈华. 中超大多数俱乐部依旧亏损 被指捧着金饭碗讨饭 [N]. 解放日报，2014-11-20.

的对手因破产而退出联盟。① 但是，生产联合危机一直贯穿我国足球职业化改革，其具体表现为俱乐部亏损严重、俱乐部频繁更名或破产等。

生产联合危机之一，中超俱乐部亏损严重。虽然近年来在政策红利鼓励赞助商投资的环境下，中超联赛的收入有了大幅增长，但支出大于收入的状况仍未改变。《中超联赛商业价值报告》显示，2014 年中超联赛的总收入突破 20 亿元（未计入阿里巴巴投资恒大俱乐部的 12 亿元），但总支出超过 22 亿元，中超联赛仍处于亏损状态。2013 年中超联赛总收入达到 16.16 亿元，总支出为 18.8 亿元，亏损高达 2.64 亿元，是 2012 年 0.82 亿元亏损额的 3 倍多。有媒体表示，近几年来，在恒大集团巨额资金投入的刺激下，各球队纷纷加入中超联赛，然而，联赛如火如荼进行的背后还有一个问题亟待解决，那就是还没有任何一家俱乐部实现盈利。

生产联合危机之二，俱乐部频繁更名或破产。在我国足球职业化改革的前 10 年，中甲曾有 127 家俱乐部，其中以单一化企业投资为主体的俱乐部有 60 多家。期间，俱乐部转让发生过 32 次，7 家俱乐部在降级的情况下解散，俱乐部更名发生过 55 次。② 从严格意义上讲，在中国职业足球联赛 20 多年的职业化改革进程中，几乎所有俱乐部都经历了更换名称、更换投资人的痛苦过程。许多获得过联赛冠军的俱乐部都只是昙花一现，如获得首届中超联赛冠军的球队——深圳健力宝队遭降级并更名，夺得"七冠王"称号的大连实德队已经解散并退出联赛市场。③

欧洲职业足球俱乐部曾经出现过严峻的生产联合危机，以英国职业足球联赛为例，它包含了 4 个级别的联赛，拥有 92 家俱乐部，但在 1982—2010 年，英国职业足球联赛共发生了 66 次俱乐部破产事件，这是一个相当大的数值。④ 此

---

① NEALE W C. The Peculiar Economics of Professional Sports [J]. The Quarterly Journal of Economics, 1964, 78 (1): 1-14.

② 郑芳. 职业体育联盟的经济学分析 [D]. 杭州: 浙江大学, 2010.

③ 刘飞，龚波. 欧洲足球协会联盟财政公平法案对中国足球协会超级联赛的启示 [J]. 体育科学, 2016, 36 (7): 24-31.

④ SERBY T. British Football Club Insolvency: Regulatory Reform Inevitable? [J]. The International Sports Law Journal, 2014, 14 (1-2): 12-23.

外，曾在 2001 年欧冠联赛半决赛获得良好战绩的利兹联俱乐部，在两年后惨遭降级；获得 2008 年足总杯冠军的朴次茅斯俱乐部在 3 个赛季里 2 次陷入债务危机。① 这些事件促使欧足联颁布财政公平政策，以解决欧洲职业足球俱乐部间相互竞争、难以共存的问题。这些做法可为中国职业足球联赛的发展提供对策参考，具有借鉴意义。

俱乐部出现的生产联合危机主要是管理不善导致的。因此，中国职业足球联赛应加强对俱乐部收入和支出的财务监管，以确保中国职业足球长期稳定发展。

（六）国际职业足球市场环境下联盟间竞争的危机

联盟内的研究假设是竞争平衡理论的局限性所在。尼尔的研究也未能脱离联盟内这一假设。② 对于以北美职业体育联盟为代表的封闭式职业体育联盟，虽然其球队竞争符合联盟内的理论假设，但是从球迷角度来看，如果只是球队间竞技实力均衡但联盟整体水平不高，那么更大的竞争威胁将表现在联盟层面，即联盟将面临生存危机。事实证明，一个职业体育联盟如果仅处于低水平的竞争平衡状态，就很容易遭遇新联盟的竞争或被替代。③

联盟内这一假设导致竞争平衡理论无法解释开放式职业体育联盟的联盟间竞争现象。例如，欧洲职业足球不仅存在着五大联赛在市场开拓和商业价值提升方面的联盟间竞争，还存在着俱乐部之间的竞争。这是因为俱乐部可根据战绩参与不同级别的比赛，角逐若干个不同赛事的冠军。所以，欧洲职业足球联赛的开放式联盟模式也对联盟内这一假设提出了质疑。

倾向于开放式联盟模式的中国职业足球联赛同样面临着竞争平衡理论存在局限的问题。在日益全球化的职业体育市场环境下，欧洲职业足球联赛的转播权已销售到我国，并不断侵占国内球迷市场；在职业球员和球员薪资全球范围内流动

① PREUSS H, HAUGEN K K, SCHUBERT M. UEFA Financial Fair Play: the Curse of Regulation [J]. European Journal of Sport Studies, 2014, 2 (1): 33-51.

② NEALE W C. The Peculiar Economics of Professional Sports [J]. The Quarterly Journal of Economics, 1964, 78 (1): 1-14.

③ THOMAS H, STEFAN S, CARMEN M, et al. The Americanization of European Football [J]. Economic Policy, 1999, 14 (28): 203-240.

的市场环境下，中国职业足球联赛的商业价值受到很大冲击，其生存也面临欧洲职业足球联赛的挑战。这些都超出了竞争平衡理论提出的联盟内假设的范围，也是中国职业足球联赛竞争平衡理论研究层面尚未涉及但又必须解决的问题。

基于前人关于竞争平衡的研究成果，立足于同欧洲职业足球联赛竞争球迷市场的共存环境，我们得出必须坚持强竞争平衡的新观点，即在进行中国职业足球联赛竞争平衡机制改进前，解析强竞争平衡的概念，明晰强竞争平衡机制的范畴以及治理思路。

二、竞争平衡机制的既定目标

通过对给定环境进行梳理，结合中国职业足球俱乐部的经营特点，明确中国职业足球联赛竞争平衡的既定目标，具体内容见表8-1。

表 8-1　中国职业足球联赛竞争平衡的既定目标

宗旨	辅助目标	操作目标
联赛竞争平衡	打造强竞争平衡的联赛（实现《中国足球中长期发展规划（2016—2050 年）》中"职业联赛组织和竞赛水平达到亚洲一流"的中期目标）	引进全球顶级球员 募集引进全球顶级球员所必备的资金
	促进球队竞技实力均衡	与国际转会规则接轨 引导优秀球员均衡分配 保障球员自由转会权利 避免人才浪费 激励俱乐部加强对年轻球员的培养
	促进俱乐部经济实力均衡	调控俱乐部经济实力的政策目标导向之一：患寡 调控俱乐部经济实力的政策目标导向之二：患不均

（一）打造强竞争平衡的联赛

1. 奠定强竞争平衡的逻辑起点

强与弱是一组相互依存的概念。强竞争平衡是指球队间的竞技实力处于相对均衡的状态，它在确保比赛结果不确定的同时，能保证联赛整体处于较高的竞赛水平，使比赛不仅具有竞争平衡状态下的激烈对抗性，而且具有由高水平球员共同创造的观赏性。对抗激烈且精彩的优质比赛产品能吸引更多的球迷。而弱竞争平衡正好与之相反，虽然它同样能确保比赛结果不确定，但弱队间的较量有失精彩，这导致比赛产品的受关注度不高。竞争平衡机制的最终目的是吸引更多球迷关注和实现联赛利益最大化，想要实现这些目的，必须践行强竞争平衡机制。

强竞争平衡观点是基于职业体育联盟争夺球迷市场的商业性质提出的。随着欧美职业体育赛事在全球的热销，特别是当今职业体育联盟的产品销售重心已由门票销售逐渐转向转播权销售，全球范围内已经形成职业体育联盟竞相争夺球迷市场的态势。① 从实现联赛利益最大化的目的来看，中国职业足球联赛不仅要做到竞争平衡，还要做到达到世界一流竞赛水平的强竞争平衡。这样才能吸引更多球迷关注，提高联赛的商业价值，实现联赛利益最大化。

精彩的比赛得益于高水平球员的演绎，因此募集全球顶级球员参与联赛是打造强竞争平衡联赛的前提和根本。例如，被视为球迷市场开发典范的英超联赛，其转播权远销全球离不开国际一流球员的参与，虽然英格兰队在国际大赛中的发挥不够稳定，但这并不妨碍英超联赛成为全世界最有价值的联赛之一。阿森纳前主帅温格曾说，对足球比赛而言，重要的是保持高水平的比赛，而不是保护平庸之辈。他宁愿给有能力的球星开很高的薪水，也不愿聘用平庸球员。真正的职业体育精神是对观众负责，这也是欧洲足球经久不衰的原因。以起源于英国的板球为例，印度以后来者居上的姿态超越了澳大利亚等传统板球项目强国。取得如此成绩得益于印超联赛采取了高薪吸引全球顶级球员的策略。

吸引高水平国际球员参与我国职业足球联赛必然需要联赛支付高昂的球员薪资和转会费。国内财团在球员市场已拥有很强的竞价实力，有能力打造世界级的"银河舰队"，使中超球队跻身世界行列。但是，面对中国职业足球联赛自身盈利能力不强的状况，如果完全移植欧足联的收支平衡条款，就会阻碍外来

---

① CROOKER J R, FENN A J. Sports Leagues and Parity When League Parity Generates Fan Enthusiasm [J]. Journal of Sports Economics, 2007, 8 (2)：139-164.

资金的注入，使俱乐部无法支付高昂的球员薪资和转会费。

盈利被视为俱乐部生存的前提，从商业化体育角度看，无论是商业牟利，还是获得商业收入，无不强调最终目的是实现盈利。但是，培育职业体育市场的前期资金投入是必须的，从足球职业化改革的国际大环境来看，我国职业足球好似刚刚种植的果苗，待它长大、结果之前，不仅需要时间，还需要灌溉和护理方面的前期资金投入。所以，现阶段允许俱乐部在打造强竞争平衡联赛前有一定程度的亏损，使联赛尽可能在全球范围内吸引观众，是打造有强大影响力的世界一流联赛的必要手段。

从整体层面上看，联赛好比由多家俱乐部共同组成的一个大企业，且各俱乐部联合生产和销售比赛产品。由于企业的目的是盈利，因此只有增强联赛的盈利能力，才能确保联赛的繁荣发展和生产秩序的长期稳定。这意味着，如果中超联赛实现了强竞争平衡的目标，并吸引了国际一流球星聚集到中超赛场淘金，那么涉及商业赞助、比赛日收入、媒体版权收入等方面的联赛盈利问题就会不攻自破。

2. 强竞争平衡的联赛发展思路

如果说竞争平衡是确保比赛对抗激烈，那么强竞争平衡就是在确保比赛对抗激烈的同时，展现高水平球员参与比赛的精彩性。从吸引更多球迷关注的联赛最终目的来看，"强"和"竞争平衡"缺一不可。即便是竞争平衡状况良好的联赛，如果缺乏高水平的球员也难以吸引球迷关注，而有众多高水平球员参与的联赛，如果其比赛结果缺乏悬念（联赛竞争失衡），同样会令观众感到乏味。所以，强竞争平衡应包含两个要素：一是竞争平衡，即球队竞技实力和俱乐部经济实力均衡；二是强，即引进全球顶级球员和募集引进全球顶级球员所必备的资金。因此，在坚定球队竞技实力和俱乐部经济实力均衡的既定目标的基础上，实现中国职业足球联赛强竞争平衡的具体思路如下。

（1）引进全球顶级球员

引进全球顶级球员，取消外援上场限制。既然强是相对于全球的职业足球联赛而言的，那么中国职业足球联赛也要吸引全球顶级球员的参与。用高薪吸引全球顶级球员参与是一种可行的方法，印超联赛就是一个成功案例。鲍明晓在《职业足球的发展逻辑》一文中也倡导："可以吸引和集聚一大批有天赋的球员"[1]。但是，通过梳理我国足球职业化改革以来的相关文献资料发现，限制外援的政策一直存在，无论是曾经的"3+1"外援政策，还是2017年5月颁布的外援新政，都没有放松过对外籍球员的限制。

中国足协对此做出解释，认为限制外籍球员"有利于中国足球整体发展，有利于中国本土球员的培养，有利于国家队水平的提升，有利于保持职业联赛健康、稳定、持续发展"。但这个说法难以服众。首先，从政策的价值选择角度来看，已经进行职业化改革的中国足球，应以联赛利益层面的价值选择为出发点，而不是考虑某个俱乐部的个体利益，或是提高举国体制下国家队的战绩。其次，国家体育总局去行政化的改革促使中国足协成为职业足球行业的自治机构，在这一背景下，中国足协应"不在其位，不谋其政"。最后，从理论上讲，限制外援与"有利于中国足球整体发展，有利于中国本土球员的培养，有利于国家队水平的提升，有利于保持职业联赛健康、稳定、持续发展"之间是否存在必然联系仍有待求证。实际上，限制外援的20多年来，国家队水平并没有明显提高。因此，像英超联赛或印超联赛一样，放开限制，充分引进外援，打造一流联赛，不失为一个可尝试的选择。假如全球顶级球员都聚集到中超赛场，这不仅能解决涉及我国职业足球市场的商业赞助、比赛日收入、媒体版权收入等方面的联赛盈利问题，还能带动我国足球运动的发展、营造足球氛围、拓展群众基础。

（2）募集引进全球顶级球员所必备的资金

中国职业足球联赛要想吸引全球顶级球员参与，势必要提供高昂的球员薪资和转会费。但做到这点首先要从以下两方面入手。

首先，应颠覆性改变限薪思维。梳理我国足球职业化改革以来的相关文献资料，"限薪"一词贯穿中国职业足球联赛发展的始终。而欧洲职业足球联赛从未采取过这种工资封顶的限薪方式。限薪不是强竞争平衡理念下的薪资管理行为，应当及时将其废除。所以，出于打造强竞争平衡联赛的需要，设计的俱乐部经济实力竞争平衡机制要允许俱乐部存在一定亏损，但前提是俱乐部能够募

---

① 鲍明晓. 职业足球的发展逻辑 [J]. 体育科研，2015，36（4）：2-3，104.

集到外来资金及时填补亏损。

其次，取消企业冠名模式，调动外来资金注入的积极性，募集引进全球顶级球员所必备的资金。我国特有的企业冠名模式为俱乐部在改革初期赢取必需资金做出了巨大贡献。通过冠名俱乐部，母企业可因与俱乐部同名而获得推广价值和社会效益，甚至获得足球产业以外的巨额利益，而俱乐部在母企业的赞助下得以生存。

但是，随着我国职业足球的发展，各种问题逐渐显现。首先，俱乐部亏损的状况阻碍了外来资金的注入。早在 2014 年，恒大集团的一位高层管理人员曾表示，引入淘宝后，恒大俱乐部计划再引进 20 个投资者，以增强俱乐部的资本实力。浙江绿城俱乐部总经理童惠敏也表示，中国足球俱乐部不应该只有单一股东，应该让各种资本都可以参与进来。其希望是美好的，是奔着现代企业制度建设方向而来的，但我们不免产生疑问：面对连年亏损的俱乐部，有哪位投资人愿意"不赚吆喝，又赔钱"地参股？其次，中超联赛的企业冠名模式使俱乐部无法摆脱为母企业做广告的尴尬境地。只有取消企业冠名模式，才可能激发各种企业共同参股俱乐部的动力，从而使俱乐部的资金来源和股东多元化。这样，不仅有利于推进俱乐部现代企业制度的建设，而且有利于募集打造强竞争平衡所必需的资金。

现今，我国已具备了取消企业冠名模式的条件：一方面，5 年共计 80 亿元的中超版权升值为联赛自力更生奠定了基础；另一方面，国内财团投资职业足球俱乐部的积极性为联赛发展提供了条件，如国内财团纷纷投资海外职业足球俱乐部。中国职业足球联赛的企业冠名模式打击了母企业以外的赞助商注入资金的积极性，激励社会资本注入国内职业足球联赛是打造强竞争平衡所应考虑的关键点。

虽然商业牟利或获得商业收入均强调职业体育要实现盈利的一面，但是培育职业体育市场的前期资金投入是必须的。所以，现阶段允许俱乐部亏损、充分募集外来资金、打造强竞争平衡联赛，是在全球范围内吸引更多球迷并打造世界一流联赛的必要手段。为达到吸引更多球迷关注和实现联赛利益最大化的终极目的，我国职业足球必须践行强竞争平衡。

在当今世界职业足球俱乐部共存且共同争夺球迷市场的环境下，强竞争平衡是我国职业足球发展的逻辑起点，也是联赛图强的一个创新思路。与联赛以往采取的限薪和限制外援的发展策略相比，践行用高薪吸引全球顶级球员参与的强竞争平衡思路是一次颠覆性变革，它不仅有联盟间竞争平衡理论作为支撑，而且有英超联赛和印超联赛的成功案例可供借鉴。

同样，中国职业足球联赛的发展不仅离不开竞争平衡理论的支撑，而且一定要走强竞争平衡的发展之路。这也是将竞争平衡理论的广泛适用性同我国职业足球联赛实际情况的独特性相结合以打造强竞争平衡的创新之处。

（二）促进球队竞技实力均衡

对球队竞技实力而言，不均衡是绝对的，均衡是相对的。无论是对欧美发达国家的职业足球联赛，还是对我国的职业足球联赛，要使联赛内球队之间的竞技实力一直处于平均状态是不可能的。球队之间竞技实力的均衡是一个动态平衡的过程，允许不均衡状态的出现。但在配套制度的作用下，要始终给予球队竞技实力一个拉力，使球队竞技实力向均衡化方向发展。

在球队竞技实力方面，竞争平衡机制理论应涉及球员转会和青少年球员选拔这两个方面的制度安排。但是鉴于青少年球员选拔制度对球队竞技实力的影响较小，以及中国职业足球俱乐部对梯队培养制度的执行不到位[①]，青少年球员选拔方面的制度安排对球队竞技实力的影响可以忽略。所以，中国职业足球联赛的球队竞技实力竞争平衡机制主要取决于球员转会制度。促进球队竞技实力均衡是联赛竞争平衡的直接性辅助目标。实现这一辅助目标，要做到以下几点。

1. 与国际转会规则接轨

中国职业足球联赛是世界职业足球联赛的重要组成部分，要接受并遵守国际足联、亚足联的章程，所以设计我国职业足球的球员转会制度必须放眼世界，同世界接轨。

2. 引导优秀球员均衡分配

引导优秀球员均衡分配就是遵循机制设计理论中的球员人力资源优化配置目标。具体而言，就是引导优秀球员在俱乐部之间均衡分配，促进联赛中球队

---

① 鲍明晓，李元伟. 转变我国竞技体育发展方式的对策研究 [J]. 北京体育大学学报，2014，37（1）：9-23，70.

竞技实力均衡发展和共同提高。但是，从全球化的发展趋势看，受制于国际足联的球员转会制度，要想对球员流动进行直接干预以达到优秀球员均衡分配的目的几乎是不可能的，而通过经济手段间接调控，不失为一个良策。

3. 保障球员自由转会权利

球员自由转会权利是欧美职业体育联盟发展过程中，经过多方利益的博弈和取舍而出现的必然结果。无论是欧洲职业体育联盟还是北美职业体育联盟，其球员自由转会制度都是在不同社会环境下经各方利益博弈演绎出的共同结果。中国职业足球联赛也必须顺应国际形势，确保国内职业球员合同到期后的自由转会权利，这也是我国《劳动法》赋予球员的权利。《劳动法》第三条规定："劳动者享有平等就业和选择职业的权利。"第二十三条规定："劳动合同期满或者当事人约定的劳动合同终止条件出现，劳动合同即行终止。"所以，自由选择工作的权利必须在球员自由转会中体现，维护球员的基本人权和合理权益应是联赛竞争平衡机制设计中的操作目标之一。

4. 避免人才浪费

"球员合同一年一签"[1] 是中国职业足球联赛中较为普遍的现象。另外，球员转会成功率低下，球员就业困难，就连一些有名气的球员想找个"饭碗"也不容易。[2] 这使得大量足球人才待业或失业，球员个人权利无法得到保障，最终造成足球人才的流失和浪费。人才是第一资源，而且足球人才需要一个相对较长的成长周期，国外优秀职业球员通常是 3~5 年的签约期，合同稳定性相对较高。所以，在当今国内梯队培养制度执行不到位和足球人才相对匮乏的状况下，提供稳定的就业环境、不随意浪费足球人才既是衡量球员转会制度优劣的一个标准，也应被作为联赛竞争平衡机制设计的操作目标之一。

5. 激励俱乐部加强对年轻球员的培养

青少年球员的培养既是中国职业足球联赛中俱乐部必须肩负的梯队培养责任，也是"足球从娃娃抓起"口号下我国足球发展的目标之一。但是，中国职业足球俱乐部的梯队培养制度执行不力。俱乐部为摆脱生存压力、追逐短期利

---

① 刘剑. 论我国职业足球运动员的自由转会权 [J]. 成都大学学报（社会科学版），2008（5）：29-32.
② 蔡拥军. 足球转会"虚胖症" [N]. 人民日报（海外版），2005-01-25 (4).

益，纷纷把资金用于购买优秀球员，忽略了对青少年球员的培养。① 转会费的另一种说法是训练培养费，即原俱乐部为培训球员投入了大量的人力、物力和财力，球员的离开会给原俱乐部带来损失，为弥补这些损失，球员转入的新俱乐部应支付一笔转会费，只有这样才能鼓励俱乐部努力培养年轻球员。鉴于此，在联赛竞争平衡机制设计中要将激励俱乐部培养年轻球员作为操作目标之一。

（三）促进俱乐部经济实力均衡

在现今的职业足球领域，通过球员转会均衡球队竞技实力的可操作空间较小。随着职业球员在国家和地区之间的流动日益频繁，各国的球员转会制度开始趋同，即无论是欧足联还是亚足联，其下辖职业足球俱乐部的转会规则均趋同于后博斯曼转会体系的国际足联自由转会规则。中国职业足球联赛转会制度中的"土规定"在一次次利益博弈中逐渐消失，2010 年中国足协颁布了自由转会制度，这也顺应了各国球员转会制度趋同的大趋势。自由转会制度的本质是通过调控球员薪资的经济手段间接实现俱乐部经济实力均衡，该手段的可操作空间相对较大。

既患寡又患不均是调控俱乐部经济实力的政策目标导向。笔者在此想表达的是，中国职业足球联赛俱乐部经济实力的调控，既要解决赞助不同导致俱乐部贫富差距过大的问题，又要解决联赛资金不足的问题。

1. 调控俱乐部经济实力的政策目标导向之一：患寡

（1）患寡现状

一方面，与欧美职业体育联盟相比，中国职业足球联赛自身盈利能力不足。前文已对 NBA、英超联赛、中超联赛的收入结构进行了分析，得出中超联赛的收入结构严重失衡的结论。该失衡现象反映出联赛对商业赞助的过度依赖，其实质是联赛自身盈利能力不足。相对以往媒体版权收入低微的状况，中超联赛 5 年 80 亿元的媒体版权收入虽然是一个巨大进步，但这对于打造一流联赛的费用需求来说仍是杯水车薪。此外，工资处于贫困线上或被欠薪的球员的贫困处境也不可忽视。这说明限薪政策面临的远不止球员薪资过高、联赛薪资通胀这样单一的问题，联赛患寡问题依然存在。

---

① 中国足球经济启示录 [N]. 中国经营报，2015-03-28（C01）.

另一方面，非关联方资金进不了联赛。其中，非关联方资金是指冠名母企业以外的其他企业、组织或个人的赞助资金。非关联方资金进不了联赛的根本原因是非冠名企业没有赞助联赛的动力。

事实上，进不了国内联赛的社会资本早已涌向国外联赛。它们已经涉足英超联赛、西班牙足球甲级联赛、法国甲级联赛和意大利甲级联赛等世界顶级联赛。企业冠名模式扼杀了非冠名企业赞助联赛的积极性，这才是针对限薪政策所应思考的问题。

（2）患寡原因分析

联赛自身盈利能力不足和非关联方资金无法进入联赛使俱乐部不仅生存困难，而且难以打造出世界一流的比赛产品。事实也是这样，不少国内球迷愿意熬夜观看欧洲五大职业足球联赛。要想唤起球迷对联赛的消费欲望，不仅要提高联赛产品的质量，还要提供高额的球员薪资以吸引高水平的球员和教练员参与联赛。

打造强竞争平衡的职业联赛是患寡的重要原因。吸引更多球迷关注和实现联赛利益最大化既是职业体育联盟竞争平衡的最终目的，也是所有职业体育联盟的共同目的。为实现这一目的，必须践行强竞争平衡机制。强与弱是一组相互依存的概念。强竞争平衡要求联赛既实现参赛球队之间竞技实力的均衡①，又提供激烈对抗、精彩对决，如强队之间势均力敌的对垒。弱竞争平衡联赛虽然也实现了比赛结果的不确定，但弱队之间的较量显然提不起观众的兴趣。

打造高水平联赛需要高水平球员参与，募集全球顶级球员参与是打造强竞争平衡联赛的前提和根本。

通过梳理发现，以往的限薪政策主要针对球员薪资过高的问题。至今仍有媒体建议，设置俱乐部用于购买球员及支付球员薪资的支出上限，抑制非理性投入，限制或抑制天价转会费和高额球员薪资花费的出现。然而他们忽略了最重要的一点：加盟的国际顶级球员是按照国际市场价格，甚至以高出国际市场行情的薪资为标准来签订劳资协议的。支付高昂的球员薪资是使国际球星放弃

---

① MICHIE J, OUGHTON C. Competitive Balance in Football: Trends and Effects [R]. University of London: Football Governance Research Centre, 2004.

欧洲联赛加盟我国联赛强有力的手段。

当前，国内联赛引进的外援已逐渐趋于世界顶级水平，如奥斯卡、特维斯、胡尔克、维特塞尔、拉维奇等实力外援的加盟，体现出国内职业足球市场的回暖。优秀球员的加盟和联赛质量的提升必须有雄厚资金做保障，因此，如何吸引更多外来资金是要考虑的又一大问题。

2. 调控俱乐部经济实力的政策目标导向之二：患不均

（1）患不均现状

患不均，即俱乐部的主要收入不是来自联赛内的收益分享，而是来自联赛外的企业赞助，在缺乏有效约束力的情况下，赞助资金不均造成了俱乐部间的贫富差距，最终影响了球队的比赛结果。赞助资金不均既影响了球队竞技实力和联赛竞争平衡状况，也违背了体育的公平竞争精神。

首先，中国职业足球联赛市场有待开发，收入模式单一，商业赞助是中国职业足球联赛俱乐部的主要收入，而比赛日收入和媒体版权收入十分微薄，所以母企业经济实力和赞助额的差异会直接影响俱乐部的贫富差距。其次，将商业赞助直接用于球员薪资花费的效果等同于购买比赛胜利。弗拉纳甘等学者的研究已对此观点予以佐证。这意味着在其他条件相同的情况下，俱乐部通过球员薪资花费能购买比赛胜利。同欧洲职业足球俱乐部一样，中国职业足球俱乐部募集的来自母企业的赞助资金也主要用于支付球员薪资和转会费，尽管外来资金帮助国内职业足球俱乐部取得了前所未有的成绩，但仍有媒体认为，花大价钱买到强力外援就能拿到好名次的引援方式扰乱了联赛秩序。

（2）患不均原因分析

首先，患不均违背了体育的公平竞争精神，欧洲职业足球也面临相同的困境。不加约束地随意投入外来资金将造成俱乐部间经济实力悬殊。仅凭母企业赞助，俱乐部就可以用高薪挖取优秀球员，迅速提高球队竞技实力并获取比赛胜利，这显然有失公平。如何使每个俱乐部公平地享有外来资金是我国职业足球管理部门和欧足联需要共同面对的一个问题。针对此问题，欧足联颁布了财政公平政策。

其次，患不均导致俱乐部脱离联盟。通过直观分析可知，找到富有赞助商的俱乐部仅仅凭借赞助商的财力就能够"买取"比赛胜利。在缺乏约束效力的限薪政策下，外来资金注入行为具有随意性。俱乐部只需增加球员薪资花费，就能更快、更显著地获得收益。这不仅容易造成俱乐部对外来资金的依赖，也容易导致俱乐部脱离联盟而独立存在。因为，俱乐部无须致力于球队技战术训练，只需向财力雄厚的母企业寻求赞助。

最后，外来资金注入行为的功利性使俱乐部的梯队培养制度被荒废。赞助行为源自母企业功利性的自私动机。无论是国企的追名，还是民企的逐利，赞助企业的利益诉求都脱离了职业足球本身，即同职业足球失去直接关联价值。母企业的赞助行为带有短期投资性质，追求快速效益。俱乐部热衷于用赞助费引进球星，忽视了俱乐部自身的梯队培养以及基础设施建设。同培养球员的成本和风险相比，投入一笔巨额转会费似乎更符合现代商业的运作手法，这也是我国职业足球梯队培养制度处于荒废状态的一个重要原因。① "烧钱"虽不是长久之计，但对母企业来讲，却有立竿见影的效果。欧足联通过界定收支平衡条款中的相关性概念，对外来资金进行管理和引导，鼓励俱乐部将外来资金用于基础设施建设和青少年球员培养，而不是用于球员薪资花费。这种变不利为有利的做法可为中国职业足球联赛的发展提供借鉴。

综上分析，母企业赞助有利的一面是缓解了俱乐部和联赛对资金的需求，但不利的一面是在缺乏有效约束的情况下，商业赞助占据了俱乐部收入的主体，造成俱乐部间经济实力悬殊，进而违背体育的公平竞争精神。商业赞助可谓联赛成也萧何败也萧何的症结。既患寡又患不均应是联赛限薪政策的目标导向。

在强竞争平衡理念下，中国职业足球联赛有吸纳外来资金的需求，国内财团也有向联赛注入资金的热情，我们的财务监管政策不应停留在如何限制高薪的"堵"的思维上，而应考虑疏导社会资本，让其更好、更便利地服务职业足球联赛。从体育公平性和竞争平衡理论的角度看，缩减俱乐部贫富差距应是财务监管努力的方向。构建强平衡基金池正是针对联赛既患寡又患不均的政策目标导向而提出的治理方案。

---

① 鲍明晓，李元伟. 转变我国竞技体育发展方式的对策研究 [J]. 北京体育大学学报，2014，37（1）：9-23，70.

第二节 中国职业足球队竞技实力竞争平衡机制改进

649 号文件第一条规定："……依据《中国足球协会章程》和《国际足联球员身份及转会规定》，特制定本规定。"这体现出中国足协同国际足联联系日益密切，中国足协颁布的政策同世界日益接轨，尤其体现了我国球员流动政策的制定同国际足联球员转会规则相兼容。因此，本书将遵循国际足联球员转会规则的精神，结合我国职业足球发展中球员流动应解决的主要问题，设计和改进球队竞技实力方面的竞争平衡机制。

一、沿袭 649 号文件中球员流动的相关条款及宗旨

（一）自由转会

只要合同到期，球员就可以成为自由球员，有权与国内、国际任何其他俱乐部签订工作合同，同时，对于合同到期且年满 23 周岁的球员免除转会费。

条款宗旨：首先，合同到期且年满 23 周岁的球员可以自由选择工作，可以和其他俱乐部签订合同。这废除了"30 个月保护期"的国内规定，使球员摆脱了保护期的"枷锁"和在俱乐部不同意转会或提出续约后一律不得转会的处境，球员在转会市场上获得了真正的自由。其次，免除转会费。这可以激励俱乐部与球员签订年限更长的合同，防止球员资源的流失，从而改变我国职业球员一年一签、每个赛季多数球员面临找工作压力的局面。签订年限较长的合同也有利于球员安心地工作和进行长期的职业规划。

（二）保护期

对俱乐部与球员签订的合同设定保护期。职业球员在 28 周岁赛季之前签订的合同，其保护期为自其生效之日起的连续 3 个赛季或 3 年，而职业球员在 28 周岁赛季之后签订的合同，其保护期为自其生效之日起的连续 2 个赛季或 2 年。球员在保护期内违约，除需支付赔偿金外，还应当受到体育处罚，即禁止球员在 4 个月内参加任何官方比赛，情节严重者可禁赛 6 个月。体育处罚在球员获

知相关决定的通知后立即生效。在保护期内违约或诱导球员违约的俱乐部，除需支付赔偿金外，还应当受到体育处罚，即禁止俱乐部在连续 2 次注册期内为任何国内或外籍新球员注册。与无正当理由终止现有合同的职业球员签订新合同的任何俱乐部，均将被视为诱导球员违约的俱乐部。

条款宗旨：该规定有利于改变我国俱乐部和球员之间一年一签的现状①，从而保障合同的稳定性。同时，为了防止合同期满后球员成为自由球员而造成人力资源的损失，该规定鼓励俱乐部与球员签订有 2~3 年保护期的长期合同。这样不仅有利于球员和俱乐部双方的长期稳定发展，也有利于防止球员或俱乐部因拥有过度的自由权利而伤及对方利益。

（三）培训补偿

球员首次签订合同成为职业球员后所属的俱乐部，或职业球员在 23 周岁赛季结束前每次转会加入的新俱乐部，均有向注册过该球员的俱乐部和培训单位支付培训补偿的义务。

条款宗旨：年轻球员转会时，转入俱乐部要对培养该球员的俱乐部进行适当的经济补偿，补偿数额应该是培养该球员的必要投入。然而，在鼓励俱乐部培养年轻球员的同时，要对转会费做出一定限制，该限额应由联赛管理方统一制定，以避免转会过程中俱乐部漫天要价的极端行为再次出现。

（四）联合机制补偿

职业球员在原合同期满前转会，所有注册过该球员的俱乐部和培训单位均可从新俱乐部因球员转会而支付给原俱乐部的补偿中获得相应比例的联合机制补偿。具体规定见 649 号文件附件二。

条款宗旨：鼓励球员遵守合同规定，同时对俱乐部进行补偿。

二、新条款及其宗旨

（一）限定每个赛季仅转会一次

国际足联转会窗是指由国际足联各会员协会自行确定的办理球员转会及注

---

① 刘剑. 论我国职业足球运动员的自由转会权 [J]. 成都大学学报（社会科学版），2008 (5)：29-32.

册手续的时间范围。注册期与国际足联转会窗的含义类似，原则上每个赛季应有两次注册期。新条款限定每位球员每个赛季只能转会一次，而且严格限制赛季中期转会，球员只有因和体育紧密相关且合理的理由才可在赛季中期转会。

条款宗旨：避免一个赛季中同一个球员为相互竞争的两个球队踢球的情况出现。提高观众对球队和球员的识别能力，维护体育的道德规范。

(二) 俱乐部的优先签约权

俱乐部的优先签约权是指合同期满后，球员可以和任何一个俱乐部谈判，但是原俱乐部享有优先签约权。也就是说，如果原俱乐部开出与新俱乐部一样的邀请条件，那么该球员必须与原俱乐部签约。有无优先签约权要看原合同中是否有约定。具体执行上，当收到其他俱乐部的邀请合同时，球员要立即提交邀请合同的复印件给原俱乐部。假如原俱乐部在 15 天内发出了优先签约的通知，也就意味着球员只能同原俱乐部继续签订新合同，且原俱乐部必须为球员提供与邀请合同同等条件的新合同。

条款宗旨：在球员自由转会制度改革后，球员有了自由选择俱乐部的权利，但是球员的过度自由可能会伤及原俱乐部的利益。例如，一位优秀球员在合同期满后收到了一个市场规模更大的俱乐部的签约邀请，从职业前景和薪资收入的角度看，球员也有接受邀请的个人意愿，这样弱小俱乐部的优秀球员就有可能被挖走。为了防止优秀球员被富有俱乐部挖走，新条款赋予原俱乐部优先签约权，原俱乐部只要开出与邀请合同同等的条件就可以留住球员。这是对球员自由转会权利的一种制衡，不仅可以限制球员转会和薪资通胀，还可以促使联赛内球队竞技实力的均衡化发展。

(三) 球员的早期终止权

球员的早期终止权是指球员有提前终止合同中涉及服役年限的条款的权利。当然，球员必须在履行完保护期规定义务之后，才能行使早期终止权。

条款宗旨：一方面，允许球员单方违约，促使俱乐部更加重视球员；另一方面，削弱俱乐部对合同期内球员的绝对掌控权，整治以往因俱乐部权力过大而侵害球员人身自由的顽疾。

另外，虽然工会和仲裁机构不属于制度性保障机制的研究范围，但它们属于保障这些机制有效执行的机构。我们可以借鉴欧美职业体育联盟的工会和仲裁机构的实践经验和仲裁机制，组建工会以保障和维护球员的利益，建立一个能快速、公平、有效地解决纠纷的仲裁机构，以推进制度的改进和完善。需要注意，仲裁机构必须是一个独立组织，拥有独立决策权，能提出激励相容的解决方案，其成员由球员和俱乐部管理人员选举产生，且二者选举出的成员人数相等。

第三节　中国职业足球俱乐部经济实力竞争
平衡机制改进

一、强平衡基金池

强平衡基金池是指对俱乐部相关开支与相关收入的差值征收相应的均衡金，可用公式表示：均衡金=（相关开支-相关收入）×均衡金系数。其中，均衡金系数是由联赛管理方根据需要设定的，例如，NBA奢侈税制度规定的均衡金系数为1。必须强调的是，为了鼓励俱乐部实现收支平衡，当某个俱乐部相关开支与相关收入的差值为零或负数时，就不再对其征收均衡金，即将均衡金记为零。征收的均衡金在俱乐部之间进行平均分配。征收的均衡金在俱乐部之间进行平均分配又称均衡金的二次分配，其分配金额又称均衡金的二次分配额。均衡金的二次分配额有正有负，正数表示俱乐部最终可获得均衡金，负数表示俱乐部最终需缴纳均衡金。俱乐部最终获得或缴纳的均衡金可用公式表示：某个俱乐部均衡金的二次分配额=各俱乐部的均衡金总和/俱乐部数量-某个俱乐部的均衡金。此时，若得知给定联赛各俱乐部的相关收支数据，就可以计算出各俱乐部需缴纳的均衡金与各俱乐部最终可获得或需缴纳的均衡金，举例见表8-2。

根据表8-2，从强平衡基金池这一政策中获利的有C、D、L、M、N、O、P共7家俱乐部，其中财政状况达到盈亏平衡是L、M、N这3家俱乐部，亏损的是C、D、O、P这4家俱乐部。如果按照欧足联收支平衡条款，C、D、O、P这

4家亏损俱乐部是要受到相应处罚的，但出于允许适当亏损以打造强竞争平衡的国内联赛的目的，它们也在均衡金二次分配中获得了补偿。

表8-2 某联赛内各俱乐部均衡金及其二次分配额详表

俱乐部	相关开支	相关收入	均衡金	二次分配额
A	90	60	30	−15.6
B	75	55	20	−5.6
C	70	60	10	4.4
D	60	50	10	4.4
E	60	40	20	−5.6
F	50	30	20	−5.6
G	50	30	20	−5.6
H	50	30	20	−5.6
I	50	30	20	−5.6
J	45	20	25	−10.6
K	40	20	20	−5.6
L	20	20	0	14.4
M	10	12	0	14.4
N	6	10	0	14.4
O	20	10	10	4.4
P	15	10	5	9.4

需要注意的是，表8-2中的相关收支等数据仅仅是个假设。所以，举例时俱乐部的相关收支等数据仅仅是个数值，未设单位，仅供说理使用。

强平衡基金池可以缩减俱乐部间的经济实力差距。以A俱乐部为例，其相关开支超支30，在均衡金系数为1的情况下，要缴纳30的均衡金，经计算每家俱乐部的平均分配额为14.4[①]，故A俱乐部最终仅需缴纳15.6用于扶持联赛中

---

① 根据表8-2数据计算可知，每家俱乐部的平均分配额为14.375，此处为了计算方便，以及使结果一目了然，将其保留为14.4，二次分配额的计算也是在这个基础上进行的。

其他弱小俱乐部。用均衡金取代限薪令不仅有利于保障外来资金注入的积极性，从而为打造强竞争平衡联赛募集更多资金，而且有利于缩减俱乐部间的经济实力差距，实现了外来资金对弱小俱乐部的经济扶持。

强平衡基金池是针对中国职业足球联赛既患寡又患不均的政策目标导向而提出的措施，借鉴了欧足联财政公平政策中的收支平衡条款和我国个人税收制度中的累进税率等办法，明确提出限薪宗旨为：为打造强竞争平衡的职业联赛，既要允许俱乐部出现财务亏损，又不能挫伤俱乐部引进外来资金的积极性，还要缩减外来资金注入造成的俱乐部经济实力差距。尽管实践中仍存在均衡金系数调整的问题，但这不是导向上的错误，所以，强平衡基金池具备可行性。

二、明确收支账目

因为职业足球俱乐部的经营属于联赛内部的经营，所以只有同足球经营有关的收支才能被纳入财务收支统计范围。明确收支账目，可使俱乐部财务状况一清二楚，有利于俱乐部管理方及时发现虚假账目和糊涂账目。明确收支账目是强化对俱乐部的财务监察的先决条件。在界定俱乐部财务收支账目方面，可以借鉴欧足联收支平衡条款的细则①，如图6-1所示。

另外，如果在实践中遇到收支平衡条款的细则中未包括的账目，俱乐部管理方必须经过评估，证实同相关方交易的开支等价于公平价值。

界定相关开支和非相关开支的作用如下：首先，母企业赞助的资金中用于球员薪资花费的部分将被视为非相关收入。受制于强平衡基金池的约束，即通过对俱乐部相关开支与相关收入差值的财务审核，俱乐部极可能被惩罚性地征收相应数额的均衡金。这样，以往母企业赞助的巨额资金将不再由一家俱乐部独享，而是由若干俱乐部共享，这起到了"抽肥补瘦"的作用，有效地解决了母企业资助关联俱乐部造成俱乐部间经济实力悬殊以及间接购买比赛胜利的功利性行为频发等问题。其次，用于青少年球员培养、基础设施建设和维护、促进运动参与和推动社会发展的公益活动等方面的赞助资金将被视为非相关开支。这类开支不受收支平衡财务审核的限制，可看作激励措施，有利于鼓励俱乐部

① UEFA. UEFA Club Licensing and Financial Fair Play Regulations [R]. Nyon：UEFA，2012.

将资金用于梯队培养等，促进自身长期可持续发展。

三、成立联赛财务监督委员会

遵循《方案》中健全内部管理机制的条例，即"加强自身建设，广纳贤才，吸收足球、体育管理、经济、法律、国际专业交流等领域优秀人才充实工作队伍，提高人员素质；加强行业自律，着力解决足球领域存在的问题；增强服务意识，克服行政化倾向。中国足球协会按照社团法人机制运行，实行财务公开，接受审计和监督"。借鉴欧足联财政公平政策中"由财务专家、审计专家、法理专业人士等人员组成'独立'监督委员会"① 的做法，中国职业足球联赛应设立联赛财务监督委员会，加强联赛财务监督。同时，确保联赛财务监督委员会的独立性，赋予其独立监督权，使之与联赛其他部门的决策权、执行权相互制约又相互协调。此外，由联赛财务监督委员会下辖的财务审核小组对各俱乐部进行年度财务审计，并定期公开审计报告使俱乐部财务接受社会监督，以便维护联赛金融秩序，有效打击阴阳合同等违规行为，处理逾期付款和欠薪问题，维护球员的经济利益。

四、合理分配联赛收入

目前，在联赛收入分配上，俱乐部之间已实现了相对均衡的分配，但存在的问题是：中国足协投入少，却获得大份额收入，而俱乐部年复一年地进行资金投入，却获得小份额收入。这不仅打击了俱乐部的积极性，还浪费了强竞争平衡下俱乐部发展所必需的资金。

按照中超联赛的分配方案，中国足协在中超公司控股36%，16家俱乐部中每家参股4%。可以看出，中国足协既当裁判员又当运动员，当分配利益时，它能在股权分红上获取"蛋糕"的超大份额。例如，在中超联赛5年80亿元的电视转播权收入中，中国足协独占28.8亿元，而各俱乐部每个赛季平均仅分得6400万元；在权力上，中国足协拥有一票否决权。这套分配方案对处于起步阶段的足球职业化改革功不可没，而且中国足协这一行政机构采用行政化手段引

---

① UEFA. UEFA Club Licensing and Financial Fair Play Regulations ［R］. Nyon：UEFA, 2012.

领和扶植了职业化市场，所以它在联赛收入分配和管理权力上占据主导优势是合理的。但随着简政放权方针的出台和足球职业化市场的逐渐完善，中国足协应放权于中超公司，推行行业自治。贯彻2015年颁布的《方案》文件精神，中国足协应实施管办分离，放权于中超公司，并"还利于民"，提高各俱乐部的持股份额，激发俱乐部主动性，切实增加俱乐部的相关收入，稳定收入来源。

五、优化俱乐部股权结构

《方案》指出，"实行政府、企业、个人多元投资，鼓励俱乐部所在地政府以足球场馆等资源投资入股，形成合理的投资来源结构，推动实现俱乐部的地域化，鼓励具备条件的俱乐部逐步实现名称的非企业化。完善俱乐部法人治理结构，加快现代企业制度建设，立足长远，系统规划，努力打造百年俱乐部"。这明确指出了俱乐部股权优化治理的方向与要求。具体而言，优化俱乐部股权结构，要取消企业对俱乐部的冠名，改变以往单一股东对俱乐部控股的现象，放开俱乐部股权，使资金来源多元化，充分调动外来资金投入的积极性，同时要改变俱乐部过度依赖母企业的处境。

相对于我国单一股东俱乐部来讲，德国甲级联赛中俱乐部法人结构的严谨和规范程度可供参照。1998年，德国足协对其所辖俱乐部进行改制。首先，俱乐部延续会员制，即某个股东对俱乐部事务的投票权不超过50%，俱乐部重大决定，如球员转会由集体表决。这可避免"一股独大"，形成了多股东制衡的管理局面，使俱乐部经营决策更为理性，并且有利于减少过度投资，可在一定程度上缓解俱乐部的过度竞争。其次，俱乐部改制为股份有限公司，在转让球队股权时需遵循"50+1"规则，即俱乐部必须对球队拥有超过50%的表决权，而外部投资者拥有不超过50%的表决权。"50+1"规则避免了单个股东控制球队的情况出现，股东个人行为受到多重约束。因此，德国甲级联赛的俱乐部经营相对理性，很少做出支付巨额球员薪资的行为，是欧洲职业足球在财务运营方面的典范。①

取消企业冠名模式的作用：首先，削减企业和俱乐部同名的广告效应，进

---

① 刘飞，龚波. 欧洲足球协会联盟财政公平法案对中国足球协会超级联赛的启示 [J]. 体育科学，2016，36（7）：24-31.

而弱化企业"赔钱赚吆喝"的投资动机；其次，充分调动外来资金投入的积极性，激发各企业共同参股俱乐部的动力，使俱乐部股东和资金来源多元化，这不仅解决了单一股东经济实力决定俱乐部经济实力的问题，也为打造强竞争平衡联赛募集了更多资金。

第四节　本章小结

立足中国职业足球联赛的给定环境（俱乐部的获胜最大化动机与零利润预算、位置竞争与较少的收益分享、软预算约束与非连续性投资、企业冠名模式与外来资金依赖、过度竞争与生产联合危机、国际职业足球市场环境下联盟间竞争的危机），探究中国职业足球联赛强竞争平衡的逻辑起点，明确球队竞技实力方面和俱乐部经济实力方面的既定目标。其中，球队竞技实力方面的既定目标为：与国际转会规则接轨、引导优秀球员均衡分配、保障球员自由转会权利、避免人才浪费、激励俱乐部加强对年轻球员的培养。基于既患寡又患不均的政策目标导向，俱乐部经济实力方面的既定目标为：缩小俱乐部经济实力差距、遏制企业冠名而带来的外来资金依赖问题、为打造强竞争平衡职业联赛募集尽可能多的资金。

依据国际足联球员转会规则的精神，结合我国职业足球发展中球员流动应解决的主要问题，改进每个赛季仅转会一次的限定、俱乐部的优先签约权、球员的早期终止权等球队竞技实力方面的竞争平衡机制。在俱乐部经济实力竞争平衡机制的设计方面，设计并采取强平衡基金池政策；明确收支账目并每年对俱乐部进行财务审计，强化财务监察以有效打击阴阳合同，及时清理逾期付款，避免欠薪；取消中国足协在中超联赛的控股权和收益分红，放权于中超公司并参股；取消企业对俱乐部冠名，弱化投资动机，遏制巨额外来资金注入，从源头上避免俱乐部的经济实力过于悬殊（只有取消企业冠名模式，才可以激发各种资本共同参股俱乐部的动力，推动俱乐部现代企业制度等一系列俱乐部经济实力竞争平衡机制的建设）。

第九章

研究结论、不足与展望

第一节　研究结论

　　中国职业足球联赛竞争平衡是指球队之间竞技实力相对均衡的状态，其外在表现形式为比赛结果不确定性，最终目的是吸引更多球迷关注和实现联赛利益的最大化。中国职业足球联赛竞争平衡机制是指涉及竞争平衡的一系列政策、法规、管理措施和方法等制度安排，属于制度性机制的研究范畴。从主要矛盾决定事物本质的逻辑出发，筛选竞争平衡的主要影响因素，并借鉴欧美职业体育联盟的实践，经专家访谈，最终界定研究范围为球队竞技实力和俱乐部经济实力两个方面。明晰中国职业足球联赛竞争平衡机制主要特征为价值选择性、阶段性、合法性、权威性、稳定性，其主要功能为均衡球队之间的竞技实力、缩小俱乐部之间的经济实力差距、吸引更多球迷关注、有利于俱乐部共生、有助于职业联赛健康发展。

　　选用洛伦兹曲线-基尼系数和标准分数对中国职业足球联赛竞争平衡状况进行测量。测量发现，中超联赛竞争平衡状况的稳定性比英超联赛差且没有显著改善趋势，球队竞技实力处于"强者更强、弱者更弱"的两极分化局面。质性研究的结论为，中超联赛陷入俱乐部资金投入失衡、球队人才资源垄断、联赛竞技实力失衡的现实困境。俱乐部在球员薪资花费上的随意性是造成联赛竞争失衡的主要原因之一。

　　通过对中国职业足球联赛竞争平衡机制的考查发现，其存在建构性既定目标缺失和演进性既定目标时有时无的问题。中国足协、俱乐部赞助商、俱乐部及球员等参与者在利益诉求方面存在激励不相容的情况，这导致联赛中球员资源没有做到优化配置，主要表现为球队竞技实力失衡、球员在转会时处于弱势地位以及球员流失造成人才浪费等问题。特别是在限薪令有名无实的情况下，俱乐部经济实力悬殊，多数俱乐部出现赤字，联赛陷入整体亏损的困境。

中国职业足球联赛模式倾向于欧洲职业足球联赛的开放式联盟模式，而其竞争平衡机制中又有 NBA 的封闭式联盟模式的痕迹。分析两种模式中存在的现实问题发现，虽然国内联赛执行的限薪令类似于工资帽，倒摘牌制有选秀制的影子，但它们并不适用于采取开放式联盟模式的职业体育联盟，故而没有被欧洲职业足球联赛采用。联盟模式决定了职业体育联盟竞争平衡机制的具体制度安排。

中国职业足球联赛竞争平衡机制的改进：立足于中国职业足球联赛中俱乐部的获胜最大化动机与零利润预算、位置竞争与较少的收益分享、软预算约束与非连续性投资、企业冠名模式与外来资金依赖、过度竞争与生产联合危机、国际职业足球市场环境下联盟间竞争的危机等给定环境，明确了球队在竞技实力方面的既定目标为与国际转会规则接轨、引导优秀球员均衡分配、保障球员自由转会权利、避免人才浪费、激励俱乐部加强对年轻球员的培养，俱乐部在经济实力方面的既定目标为缩小俱乐部经济实力差距、遏制企业冠名而带来的外来资金依赖问题、为打造强竞争平衡职业联赛募集尽可能多的资金。最终提出的设计改进方案为：坚持与国际足联转会规则接轨，改进每个赛季仅转会一次的限定、俱乐部的优先签约权、球员的早期终止权等球队竞技实力方面的竞争平衡机制；通过设计强竞争平衡基金池、明确收支账目、成立联赛财务监督委员会加强俱乐部财务审计，合理分配联赛收入，取消中国足协在中超联赛的控股权和收益分红，放权于中超公司并参股；弱化投资动机，激发各类资本共同参股俱乐部的动力，取消企业冠名模式等一系列俱乐部经济实力竞争平衡机制。

第二节　研究不足

本书的不足之处体现在俱乐部财务信息的收集方面。俱乐部经济实力是职业体育联盟竞争平衡机制的一个重要因素。但是，无论是通过实地调查还是搜集公开发布的信息资料，中国职业足球联赛俱乐部的财务信息都很难获取。实地调查时仅仅是咨询财务信息都会遇到冷淡的拒绝，更不用说复印或索取财务资料了。事实上，除了俱乐部不合作，俱乐部对自己的财务情况不甚了解也是无法进行实地调研的原因之一。所以，笔者经过努力也仅能从已有研究文献、较权威的报纸和网站中收集相关信息。虽然俱乐部财务信息的第一手资料匮乏，但已有的前人研究成果以及收集到的公开信息，基本上满足了研究的需要。期待不久的将来，相关机构能从联赛的管理层面加强对俱乐部的财务监管，并对俱乐部财务进行年度审核和财务信息公开。基于翔实的数据资料，能增强本书的论证力度和说服力，方便后续的深入研究。

第三节　研究展望

在当今全球化发展的背景下，面对欧美职业体育市场的竞争，基于强竞争平衡的我国职业体育联赛发展逻辑，更要坚定打造吸引更多球迷关注、热销全球的强竞争平衡联赛的目标。显然，当前国内联赛离这个目标还比较遥远，许多问题有待进一步深入研究，也有相当多的难题等待破解。今后我们将在中国职业足球联赛发展中所面临的新问题及对策、竞争平衡理论在其他职业体育联盟中的运用这两个方面继续做出努力，具体如下。

首先，基于竞争平衡的逻辑起点，思考和解决中国职业足球联赛发展中所面临的新问题及对策。《吕氏春秋·察今》里说"世易时移，变法宜矣"，意思是随着事物发展和问题的变化，其应对策略也应有所变动。改革是我国职业足球发展的主题和不竭动力，继续深化改革是时代的主旨。改革过程也是一个利益取舍的过程，是新问题不断出现的过程。我们应以不变应万变，坚持用竞争平衡发展逻辑应对联赛中的复杂问题，引领我国职业足球发展。所以，改革不停，问题意识不断，后续研究将基于竞争平衡的实用价值，思考和解决中国职业足球联赛发展的新问题及对策。

其次，竞争平衡理论在其他职业体育联盟中的运用可以更好地服务我国体育的职业化改革。"走出个案"是人文社会科学研究者的共同学术追求，无论学者们如何刻意限制其研究结论和适用范围，他们都有"走出个案"的学术抱负。[1] 竞争平衡是所有职业体育联盟都应遵循的重要理论，也是欧美职业体育联盟恪守的实践准则。因此，本书将在我国职业足球竞争平衡研究的基础上，将竞争平衡理论的应用领域推广到其他职业体育项目，用竞争平衡理论思维更好地指导我国体育事业的职业化改革，努力打造一流的职业体育联赛，提高我国职业体育联赛在国际职业体育市场上的影响力。

---

[1] 卢晖临，李雪. 如何走出个案——从个案研究到扩展个案研究 [J]. 中国社会科学，2007（1）：118-130，207-208.